全国高职高专汽车类规划教材编审委员会

主　任： 王世震

副主任： 何乔义　胡　勇　宋保林　周洪如　郭振杰
　　　　　上官兵　吴喜骊　张红伟　于万海　刘晓岩

委　员：（按姓名汉语拼音排序）

曹景升　陈东照　陈　瑄　程丽群　崔培雪　崔雯辉
代　洪　戴晓锋　丁继斌　董继明　高朝祥　龚文资
郭振杰　韩建国　韩卫东　何乔义　侯世亮　胡　勇
黄杰明　黄远雄　惠有利　吉文哲　贾建波　贾永枢
李　刚　李　宏　李立斌　李效春　李　彦　李永康
李远军　刘凤波　刘鸿健　刘景春　刘晓岩　刘照军
卢　华　罗富坤　骆孟波　潘天堂　蒲永峰　强卫民
任成尧　上官兵　宋保林　宋东方　宋延东　孙海波
索文义　谭克诚　田春霞　涂志军　王凤军　王贵槐
王国彬　王海峰　王洪章　王怀玲　王　琳　王培先
王世震　王小飞　王秀红　韦焕典　韦　倾　吴东平
吴喜骊　吴兴敏　伍　静　熊永森　徐　强　闫　永
杨传福　杨会志　姚　杰　易宏彬　于万海　于秩祥
曾庆吉　张　博　张国勇　张红伟　张　军　张俊海
张立荣　张　文　张宪辉　张忠伟　张子成　赵北辰
赵伟章　赵文龙　郑　劲　周洪如　朱成庆　朱　凯

全国高职高专汽车类规划教材
国家技能型紧缺人才培养培训系列教材

汽车配件经营与管理

第二版

李 刚 主编

化学工业出版社

·北京·

本书根据交通行业职业技能规范和技术人员标准组织编写，贯彻《国务院关于大力推进职业教育改革与发展的决定》以及教育部关于《高等职业教育创新发展行动计划》精神，系统阐述了汽车配件营销与管理的策略和具体方法。内容主要包括现代企业经营管理基础、现代汽车配件经营者的素质要求、汽车配件知识、汽车配件采购管理、汽车配件库存管理、汽车配件质量管理、汽车配件经营分析、商品陈列与广告宣传、配件管理与商务的电子化。

本书可作为高等职业院校汽车类有关专业的教学用书，也可供从事汽车、工程机械及其配件营销的技术人员阅读及相关单位职工培训参考使用。

图书在版编目（CIP）数据

汽车配件经营与管理/李刚主编. —2版. —北京：
化学工业出版社，2016.7
全国高职高专汽车类规划教材　国家技能型紧缺人才培养培训系列教材
ISBN 978-7-122-27105-1

Ⅰ.①汽…　Ⅱ.①李…　Ⅲ.①汽车-配件-市场营销学-高等职业教育-教材　Ⅳ.①F766

中国版本图书馆CIP数据核字（2016）第109133号

责任编辑：韩庆利　　　　　　　　　文字编辑：张绪瑞
责任校对：李　爽　　　　　　　　　装帧设计：史利平

出版发行：化学工业出版社（北京市东城区青年湖南街13号　邮政编码100011）
印　　刷：北京永鑫印刷有限责任公司
装　　订：三河市宇新装订厂
787mm×1092mm　1/16　印张13¼　字数320千字　2016年9月北京第2版第1次印刷

购书咨询：010-64518888（传真：010-64519686）　售后服务：010-64518899
网　　址：http://www.cip.com.cn
凡购买本书，如有缺损质量问题，本社销售中心负责调换。

定　　价：28.00元　　　　　　　　　　　　　　　　　　　版权所有　违者必究

随着我国改革开放的深入，我国的汽车市场已由卖方市场转为买方市场。在汽车工业不断壮大和汽车市场不断扩张的过程中，我国的汽车生产、销售企业逐渐认识到了汽车、工程机械及其配件市场营销的重要性，汽车企业已开始真正重视和研究本企业的市场营销课题。

为贯彻《国务院关于大力推进职业教育改革与发展的决定》以及教育部关于《高等职业教育创新发展行动计划》精神，积极推进课程改革和教材建设，为职业教育和培训提供更加丰富、多样和实用的教材，更好地满足职业教育改革与发展的需要，我们紧密结合目前汽车销售行业的实际需求，修订了《汽车配件经营与管理》教材，供汽车营销与服务专业和汽车运用与维修技术专业教学使用。

本书在修订编写过程中，认真总结了多年的教学经验，注意吸收先进的职业教育理念和方法，在内容上注重汽车后市场职业岗位对人才的知识、能力要求，力求与相应的职业资格标准衔接。

《汽车配件经营与管理》主要内容包括第1篇基础知识：第1章现代企业经营管理基础；第2章现代汽车配件经营者的素质要求；第3章汽车配件知识；第2篇汽车配件管理实务：第4章汽车配件采购管理；第5章汽车配件库存管理；第6章汽车配件质量管理；第7章汽车配件经营分析；第3篇汽车配件商务活动：第8章商品陈列与广告宣传；第9章配件管理与商务的电子化。

参与本书修订编写工作的有：武汉软件工程职业学院汽车工程学院李刚（编写第1篇的第1章、第2章，第2篇）；武汉软件工程职业学院汽车工程学院何乔义（编写第1篇的第3章）；武汉宝泽汽车销售服务有限公司车丽娟（编写第3篇）。全书由李刚担任主编。

在本书的编写过程中得到武汉宝泽汽车销售服务有限公司售后服务部经理主任工程师牛忠文、武汉宝泽汽车销售服务有限公司三星零件顾问车丽娟的大力支持，在此表示衷心的感谢。

本书可作为高等职业院校汽车类有关专业的教学用书，也可供从事汽车、工程机械及其配件营销的技术人员阅读及相关单位职工培训参考使用。

本书配套电子课件，可赠送给用本书作为授课教材的院校和老师，如果需要，可登录 www.cipedu.com.cn 下载。

由于水平以及掌握资料的限制，加之时间所限，书中不足之处在所难免，恳请同行专家及读者指正。

编者

第1篇 基础知识

第1章 现代企业经营管理基础 … 1
1.1 管理理论的演进 … 2
1.1.1 管理的一般特征 … 2
1.1.2 管理学的形成和演变 … 5
1.2 管理环境分析 … 13
1.2.1 环境对组织的影响 … 14
1.2.2 外部环境系统的特性和结构 … 15
1.2.3 一般环境因素 … 15
1.3 管理决策与计划 … 19
1.3.1 决策的含义 … 19
1.3.2 决策活动的特征 … 19
1.3.3 决策的原则 … 20
1.3.4 决策的步骤 … 21
1.4 控制运营与过程 … 26
1.4.1 控制的含义 … 26
1.4.2 控制的重要性 … 27
1.4.3 控制的基本过程 … 27

第2章 现代汽车配件经营者的素质要求 … 34
2.1 职业道德 … 35
2.2 法律常识 … 36
2.2.1 反不正当竞争法 … 36
2.2.2 产品质量法 … 40
2.2.3 消费者权益保护法 … 43
2.2.4 经济合同法 … 46

第3章 汽车配件知识 … 50
3.1 汽车配件的术语和定义 … 50
3.1.1 适用范围 … 50
3.1.2 术语和定义 … 51
3.2 汽车配件的编号规则 … 52

  3.2.1 国产汽车配件的品种规格及其编号规则 …………………… 52
  3.2.2 进口汽车配件的品种规格及其编号规则 …………………… 54
  3.2.3 自编号编制的基本原则 …………………………………… 56
 3.3 汽车配件基础知识 ……………………………………………………… 57
  3.3.1 主组1：发动机 …………………………………………… 57
  3.3.2 主组3：变速器 …………………………………………… 75
  3.3.3 主组4：前悬挂、转向系统 ……………………………… 77
  3.3.4 主组5：后桥及后悬挂系统 ……………………………… 79
  3.3.5 主组6：车轮及制动器 …………………………………… 81
  3.3.6 主组8：车身 ……………………………………………… 85
  3.3.7 主组9：电气装置 ………………………………………… 88

第2篇 汽车配件管理实务 97

第4章 汽车配件采购管理 …………………………………………………… 97
 4.1 汽车配件市场调研 ……………………………………………………… 98
  4.1.1 汽车配件市场调研的类型及内容 ………………………… 99
  4.1.2 汽车配件市场调研的步骤 ………………………………… 100
  4.1.3 汽车配件市场调研方法 …………………………………… 101
 4.2 配件采购渠道及手续 …………………………………………………… 102
  4.2.1 进货渠道 …………………………………………………… 102
  4.2.2 进货方式与进货量 ………………………………………… 103
  4.2.3 进货业务程序和相关手续 ………………………………… 103
 4.3 配件鉴别与验收 ………………………………………………………… 104
  4.3.1 根据运输包装规范检查汽车配件包装 …………………… 104
  4.3.2 配件验收 …………………………………………………… 106
  4.3.3 处理货损货差 ……………………………………………… 108

第5章 汽车配件库存管理 …………………………………………………… 111
 5.1 配件入库和出库管理 …………………………………………………… 111
  5.1.1 配件入库 …………………………………………………… 111
  5.1.2 配件出库 …………………………………………………… 113
 5.2 配件保管 ………………………………………………………………… 113
  5.2.1 配件存放和管理 …………………………………………… 114
  5.2.2 汽车特殊配件的存放 ……………………………………… 115
  5.2.3 备件的位置码管理系统 …………………………………… 115
  5.2.4 库存汽车配件数量管理 …………………………………… 116
  5.2.5 汽车配件条形码管理 ……………………………………… 117
  5.2.6 配件养护 …………………………………………………… 117
  5.2.7 配件盘存 …………………………………………………… 120
 5.3 库存控制与管理 ………………………………………………………… 121
  5.3.1 库存概述 …………………………………………………… 121

  5.3.2 库存问题的类型 ·············· 123
  5.3.3 库存管理的重要方法——ABC 库存分类管理法 ·············· 124
  5.3.4 库存控制的原则 ·············· 126
  5.3.5 库存控制 ·············· 126
 5.4 传统的库存控制与管理技术 ·············· 127
  5.4.1 固定订货数量制 ·············· 127
  5.4.2 固定订货间隔制 ·············· 132
 5.5 现代库存控制与管理技术 ·············· 134
  5.5.1 JIT 技术 ·············· 134
  5.5.2 DRP（配送需求计划）技术 ·············· 136
  5.5.3 QR（快速反应）技术 ·············· 138
  5.5.4 VMI（供应商管理库存） ·············· 138

第 6 章　汽车配件质量管理 ·············· 142
 6.1 质量管理体系 ·············· 142
  6.1.1 ISO9000 质量管理体系标准 ·············· 142
  6.1.2 ISO9000 族的基本要求 ·············· 144
  6.1.3 汽车配件质量管理 ·············· 146
 6.2 全面质量管理 ·············· 146
  6.2.1 全面质量管理的含义 ·············· 146
  6.2.2 全面质量管理的核心原则 ·············· 147
  6.2.3 全面质量管理的基本原理 ·············· 148
  6.2.4 全面质量管理的基础工作 ·············· 149
  6.2.5 全面质量管理的工作程序 ·············· 150
 6.3 配件质量管理实务 ·············· 152

第 7 章　汽车配件经营分析 ·············· 157
 7.1 财务管理 ·············· 157
  7.1.1 财务管理制度 ·············· 157
  7.1.2 货币资金管理规定 ·············· 158
  7.1.3 收入、费用、利润 ·············· 159
 7.2 财务会计报告 ·············· 160
 7.3 经营分析 ·············· 164
  7.3.1 财务分析的意义和目的 ·············· 164
  7.3.2 财务分析的方法、步骤、原则 ·············· 165
  7.3.3 财务分析与评价的基础 ·············· 165
  7.3.4 财务分析与评价的指标体系 ·············· 165

第 3 篇　汽车配件商务活动

第 8 章　商品陈列与广告宣传 ·············· 169
 8.1 商品陈列与商品宣传 ·············· 170
 8.2 汽车配件广告宣传 ·············· 171

  8.3　经济合同 …………………………………………………………… 173

第9章 ▶ 配件管理与商务的电子化 ………………………………………… 177
  9.1　概述 ………………………………………………………………… 177
  9.2　计算机技术在汽车配件营销领域的应用 ………………………… 178
  9.3　汽车配件电子商务 ………………………………………………… 185

附录 ▶ 国家职业标准：汽车配件销售员中华人民共和国劳动和社会保障部颁发 ………………………………………………………………… 190

参考文献 ……………………………………………………………………… 200

Chapter 01

第 1 篇 基础知识

第 1 章 现代企业经营管理基础

学习目标

明确管理的概念和基本职能；了解管理理论的演变和发展；掌握企业决策的程序；掌握企业运行过程中的控制方法。

案例导入

案例 1.1　一个生产组生产效率的变化

洛夫顿刚受聘担任东汉普顿厂（The East Hampton Plant）的总经理。通过一个时期的了解，他吃惊地感到这个工厂面临着许多问题。他清楚地知道，他能否解决工厂的问题，直接涉及他在这个厂的总经理职位能否继续下去。

在检查下属单位的过程中，他发现丙生产小组的 5 位女职工竟然把工作场所当成了宿舍。她们把工作台围成一个圈形，周围墙上贴满了相片，地上铺着地毯，旁边还有一个电冰箱。而且还有一架录音机在放着音乐。他不懂她们为什么在上班时还要放音乐。在工作中，她们还不时地相互交谈，说笑。他认为，在工作时放音乐和谈话，必然会影响生产。洛夫顿突然感到，如果要解决工厂的问题，就必须从抓这个女工小组开始。

当天下午大家下班以后，他亲自派一个机修工人到丙生产小组去，强令女工关掉录音机，把录音机和电冰箱推到角落里去，卷走了地毯，取走了墙上的相片，并把工作台重新摆成一条线。

第二天早上，洛夫顿准备着丙生产小组 5 位女职工来找他大闹一场。然而，使他不解的是，5 位女职工上班后即坐下开始工作。使他大为吃惊的是，女职工虽然不停地在工作着，但是小组的生产量却一下子降低了75%。他立刻派人去看看女职工是否在磨洋工，但是却无法找到证据。

因此，洛夫顿感到有必要查看一下有关这几个女工过去工作表现的记录材料。在查看材料中他发现，这个小组中的几个女工以前一向都表现特别好，她们在这个小组已经工作了15年，而且经常都是超额完成生产任务，超额量每月高达70%～80%。这个小组的工人对工作都是极为负责的。

在事实面前，洛夫顿意识到自己犯了一个大错误。他不得不亲自到丙生产小组去向五位女工道歉，并把工作场所按照她们原来的方式重新布置好。第四天，他高兴地发现，这个生产小组的生产又恢复到了原来的水平。

问题：
1. 丙小组生产的起伏说明了什么问题？
2. 你如何估价洛夫顿作为一个管理者的能力？

1.1 管理理论的演进

1.1.1 管理的一般特征

1. 管理的概念

管理就是在特定的环境下对组织所拥有的各类资源进行有效的计划、组织、领导和控制，以便达成既定的组织目标的过程。

管理者对社会群体负有三个方面的协调责任：

第一，管理者负有通过协调群体与外部环境的关系，使群体成员的活动在整体上得到价值实现的责任。

第二，管理者负有通过协调群体内部的成员相互关系，来最大限度地提高群体成员活动的整体效率（协同效果）的责任。

第三，管理者负有通过协调群体内部成员个人与整体之间关系，来充分挖掘每一个群体成员的潜能，最大限度地发挥他们的积极性、能动性和创造性的责任。

2. 管理的宗旨

管理的宗旨是二元的：其一是组织在整体上产生最大限度的乘积效应，或者说组织在整体上最大限度地达成其分散状态下所不可能达成的目标；其二是使组织内部每一个成员最大限度地实现其在组织以外所不可能实现的自我价值。管理的二元宗旨不是相互独立的，而是相互制约、相互作用、相互促进的。管理的二元宗旨通过相互联系既有可能形成良性循环，也有可能形成恶性循环。

3. 管理的必要条件

管理必须同时具备两个必要条件：其一是存在两个人以上以分工协作方式进行的集体活动；其二，存在集体成员的共同目标。

作为管理的必要条件，共同目标和有组织的集体活动是抽象意义上的，并非具体意义上的。管理之所以不能以具体意义上的共同目标，以及为一定目标而进行协作的集体为必要条件，是因为动态的确定能尽可能好地协调一般环境的具体的共同目标，以及设计并建立能尽可能有效地实现这一任务的组织正是管理的首要任务。强调管理的必要条件的抽象意义，从目标的确立来说，是为了突出其从组织的一般宗旨而非具体目标出发引导组织创造性地适应外部环境的功能；从群体成员的组成来说是为了突出其可塑功能，突出其如有需要的话甚至可以重新组建一支新的队伍，以适应新任务需要的功能。

在共同目标和集体的成员组成这两个方面的关系上，共同目标相对于集体的成员组成居于主要的位置，除非存在成员组成绝无可能变更的非常特殊情况。共同目标的确定不应该受某种特定的组织的限制，而组织的设计、建立或者改造则必须在共同目标和任务确定以后进行。

4. 管理的基本要素

管理的基本要素从组织的内部来讲一般包括五个方面：

① 作为管理的主体和客体的人；
② 作为管理的客体、手段和条件的物资和技术；
③ 从实质上反映管理的分工关系和方式的机构；
④ 作为管理的媒介和依据，同时也作为管理的客体的信息；
⑤ 含义远比目标广泛的组织的一般目的。

从组织的外部来讲管理的基本要素一般包括环境的各个方面，如直接的资源环境、需求环境、竞争环境，间接的政治环境、经济环境、法律环境、行政环境、科技环境、社会环境、行业环境、地理气候环境等。

5. 管理的职能

关于管理职能的比较流行的观点是将其简化为四个基本职能：计划、组织、领导、控制。

（1）计划　计划工作的程序和内容如下：

第一步，在研究活动条件的基础上，确定组织在未来某个时期内的活动方向和目标。组织的业务活动是利用一定条件在一定环境中进行的。活动条件研究包括外部环境研究和内部能力研究。外部环境研究是要分析外部环境特征及其变化趋势，了解环境是如何从昨天演变到今天的，找出环境的变化规律，并据以预测环境在明天可能呈现的状态；内部能力研究主要是分析组织内部在客观上对各种资源的拥有状况和主观上对这些资源的利用能力。

第二步，制定业务决策。活动条件研究为业务决策提供了依据。所谓业务决策，是在活动条件研究的基础上，根据这种研究揭示环境变化中可能提供的机会或造成的威胁，以及组织在资源拥有和利用上的优势和劣势。

第三步，编制行动计划。在确定了未来的活动方向和目标以后，还要详细分析为了实现这个目标，需要采取哪些具体的行动，这些行动对组织的各个部门和环节在未来各个时期的工作提出了哪些具体的要求。因此，编制行动计划的工作，实质上是将决策目标在时间上和空间上分解到组织的各个部门和环节，对每个单位、每个成员的工作提出具体要求。

（2）组织　再好的计划方案也只有落到行动中才有意义。要把计划落实到行动中，就必须要有组织工作。组织工作决定组织要完成的任务是什么；谁去完成这些任务；这些任务怎么分类组合；谁向谁报告；以及各种决策应在哪一级上制定等等。组织工作的具体程序和内容如下：

① 设计组织。包括设计组织的构成和联系。构成的设计是在分解目标活动的基础上，分析为了实现组织目标需要设置哪些岗位和职务，然后根据一定的标准将这些岗位和职务加

以组合，形成不同的部门；联系的设计是根据组织业务活动及其环境的特点，规定不同部门在活动过程中的相互关系。

② 人员配备。根据各岗位所从事的活动要求以及组织员工的素质和技能特征，将适当的人员安置在组织机构的适当岗位上，使适当的工作由适当的人承担。

③ 组织变革。根据业务活动及其环境特点的变化，研究与实施组织结构、结构的调整与变革。

（3）领导　每一个组织都是由人力资源和其他资源有机结合而成的，人是组织活动中唯一具有能动性的因素。管理的领导职能是指指导和协调组织中的成员，包括管理者激励下属，指导他们的活动，选择最有效的沟通渠道，解决组织成员之间的冲突等，从而使组织中的全体成员以高昂的士气、饱满的热情投身到组织活动中去。

（4）控制　为了保证组织目标的实现和既定计划的顺利进行，管理必须监控组织的绩效，必须将实际的表现与预先设定的目标进行比较。如果出现了任何显著的偏差，管理的任务就是使组织回到正确的轨道上来。内容包括行动偏离目标和标准时对组织活动的纠正，以及对目标和标准的修改和重新制定，后者是指当组织内外环境发生变化，原来制定的目标和标准已不再适用。

控制工作过程包括衡量组织成员的工作绩效，发现偏差，采取矫正措施三个步骤，控制不仅是对以前组织活动情况的检查和总结，而且可能要求某时点以后时组织业务活动进行局部甚至全局的调整。因此，控制在整个管理活动中起着承上启下的连接作用。

计划、组织、领导和控制是最基本的管理职能，它们分别重点回答了一个组织要做什么，怎么做，靠什么做，如何做得更好，以及做得怎么样等基本问题。管理各项职能不是截然分开的独立活动，它们相互渗透并融为一体。从管理职能在时间上的关系来看，它们通常按照一定的先后顺序发生，即先计划，继而组织，然后领导，最后控制。对于一个新创建的企业往往更是如此。管理过程是一个各职能活动周而复始的循环过程，而且在大循环中套着小循环。

6. 管理的层次

组织的管理活动往往是分层次进行的，相应的组织的管理人员可以按其所处的管理层次区分为高层管理者、中层管理者和基层管理者。讨论管理的层次主要为了说明两个问题：一是不同的管理层次在管理职能的执行上或者对于管理过程的执行都是完整的；二是不同的管理层次在管理职能的执行上侧重有所不同，高层管理者一般侧重于决定性的管理职能，低层管理者一般侧重于执行性的管理职能。

高层管理者是指对整个组织的管理负有全面责任的人，他们的主要职责是，制定组织的总目标、总战略，掌握组织的大政方针并评价整个组织的绩效。他们在与外界交往中，往往代表组织以"官方"的身份出现。这些高层管理者的头衔有公司董事会主席、首席执行官、总裁或总经理及其他高级资深管理者以及高校的校长、副校长和其他处于或接近组织最高层位置的管理人员。

中层管理者通常是指处于高层管理者与基层管理者之间的一个或若干个中间层次的管理人员，他们的主要职责是贯彻执行高层管理者所制定的重大决策，监督和协调基层管理者的工作。中层管理者通常享有部门或办事处主管、科室主管、地区经理、产品事业部经理或分公司经理等头衔。与高层管理者相比，中层管理者更注意日常的管理事务，在组织中起承上启下的作用。

基层管理者亦称第一线管理人员，也就是组织中处于最低层次的管理者，他们所管辖的仅仅是作业人员而不涉及其他管理者。他们的主要职责是给下属作业人员分派具体工作，保证各项任务的有效完成。在制造业，基层管理者可能被称为领班、工头或工段长。

作为管理者，不论他在组织中的哪一层次上承担管理职责，其工作所涉及的职能应该基本上是一样的，都包括计划、组织、领导和控制几个方面。不同层次管理者工作上的差别，不是涉及的职能多少的不同，而是各项管理职能履行的程度和重点不同。

高层管理者花在计划、组织和控制职能上的时间要比基层管理者多，而基层管理者花在领导职能上的时间要比高层管理者多。即便是就同一管理职能来说，不同层次管理者所从事的具体管理工作的内涵也并不完全相同。例如，就计划工作而言，高层管理者关心的是组织整体的长期战略规划，中层管理者偏重的是中期、内部的管理性计划，基层管理者则更侧重于短期的业务和作业计划。

知识拓展

组织的投资活动的主体是所有者，业务活动的主体是劳动者，管理活动的主体则是管理者。管理的任务就是最大限度地从整体上提高组织投资活动和业务活动的有效性。这里的有效性包括效率和效果两个方面以及两个方面的兼顾问题。

管理者扮演10种不同、但却是高度相关的角色。这10种角色可以进一步组合成三个方面：人际关系、信息传递和决策制定。

1. 管理者在组织的人际关系方面所扮演的角色

在人际关系方面，管理者首先要扮演好挂名领导的角色，承担这种角色，管理者要在所有的礼仪事务方面代表其组织。此外，管理者还要扮演联络者和领导者的角色。作为联络者，管理者要同组织以外的其他管理者和其他人相互交往，维护自行发展起来的外部接触和联系网络。作为领导者，管理者要处理好同下属的关系，对组织成员做好激励和调配工作。

2. 管理者在组织的信息联系方面所扮演的角色

在信息联系方面，管理者主要扮演信息监听者、传播者和发言人的角色。作为监听者，管理者要注意接收和收集信息，以便对组织和环境有彻底的了解，进而成为组织内外部信息的神经中枢。作为传播者，管理者要把外部信息传播给他的组织，并把内部信息从一位下属传播给另一位下属。作为发言人，管理者要把组织的有关信息传递给组织以外的人，既包括董事会和更上一层次的管理当局，也包括供应商、同级别的人、政府机构、顾客、新闻媒体以及竞争对手。

3. 管理者在组织的决策方面所扮演的角色

在决策方面，管理者又要扮演企业家、故障处理者、资源分配者和谈判者的角色，并相应执行四个方面的任务：一是寻求机会，制订方案，从事变革，并对某些方案的设计进行监督；二是在组织面临重大的、出乎预料的故障时，采取补救措施；三是负责对组织的所有资源进行分配，事实上就是做出或批准所有重大的组织决定；四是代表组织参加与外界的重要谈判。

1.1.2 管理学的形成和演变

1. 早期的管理思想

由于人是一种社会性的动物，人们所从事的生产活动和社会活动都是集体进行的，一要组织和协调集体活动就需要管理，因此可以说自从有了人类社会就有了管理。

（1）国外古代的管理思想　管理思想随着生产力水平的不断提高而逐步发展。世界上的一些文明古国对早期的管理思想都有突出的贡献。公元前，古希腊的哲学家苏格拉底认为管理具有普遍性，归纳其观点如下：应使下级愿意服从管理者的领导；要合理安排管理者的下级人员；赏罚分明、责任明确；应争取同盟者和支援者；管理者要有能力支配人力、物力、财力。

15世纪意大利的著名思想家和历史学家马基埃维利也阐述了许多管理思想，其中影响最大的是他提出的四项领导原理：群众认可，即领导者必须得到群众的拥护；凝聚力，即领导者必须维持组织内部的内聚力；统帅力，即领导者必须具有崇高的品德和非凡的能力；励治图存，即领导者必须具备坚强的生存意志力。

（2）国内古代的管理思想　中国是一个历史文明古国，在管理思想发展史中，占据着重要的地位。公元前，春秋战国时期的著名军事家孙武写下了《孙子兵法》，这是世界历史上第一部军事著作，全书共十三篇。其内容虽是论述战略战术的，但有着鲜明的管理特色，它不仅在军事领域，而且在管理领域也得到了广泛的应用。

诞生于2200多年前的《周礼》，是一部论述国家政权职能的重要著作，它涉及了政治、经济、财政、教育、军事、司法和工程等许多方面，是对封建国家管理体制的理想化设计，其中包含了许多管理思想。

2．产业革命后的管理思想

18世纪60年代西方国家的产业革命使生产力有了很大发展，随之而来的是管理思想的革命。苏格兰的政治经济学家、哲学家亚当·斯密在他的《国富论》中以制针业为例说明了劳动分工的重要作用。他认为，没有分工，工人一天也造不出一根针来，而分工可以使工人一天制造出上千根针，这里包含着重要的管理思想。他认为劳动分工的效果在于：①提高了工人的技术熟练程度；②减少了变换工作的时间损失；③可大量使用专用机器和专用工具；④按专业技巧的难易来支付工资，从而降低工价。

产业革命后期，对管理思想贡献最大的是英国的查尔斯·巴贝奇。通过时间研究和成本分析，他比亚当·斯密更全面、更细致地解释了劳动分工使生产效率提高的原因：①减少了学习所需要的时间；②节省了学习所耗费的材料；③减少了变换工作的时间损失；④经常从事同一工作，不易引起疲劳；⑤节省了调整、改变工具所需的时间；⑥长期重复同一操作，可使技术熟练，提高速度；⑦注意力集中在单一作业，便于改进工具。

除此之外，巴贝奇还提出工资加利润分享制度，以调动劳动者的工作积极性。他主张工人应当依据他们工作的性质取得一份固定的工资，分得一份利润，获得一笔可能因此而提高生产率的合理化建议奖。巴贝奇对管理的贡献集中表现在成本、工艺管理与激励等领域。

3．管理权与所有权的分离

在资本主义发展的初期，资本家既是所有者又是管理者。他之所以能够掌握管理权，不是因为他具备管理的知识和技能，而是因为他是资本人格化的表现。因而资本家的管理只能是粗放的、包揽一切的个人管理。资本家是一身二任——既是所有者，又是管理者。

（1）所有权与管理权分离的标志　1841年10月5日，在美国马萨诸塞州——纽约的西部铁路上，两列火车迎头相撞，造成近20人伤亡。此事引起美国公众对铁路公司老板低劣管理的不满。在马萨诸塞州议会的推动下，铁路公司被迫进行管理改革。老板交出企业管理权，只拿红利。另聘有管理才能的人担任企业领导。这就是美国历史上第一个由领薪管理人员通过正式机构进行管理的事例。

马萨诸塞州车祸看似一个偶然事件，但却反映了由于企业规模的不断扩大和生产的日益复杂化，资本家越来越难以独立完成管理自己企业的任务，从而不可避免地发生两权分离。

(2) 分离的意义　所有权与管理权的分离，是企业管理的一次影响深远的历史性大分工，其意义如下：

第一，管理不再仅仅是一种活动，而成了一门职业，使独立的管理职能和专业的管理人员正式得到了承认。管理职能的独立，引发了管理职能的分化和专业化管理技能的逐步走向成熟，为管理由感性认识上升为系统化理性认识创造了条件。

第二，两权分离大大提高了管理效率，同时也为企业组织形式的进一步发展提供了方便条件。

第三，具有管理才能的人员掌握了管理权，直接为后来管理理论的诞生创造了条件，为管理学的创立提供了前提。

4. "科学管理之父"——泰罗

泰罗于19世纪末、20世纪初倡导的"科学管理"运动，成为管理从经验转变为科学的重要标志。

(1) 泰罗科学管理理论的主要内容

① 工作定额。泰罗等人针对当时操作方法不科学而造成的事倍功半、效率低下的情况，通过对时间与动作的研究，制定了科学的操作方法，并据此定出合理、有效的日工作量标准。

② 科学地挑选和培训工人。为了从人员素质上保证工作定额的实现，提高劳动生产率，必须改变过去那种对工人采用师徒制来培训的状况。应该对工人进行科学的选择和培训，以保证工人具备与工作相适应的体力和智力，从而完成工作定额，发挥其最大能力。

③ 标准化。泰罗认为，为了完成较高的工作定额，不仅要通过培训使工人掌握标准化的操作方法，而且要让工人使用标准化的工具、机械和材料，并把工作环境加以标准化，从而形成一整套标准化制度。

④ 差别计件工资制。泰罗认为，不按劳付酬是工人磨洋工的重要原因之一。为了调动工人的积极性，他提出了差别计件、超额重赏的刺激性付酬制度。这种严惩与高酬相结合的工资制度，从体制上解决了磨洋工的问题，并同时促进了雇主和工人两方面的积极性。

⑤ 缓和劳资关系。泰罗认为，科学管理的意义在于引起一场劳资双方的"心理革命"，其目的是使他们把"注意的重点从分享经济价值转移到增加可供分享的价值"上，并为之相互负责，变对立为通力合作。

⑥ 计划职能与执行职能分离。他提出要把计划同执行分离开。计划由管理当局负责，执行由工长和工人负责。专业的计划职能部门的主要任务是：进行时间和动作研究；制定工作定额和标准化的操作方法；对照标准和实际执行情况，进行有效的监督和控制。

⑦ 职能工长制。为提高工作效率，泰罗主张将管理工作予以细分，实行管理职能的分工和专业化。在具体做法上，他提出了"职能工长制"。实施后，虽起了一定的作用，但由于存在缺陷，易形成多头领导而被否定。但他的职能管理思想为后来企业职能部门的建立和管理专业化提供了参考。

⑧ 例外事件原则。泰罗认为，经过科学测定，一切工作都应形成标准化，没有纳入标准的事件称为例外事件。管理人员，特别是高级管理人员，应把纳入标准的例行公事授权下

级处理,高级管理人员则仅仅控制重大决策、例外事件的决策权和监督权。

(2)对泰罗科学管理理论的评价

① 科学管理的贡献。科学管理学派最大的贡献在于创造了以科学调查研究指导管理活动的管理理论,开辟了不依赖传统的经验和直观的判断而运用科学方法进行管理的新纪元。另外,泰罗和他的同事创造和发展了一系列科学方法,大大加速了劳动生产率的提高。与传统管理相比,科学管理更强调劳动组织方式的科学性、合理性,并把生产过程专门化,建立起了以标准化为主要特征的大规模生产管理制度。

② 科学管理的局限性。一是泰罗对工人的看法是错误的,他认为工人是"经济人",工人工作只是为了挣取工资。二是泰罗的科学管理所追求的"合理的日工作量"实际上是基于最好的体力和技术上的最高速度。三是泰罗的科学管理仅重视技术性的因素,忽视了人群社会因素,否定了工人的工作自主性。四是他的科学管理加快了脑力及体力劳动的分离,并且由于工作越来越专业化和标准化,造成工人畸形发展。五是由于泰罗的经历所限,科学管理只解决了个别的、具体的作业效率问题,并未涉及企业全局的经营管理问题,更没有上升到一般管理层面。

5. "现代经营管理之父"——法约尔

亨利·法约尔的理论被称为一般管理理论,他的代表作是《工业管理和一般管理》。

(1)法约尔一般管理的内容(如图1.1所示)

① 企业的六大类工作。法约尔认为,凡进行集体经济性活动的企业组织,都包含着六个方面的工作:

第一,技术性工作。主要指企业所从事的生产、制造、加工等活动。

第二,商业性工作。主要指企业所从事的采购、销售和交换活动。

第三,财务性工作。主要指企业筹集和最有效地使用资金的活动。

第四,会计性工作。主要指通过财产清点、编制资产负债表、成本核算、统计等工作对企业的经济形势提供准确、清楚而又详细的资料的活动。

第五,安全性工作。主要指企业所从事的对商品及人员的保护工作。

第六,管理性工作。主要指企业所从事的计划、组织、指挥、协调和控制等活动。

法约尔还认为企业对基层工人的要求主要是技术性的技能要求,对管理人员来说随着职位的不断提高,则对管理性技能的要求越来越高,而对技术性技能的要求相对减弱。

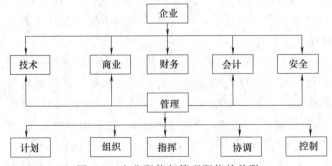

图1.1 企业职能与管理职能的关联

② 管理的五种职能。法约尔把管理的过程划分为五个要素,认为管理就是实行计划、组织、指挥、协调、控制。并对上述五大要素进行了分析。计划,就是探索未来,制定行动

计划。组织，就是建立企业的物质与社会的双重结构。指挥，就是指导、激励企业人员，使其发挥最大作用。协调，就是连接、联合、调和所有的活动和力量，保持组织中各部门的人和物在运转上的一致性。控制，就是检查执行情况，使实际工作与既定的计划、规章、标准和原则相符合。

③ 管理的十四项原则。法约尔认为，管理活动应遵循以下十四项原则：劳动分工；权力和责任；纪律；统一指挥；统一领导；个人利益服从集体利益；合理的报酬；适当的集权与分权；跳板原则；秩序；公平；保持人员稳定；首创精神；集体精神。

(2) 对法约尔一般管理的评价

① 贡献。法约尔是以企业的一般管理为对象来展开研究的，由于他更强调对管理一般性的研究，因而他的管理理论应用范围很广。法约尔对管理职能的划分，提高了对管理活动的内在规律的认识，以科学的高度抽象说明了管理是由计划、组织、指挥、协调、控制等职能所组成的一个连续不断的过程。从法约尔开始，对管理职能的研究成为管理学界注意的中心问题，并依其建立了管理学体系。

法约尔提出的管理十四原则，是他通过多年研究和实践的总结，对管理理性的概括。

由此可见，法约尔的一般管理较泰罗的科学管理更具一般性和完整性。

② 存在的不足。法约尔理论的主要不足在于他的管理原则过于"原则"或者片面，甚至使实际管理者感到无从遵守。如西蒙认为法约尔所提出的许多原则不是等于没说就是存在对立的原则。法约尔理论的不足还表现在它为行为科学和管理科学的研究留下了巨大的空间。

6. 霍桑实验及早期人际关系学说

(1) 霍桑实验　霍桑实验是从 1924～1932 年在美国芝加哥郊外的西方电器公司的霍桑工厂中进行的。霍桑工厂具有较完善的娱乐设施、医疗制度和养老金制度，但生产效率却很低。1924 年 11 月，由美国国家研究委员会组织了一个包括多方面专家的研究小组进驻霍桑工厂，开始进行实验。目的在于通过改善工作的物质环境，来发现提高劳动生产率的途径。实验共分四个阶段：照明试验、继电器装配小组试验、大规模访问交谈和对接线板接线工作室的研究。

① 照明试验。目的是研究照明度对生产效率的影响。结果表明，生产效率的高低与照明度的变化无直接关系，而是另有其他原因。正当人们对此困惑不解的时候，主持试验的一位工作人员听了一次哈佛大学管理学院工业研究室主任梅奥的关于心理学方面的报告，深受启发，便请他参与进行试验。梅奥同助手罗特利·斯伯格的到来，把试验引入了第二阶段。

② 继电器装配小组试验。研究小组选择了 5 名女装配工和 1 名画线工，把他们安置在单独一间工作室内工作，并告诉女工，这项试验并不是为了提高产量，而是研究各种不同的工作环境。试验过程中，研究小组分期改善工作条件。如：增加工间休息，公司负责供应午餐和茶点，缩短工作时间，实行每周五天制，实行团体计件工资制等，装配小组的女工们在工作时间可以自由交谈、观察人员对她们的态度也非常和蔼。这使得女工们的产量不断上升。在这些措施实施了一年半之后，研究小组决定取消上述工作条件，恢复原来的工作条件，结果产量仍维持在高水平上。对这一现象的研究结果表明监督和指导方式的改善促使工人改变工作态度、提高产量，这是霍桑实验的一个转折点。由此研究人员决定进一步研究工人的工作态度及可能影响工人工作态度的其他因素。

③ 大规模访问交谈。这是一项高达 2 万人次、耗时 2 年时间的访问交谈工作，由于采

用自由交谈方式，使工人有机会发泄不满情绪，并且随着工人的许多建议被采纳，且允许他们参与决定公司的经营与未来，使得工人的工作态度发生了很大的改变。由此，研究人员发现，影响生产力最重要的因素是工作中发展起来的人际关系，而不是待遇和工作环境。

④ 对接线板接线工作室的研究。这个工作室有9名接线工、3名焊接工和2名检查员。研究小组在对他们的生产效率和行为进行了半年之久的观察后，获得了重要的发现：

第一，大部分成员故意自行限制产量。研究人员发现，工人只完成定额以下的接近定额的产量，目的是不使管理人员提高定额，并且可以迁就效率较低的同事。

第二，工人对不同层次的上级持不同的态度。研究人员发现，工人把小组长看成是小组的成员之一，对组长没有明显的顾忌心理。而随着管理层次的提高，管理人员权威的增加，工人的态度发生了明显的变化。这说明，一个人在组织中职位越高，他所受的尊敬越大，大家对他的顾忌心理也越强。

第三，工人中存在着非正式组织。研究人员发现，在工作室中存在着小群体。每个小群体有自己的行为规范，加入这个小群体，就意味着要遵守这些规范，否则就会受惩罚。这种小群体就是非正式组织。它不是由工作不同形成的，而是和工作位置有关系。其存在的目的是对内控制成员的行为，对外保护其成员不受管理层的干预。每个非正式组织都有自己的领袖人物。

霍桑实验历时8年，获得了大量的第一手资料，研究人员进行了系统、科学的总结，提出了一系列不同于传统管理的新观点，为人际关系学说的形成和行为科学的发展奠定了基础。

(2) 梅奥人际关系学说的主要内容　梅奥人际关系学说的主要内容如下：

① 工人是"社会人"，不是"经济人"。科学管理认为人是"经济人"，金钱是刺激积极性的唯一动力。而梅奥认为：人是"社会人"，影响人们生产积极性的因素，除物质方面外，还有社会和心理方面的，即工人除追求金钱外，还追求友谊、安全、归属及受人尊敬等等。

② 生产效率主要取决于职工的工作态度、工人之间和工人与管理层的关系。梅奥认为，工作的物质条件与生产率之间没有必然的直接联系，要提高生产率就必须满足工人的社会欲望，提高工人的士气，而士气的高低取决于两个因素：第一，工人个人的情况，即由于不同的家庭生活、社会生活环境及个人经历而形成的个人态度；第二，工作场所的状况，即工作环境中工人之间的关系、工人与管理层的关系。

③ 企业中存在着非正式组织。古典管理只注重组织机构、职权划分、规章制度等，而梅奥认为，人是社会动物，在企业的共同工作当中，人们必然相互发生关系，由此形成了非正式组织。其形成原因有地理位置关系、兴趣爱好关系、亲戚朋友关系、工作关系等。非正式组织在某种程度上左右和制约着其成员的行为。

梅奥认为，在正式组织中，以效率逻辑为其行动标准；在非正式组织中，以感情逻辑为其行动标准。而管理人员的逻辑多属前者。他还指出，作为管理者，要充分认识到非正式组织的作用，以便使管理人员之间、工人之间及管理人员与工人之间搞好协作，充分发挥每个人的作用，提高劳动生产率。

(3) 对梅奥人际关系学说的分析

① 贡献。梅奥的人际关系学说在科学管理之外开辟了一个崭新的领域，为行为科学理论，包括个体行为、团体行为和组织行为理论的形成和发展奠定了重要的基础。

② 对梅奥人际关系学说的批评。对人际关系学说和行为科学理论的批评，主要集中在

关于社会人的假设上。如果过分强调人的社会性，强调团体和谐压倒一切，很可能导致团体专制替代个人专制，降低了个体的自制力，抑制了个体的积极性和创造性，从而降低了组织的革新和进步。

7．管理科学理论

管理科学理论的主要内容包括以下几个方面。

（1）运筹学　运筹学是在第二次世界大战期间由英国科学家布莱克特等人为解决雷达的合理配置问题而研究出的数学分析与计算技术。战后，运筹学被应用于管理领域，它是一种定量的科学方法，要求统筹兼顾，合理使用资源（人力、物力、财力），提供最优解决方案来为决策服务，在有限的资源条件下，取得最大的经济效益。运筹学的分支主要有：

① 规划论。用以研究如何统筹安排、合理调度人员、设备、物资、资金、时间，以尽可能少的投入获得最大的产出。规划论是运筹学中发展较成熟的理论，包括线性规划、非线性规划和动态规划。

② 网络分析技术。是关键路线法（CPM）、计划评审技术（PERT）和统筹法的统称。是一种用网络图来解决工程技术和管理工作中的计划和控制问题的管理技术。

③ 库存论。是一种用以研究何时、何地补充库存及补充多少才能既保证企业有效运转，又能保持一定库存和补充采购的总费用最少的科学方法。

④ 排队论。又称随机服务系统理论或等待线理论，是研究要求获得某种服务的对象所产生的随机性聚散现象的理论。

⑤ 对策论。又称博弈论。主要是研究在带有竞争性质的活动中，如何使自己获取利益最大，并找出制胜对方的最优策略。

⑥ 决策模型。主要研究如何建立一套决策程序和数学模型，如环境模拟、资源配置等模型，以增加决策的科学性，力求减少决策的主观成分。科学的决策过程就是建立和运用决策模型的过程，当然更加重要的是对决策模型科学性的论证。

（2）系统分析　系统分析主要是运用系统的思想，将事物看作是一种具有有机联系的统一整体，运用现代科学技术方法进行系统分析、系统设计、系统模拟，以便最有效地实现预期目标。系统分析在实际工作中具有重要意义。

系统工程与运筹学有着内在的联系，作为逻辑的和计量的方法两者的共性很多，一般认为系统分析研究的范围更广一些。另外，运筹学是比较单纯的计量科学，而系统工程则比较注重定量与定性分析相结合。

（3）对管理科学的分析

① 贡献。管理科学理论把现代科学方法运用到管理领域中，实现了现代管理理论研究从单纯定性到定量与定性相结合的转变，从而使管理理论在科学的轨道上前进了一大步，对组织的管理水平和效果的提高起到了很大的作用。

② 存在的问题。同其他理论一样，管理科学理论也有自己的弱点：一是无法将管理中与决策有关的各种复杂因素全部数量化；二是忽略了人的经验、直觉和想象力；三是管理科学理论不能为管理活动提供完整的基础。

8．管理理论的新发展

对于近代管理学而言，过去的 20 世纪是一个从幼稚到成熟发展的百年。跨入 21 世纪，科学技术的迅猛发展，极大地推动了人类的文明和社会的进步，管理学将面临更大的挑战，也必将有更大的发展。这里介绍几种新的管理思想和管理方法。

(1) 人本管理

①"人本管理"的内涵 "人本管理"是与"以物为中心"的管理相对应的概念，它要求理解人、尊重人、充分发挥人的主动性和积极性。其核心是在管理活动中把"人"作为管理的核心。

"人本管理"可分为五个层次：情感管理、民主管理、自主管理、人才管理和文化管理。具体内容包括：运用行为科学，重新塑造人际关系；增加人力资本，提高劳动力质量；改善劳动管理，充分利用人力资源；推行民主管理，提高劳动者参与意识；建设企业文化，培育企业精神。

②"人本管理"研究的具体内容

a. 重新认识人，包括重视人的因素在企业中的地位和作用，对人性假设的研究，对作为一个个体的人的个性、态度、行为特征的研究。

b. 激励理论，研究运用哪些管理策略和方法能调动员工的个人积极性、主动性、创造性。

c. 人际关系管理，研究企业内外部存在的人际关系内容、性质，对个体和群体行为的影响。

d. 人力资本投资，研究如何提高员工的个人素质，实现组织和个人的同步发展。

e. 企业人力资源开发与管理，研究在新形势下企业如何正确地选人、用人、育人、留人，真正地以"人"为核心来运用企业的资源，实现组织的目标。

f. 企业文化建设，研究如何通过价值观、思想理念等人文环境的建设，潜移默化地塑造员工的行为，为企业的发展创造一个良好的人文环境。

(2) 企业文化 其主要观点有：企业的管理不仅是理性的，而且是文化的；企业文化由环境所制约，并影响人们的行为；企业领导应把主要精力用在企业文化的塑造与培育上；企业领导必须具有文化意识；未来企业竞争将主要是企业文化的竞争。

关于企业文化有这样一种观点，认为企业文化可分为器物层、制度层和精神层三层，这三层是个同心圆围绕着一个中心点，共同构成企业文化的结构。

器物层面的企业文化是外在的、直观的，它又称为企业的物质文化，它还可以具体细分为产品文化、工具体系文化、管理物质文化三个方面的内容。

中间层是制度层，即企业的制度文化。包括企业的管理制度、各种规章和管理设施、企业的人际关系和组织结构等。这些规章制度在企业内部具有权威性、约束性，全体员工必须人人遵守、自觉维护。贯彻实施也就具有严肃性和很强的刚性。谁违反，谁就无一例外地承担相应的责任，受到相应处罚。

最内层是精神层，即企业的精神文化。它是企业文化的灵魂，它包括作为知识技能体系的技术知识、技术观念、技术活动等，这是精神文化的起点；员工教育、卫生、体育、文娱等文化活动和文化设施，这是精神文化的有形体现；员工的思想信念、价值观念、伦理道德、心理状态、精神风貌、思维方式等，这是精神文化的核心。

(3) 企业再造理论 企业再造的基本内涵是以企业长期发展战略需要为出发点，以价值增值流程（使客户满意的任务）的再设计为中心，强调打破传统的职能部门界限，提倡组织改进、员工授权、顾客导向及正确地运用信息技术，建立合理的业务流程，以达到企业动态适应竞争加剧和环境变化目的的一系列管理活动。一般说来，企业再造的任务可以概括为以下四点：

① 针对特定的业务流程与工作流程进行改善，注重通过降低成本、工作项目与内容的简化、工作流程的流畅化来改善企业内部各项管理职能与例行作业的运作效率，从而达到所设定的改进目标。

② 注重信息技术及各类最新科技的应用，充分发挥出新技术的应有功效，从而创造出传统业务模式无法拟合的整体性业务流程。

③ 实现企业内部跨部门的团队工作方式，这些工作团队知道如何不断加强和改进运作绩效，并在最高管理层的支持下，最大可能地发挥出潜力与创造力，以达成顾客对产品与服务品质的高满意度。

④ 实现对企业整体业务流程的战略性改进与优化。通常，以企业的长远发展或战略愿景为出发点，勾勒出整个企业基于最新 IT 及其他技术成果的组织构架，进而以各种仿真建模技术来完成企业核心业务流程的重新设计与再造，最终推动企业整体业务流程的全面持续性改进和优化。

知识拓展

学习型组织的战略目标是提高学习的速度、能力和才能。建立愿景并能够发现、尝试和改进他们的思维模式，并因此而改变他们的行为的组织才是最成功的学习型组织。彼得·圣吉的五项修炼的具体内容如下。

（1）自我超越（personal mastery）。就是能够不断理清个人的真正愿望，集中精力，培养耐心，并客观地观察现实。这是学习型组织的精神基础。圣吉指出，精熟自我超越的人，在其一生中，都在追求一种卓越的境界。

（2）改善心智模式（improving mental models）。心智模式是一个看待旧有事物而形成的特定的思维定式。这种心智模式，一方面能够使我们较为迅速地处理一些经验性的问题；但另一方面，在一个急剧变动的社会中，我们心中存在的许多假设、成见甚至图像、印象，会影响我们看待新的事物，影响我们采取正确的行动。

（3）建立共同愿景（building shared vision）。共同愿景最简单的说法是：我们想要创造什么。正如个人愿景是人们心中或脑海中所持有的意象或景象，共同愿景就是组织中人们所共同持有的意象或景象，它创造出众人是一体的感觉，并遍布到组织全面的活动中，而使各种不同的活动融合起来。

（4）团队学习（team learning）。团队就是彼此需要他人行动的一群人。在组织中，团队成为学习最关键的单位，"团队学习"是发展成员整体搭配与实现共同目标能力的过程。组织需要逐渐培养起越来越多的学习团队，进而形成组织整体学习的氛围。

（5）系统思考（systems thinking）。系统思考是看得见整体的一项修炼，系统思考要求人们运用系统的观点看待组织的发展。它要求人们，从看局部到纵观整体；从看事件的表面到洞察其变化背后的结构；从静态的分析到认识各种因素的相互影响，进而寻找一种动态的平衡。

1.2 管理环境分析

任何组织都不是独立存在、完全封闭的。组织存在于由外部各种因素构成的环境中，在与环境中其他组织之间的相互作用过程中谋求其自身目标的实现。要进行组织的管理，就必须了解和把握环境对组织的影响,环境要素的种类及特点等,就需要对组织的环境进行研究。

1.2.1 环境对组织的影响

环境是组织生存的土壤,它既为组织活动提供条件,同时也必然对组织的活动起制约作用。以大量存在的从事经济活动的企业组织为例。企业经营所需的各种资源需要从属于外部环境的原料市场、能源市场、资金市场、劳动力市场中去获取。离开外部的这些市场,企业经营便会成为无源之水、无本之木。与此同时,企业出售用上述各种资源生产出来的产品或劳务也要在外部环境中实现。没有外部市场,企业就无法销售产品、得到销售收入,生产过程中的各种消耗就不能得到补偿,经营活动就无法继续。

对组织活动有着如此重要作用的环境还是在不断变化的。环境的种种变化,可能会给组织的生存和发展提供新的机会,也可能对组织的生存造成某种不利的威胁,组织要继续生存,要在生存的基础上不断发展,就必须及时地采取措施,积极地利用外部环境在变化中提供的有利机会,同时也要采取对策,努力避开环境变化可能带来的威胁。

外部环境对组织的影响一般有这样一些方面:

① 影响组织性质。外部环境对组织的影响首先就在于决定组织的性质,包括组织的所有制、社会分工和经济地位。这种影响主要来自社会政治制度和经济制度的变更。

② 影响组织的基本制度。外部环境的重大变化对组织的设立、运行、分配等方面的基本制度也产生着深刻的影响。国家经济体制和社会分配制度的重大改革必然要求组织在制度上做出积极响应。

③ 影响组织文化。与社会发展相适应的社会价值观念、道德风尚、生活方式等时时刻刻在影响着组织的活动准则、工作气氛、精神面貌等。这种影响既包括积极的方面,也包括消极的方面。

④ 影响组织战略和经营。外部环境的现状和变化趋势直接影响着建立在环境分析基础上的组织战略,从而引发组织对自身进行重新塑造。

⑤ 影响组织的管理。外部环境的变化既影响到组织应用管理方面的研究和发展,也影响到组织对一般管理的认识,或者说,既通过对组织的性质、制度、文化、战略和经营等方面的影响,影响到组织的管理过程,又通过对组织的计划、组织、领导、控制等活动的影响而影响到组织的管理过程。

外部环境影响组织的方式既有直接影响又有间接影响和双重影响。外部环境的某些因素的变化可以直接对组织的运行提出具体的要求,限定组织的运行方向,制约组织的行为,影响组织的决策;外部环境也可以通过某些与组织并不直接关联的因素对与组织直接有关的因素产生影响,从而间接地影响组织的运行;外部环境的某些因素还可以既直接影响组织,又通过对其他与组织有关的因素的影响间接地再次影响组织,从而产生对组织的直接和间接的双重影响。这种双重影响可以是在很短的时间内同时发生,也可以是相隔较长一段时间先后发生。

外部环境对组织的影响主要表现为外部环境与组织存在着对应关系和交换关系。从对应关系来看,组织是整个社会的一个子系统,社会上的诸种因素总是不可避免地在组织内部体现出来。从这个意义上说,每一个社会组织都是一个微缩了的小社会。从交换关系来看,组织与环境之间不断地进行着物质、能量和信息的交换。作为管理职能,计划、组织、协调和控制这些活动也同环境之间存在着密切的交换关系。

1.2.2 外部环境系统的特性和结构

1. 外部环境系统的特性

组织外部环境的特性包括客观性、相关性、变动性、层次性和关联性五个方面。

客观性是指组织的外部环境是一种客观存在，是组织不可控制的因素。它不受企业所有者、管理者和生产者的支配，但却从整体上产生着并自始至终地制约着企业的生存和发展。当然，若超脱一点来看，组织自身也是一种客观存在，它与其他客观存在完全可以发生交互影响作用，或者说，组织的外部环境在一定程度上也必然会受到组织活动的影响，管理者应当充分利用这一点。

相关性是指组织的外部环境不是广义的，而是由与组织相关的各种外部因素所构成的，不同的组织和同一个组织在不同的时间，由于其相关因素的不同决定了其外部环境的不同。因此，不同地区、不同行业、生产不同产品、具有不同的管理和生产要素的组织都具有不尽相同的外部环境。

变动性是指组织面临的外部环境是动态变化的。它不仅随着社会政治经济和科学技术的发展而变化，而且还随着组织活动的变化而变化。因此，即使是同一个组织，在不同的年代和不同的发展阶段所面临的环境也是不同的。

层次性是指外部环境对组织的影响不是等同的，某些因素的变化会对组织产生直接的影响，而另一些因素的变化则将通过导致其他因素的变化而对组织产生间接的影响；某些因素的变化会影响较多的组织及其活动，而另一些因素的变化仅对少数组织产生影响。

关联性是指外部环境各因素不是相互孤立地存在和变化发展的，它们互相之间存在着一定的关联性，一些因素的变化和发展会导致另一些因素的同向或者异向的变化和发展，使得某一种因素的变化和发展会引起多种因素共同对组织及其活动产生种种有利或不利的影响。

2. 组织外部环境系统的结构

组织的外部环境系统，有按层次划分的各种结构形式，如直接和间接环境；市场和行政环境；微观和宏观环境；生产、经营和战略环境；消费、零售、批发和经销环境，原始资源、资源加工和资源销售环境等。

有按范围划分的各种结构形式，如组织所在地、地区、全国以及国际环境；产品的产销、行业以及国民经济环境；特定产品、大类产品和一般产品环境；专门技术和普通技术等。

有按要素划分的各种形式，如政治、经济、科技、社会、自然环境；金融、物资、人才环境；供应、销售和竞争环境；法律、税收、工商管理环境等。

组织的外部环境系统是多层次、多范围、多要素、多方向的有机综合。各种方式的结构形式从不同的侧面或者角度反映了组织的整个外部环境。因此，通过分析各种不同的环境结构形式，有助于我们从各个不同的角度来认识组织的外部环境系统。

1.2.3 一般环境因素

就不同组织而言，环境中对其直接发生重要影响的因素是不同的，但一般来说，大致可归纳为社会环境、技术环境、经济环境、政治环境和自然环境等。

1. 社会环境

社会环境包括社会整体价值观的变化，以及由此引起的社会成员行为态度的变化。例如，人们对婚姻、生活方式、工作方式、性别、种族、教育、污染等方面的看法，以及这些看法对企业发展可能造成的影响；人口数量及结构的变化对主要社会及政治关系的影响、社会权势阶层的构成及变化、社会价值观的变化等都对经济的产业结构和规模有直接的影响，从而影响到组织的活动空间和方式。如目前人口环境方面的主要动向有：

① 世界人口迅速增长。据历史人口学家估计，到2040年前，世界人口将达到80亿（其中80%的人口属于发展中国家）。

② 发达国家的人口出生率下降，儿童减少。这种人口动向对儿童食品、儿童用品、儿童服装、儿童玩具等行业是一种环境威胁。因此，近几年来美国等国家某些经营儿童食品和用品的企业，或者到人口出生率高的国家去寻找市场，或者采取"转移"的对策，改行经营其他业务。另一方面，这种人口动向对某些行业有利。例如，许多年轻夫妇有更多的闲暇时间和收入用于旅游、在外用餐、娱乐，因而给旅游业、旅馆业、体育娱乐业等提供了有吸引力的市场机会，促进了第三产业的发展。

③ 许多国家人口趋于老龄化。许多国家尤其是发达国家的人口死亡率普遍下降，平均寿命延长。由于人口老龄化，市场对摩托车、体育用品等青少年用品的需要日益减少。有些国家的老年人一般不再愿意添置住宅、汽车等某些高档商品。所以，这种人口动向对经营青少年用品、某些高档商品的行业是一种环境威胁。另一方面，老年人的医疗和保健用品、助听器、眼镜、旅游、娱乐等的市场需要会迅速增加，这样就给经营老年人用品的行业如旅游业、旅馆业、娱乐业提供了市场机会。

2. 技术环境

技术环境具有变化快、变化大和影响面大（其影响常常可以超出国界）的特点。技术环境所包括的主要因素有：当前社会技术总水平及变化趋势；由于新技术的产生可能会出现的新产品和新服务种类；技术的突破对组织活动方式的影响；技术与社会、经济和政治环境之间相互作用的表现等。有时某些新技术的产生能够引发一场社会性技术革命，创造出一批新产业，同时迫使一批现有产业的淘汰。如计算机技术将向超高速、超小型、平行处理、智能化的方向发展。智能化计算机将不仅能模仿人的左脑进行逻辑思维，而且能模仿人的右脑进行形象思维，它将具有感知、思考、判断、学习以及一定的自然语言能力。新型的超导计算机、光计算机、生物计算机也将相继问世。新型的综合业务数字网络能统一办理各种通信业务如传真、电报、可视电话、电子邮件、资料检索、文件传送、银行业务、外贸业务等。在战时，它将作为作战指挥通信的神经系统。在生物工程方面，21世纪，将掀起基因疗法的热潮，从而带动基因工程制药业的快速发展。基因疗法是通过引入人的正常基因使人体进行自我保护和修复的一种生物技术医疗方法。基因疗法除能矫正遗传缺陷、治疗先天性免疫缺陷外，还能医治血液病、癌症、艾滋病等病症。还有，转基因植物将给人们带来以前从未想象过的食品。转基因技术能够使两种截然不同的物种的特性，例如土豆和番茄的特性或者香蕉和蚕豆的特性结合起来。在建筑物内部，将采用对温度、光线、噪声、空气质量的全面控制，发展隔热、防水、隔声、防太阳辐射、防火的材料与设备。采用数字化程序控制，可以实现大型办公楼的电力、安全、信息服务一体化。

3. 经济环境

经济环境最终表现为社会和个人购买力，而购买力的大小又取决于社会总体收入水平、物价水平和资金的供应程度等因素。经济环境的变化如果能促进社会购买力的提高，不但会推进现有市场购买力的扩大,而且还会促进新市场的开发,以满足扩大了的需求,这些都将成为企业发展的机会。然而,购买力在短期内的急剧上升,也有可能破坏经济要素之间的平衡状态,引起社会及政治环境的波动。

经济环境的变化还表现在全球不同经济区域的形成上。到目前为止,已经形成并作用较大的经济贸易区有欧洲共同体、北美自由贸易区和东南亚联盟等。这些经济贸易区内又有其特殊的经济环境,使企业在考虑经济因素时不但要考虑本国经济环境和全球经济环境,还要考虑区域经济环境。

反映经济环境特征的经济指标有利率、货币兑换率、经济增长率和通货膨胀率。利率的变化直接影响对产品或服务的需求:存款利率的提高使流通中的货币量减少,居民用于购买消费品的收入部分减少;贷款利率的提高使企业贷款成本提高,降低了企业产品的竞争力。货币兑换率的改变将影响本国货币的购买能力:本国货币兑换率较高时,进口产品的价格相对降低,国际贷款的成本较低。但是,较高的货币兑换率使出口产品价格升高,降低了产品的出口能力。例如,货币的连续升值,曾使日本出口企业受到极大打击,使得1995年1~6月间日本企业的倒闭率比上一年同期增长了51%就是一例。经济增长率将影响消费者可支配收入量和购买能力,因而改变了市场容量和生产规模。通货膨胀率反映物价总水平的提高程度。通货膨胀率水平将影响政府的货币政策和利率,因而会改变经济增长率。

4. 政治环境

政治环境主要是指政府的行政性行为、有关法律法规、政治形势及它们的稳定性,以及对企业活动的影响。政治因素及作用范围表现在下列几个方面:

① 各国制定的各项法律、法规。例如,各国制定的反托拉斯法、反不正当竞争法、专利法、保护环境法等都为企业规定了行为规范。但是这些法规只作用于违犯者。例如,美国环境保护局对通用汽车公司在1991~1995年生产的凯迪拉克牌汽车的一次调查中发现,该种车的一氧化碳排放量大大超过了标准,根据空气洁净法的规定,美国司法部要求通用汽车公司收回并改装47万辆凯迪拉克牌汽车,并交纳1100万美元的罚金。通用公司为此损失4500万美元。

② 我国制定的各项法律、法规。

③ 政府制定的宏观经济政策和产业政策。

④ 政府对某些产业的直接管理。一般讲,每个国家的政府会对一些在国民经济中有重大影响的产业或企业进行直接管理。但自第二次世界大战以来,政府的直接管理范围逐渐缩小,直接管理程度也在逐渐降低。例如,在美国和欧洲,政府已经放弃了对航空、电信和金融服务这三个传统的政府管理行业的直接管理。私人投资大量进入这些传统的政府垄断领域,使这些领域内的竞争加剧,产业和行业结构发生了极大的变化。即使是在政府集中管理经济程度较高的一些国家,如日本和中国,政府也在逐步减少对经济的直接干预和控制。

⑤ 政府预算。政府预算反映了资源在政府支出与企业消费之间的再分配。政府制定的税收政策以及政府订货、政府投资都会对企业活动和企业经营结果产生影响。政府预算对所有组织都会发生作用。

5. 自然环境

自然环境发展变化的主要动向有:

① 某些自然资源短缺或即将短缺。就全球而言,地球上的自然资源有三大类。

第一类是取之不尽、用之不竭的资源,如空气、水等。但是,近几十年来世界尤其是现代化城市用水量增加很快，另一方面，世界各地水资源分布不均，而且每年和各个季节的情况各不相同，所以目前世界上许多国家面临缺水。这种情况不仅会影响人民生活，而且对工农业企业是一种环境威胁。

第二类是有限但可以更新的资源，如森林、粮食等。我国森林覆盖率低，仅占国土面积的12%；人均森林面积只有1.8亩，大大低于世界人均森林面积13.5亩。我国耕地少，而且由于城市和建设事业发展快，耕地迅速减少，近30年间我国耕地平均每年减少810万亩。由于粮食价格低，农民不愿种粮食，转向种植收益较高的其他农作物，这种情况如果长此发展下去，我国的粮食和其他食物（如猪肉等）供应将会成为严重问题。

第三类是有限又不能更新的资源，如石油和煤、铀、锡、锌等矿物。近十几年来，由于这类资源供不应求或在一段时期内供不应求，有些国家需要这类资源的企业正面临着或曾面临过威胁，必须寻找代用品。在这种情况下，就需要研究与开发新的资源和原料。

② 环境污染日益严重。在发达国家，随着工业化和城市化的发展，环境污染程度日益增加，公众对这个问题越来越关心，纷纷指责环境污染的危害性。这种动向对那些造成污染的行业和企业是一种环境威胁，它们在社会舆论的压力和政府的干预下，不得不采取措施控制污染；另一方面，这种动向也给控制污染、研究与开发不造成污染环境的包装等行业和企业创造了新的市场机会。

清洁生产（Cleaner Production）的概念最早是由联合国环境署于1989年首次提出的。清洁生产是关于产品及其生产过程的一种新的、创造性的思维方式。它意味着对生产过程和产品持续实施综合污染预防的战略，以减少对人体和环境的风险。对于生产过程，它意味着充分利用原材料和能源，消除有毒原材料，并在一切排放物和废弃物离开生产过程之前削减其数量和毒性；对于产品，清洁生产是指沿产品的整个生命周期，即从原材料提取到产品的最终处置，减少其各种不利影响。

③ 许多国家对自然资源管理的干预日益加强。随着经济发展和科学进步，许多国家的政府都对自然资源管理加强干预。但是，政府为了社会利益和长远利益而对自然资源加强干预，往往与企业的经营战略和经营效益相矛盾。例如：为了控制污染，政府往往要求企业购置昂贵的控制污染设备，这样就可能影响企业的经营效益。又如，目前我国最大的污染制造者是工厂，如果政府按照法律和合理污染标准严格控制污染，有些工厂就要关、建、转，这样就可能影响工业迅速发展。因此，企业的最高管理层要统筹兼顾地解决这种矛盾，力争做到既能减少环境污染，又能保证企业发展，提高经营效益。

知识拓展

2016年中国汽车市场在持续成为全球最大的汽车生产和销售市场的同时，汽车政策与产业发展的联系也密切相关。自1月1日起，汽车行业一批新的政策法规开始陆续实施。在这些政策杠杆的作用下，汽车市场也将迎来健康持续的发展机遇。

电动汽车充电接口统一

1月1日起，电动汽车充电接口国家标准在4项标准的修订基础上新增《电动汽车传导充电系统第1部分：一般要求》。新修订的5项国家标准主要在提高电动汽车充电设施安全性及兼容性方面做出了更进一步的要求。交流充电部分，更新禁止采用存在安全隐患的直通电缆加普通家用插头的连接方式，大于16A的充电方式要求在车辆插座和供电插座安装电子锁和温度传感器等规范。直流充电部分，更新在直流充电枪内要求安装电子锁，同时预留车辆插座加装电子锁的机械结构，要求车辆和设施必须具备检测和告警功能等规范。

> 点评：新修订标准的发布进一步扩大了电动车和充电设施互联互通的适应性及可实施性，充电安全性得到提升，对于电动车用户来说用车体验将更加便捷。过去不同品牌充电效率有高有低、充电桩无法共用的局面有望得到改变。

1.3 管理决策与计划

1.3.1 决策的含义

1. 决策的含义

所谓决策是指人们针对需要解决的问题，运用科学的理论和方法，系统地分清主、客观条件，提出和评估各种可行方案，并按照某种带有主观性的价值准则从中选择出最佳方案的活动。

2. 决策活动的基本内容

根据决策活动的概念，其基本内容包括"方案"和"选择"两个方面，具体为：①分析目标实现的障碍问题；②方案的穷尽和初选问题；③方案评估问题；④方案选择的影响因素问题；⑤方案选择的标准问题；⑥决策程序问题；⑦个人决策和集体决策的比较问题。

3. 决策活动的重要性

现代社会活动日益复杂和不断发展变化，使决策科学化显得尤为重要。当代科学技术的发展日新月异，一项科技成果从研究到形成生产力的周期越来越短，最近30年的科技成果，远远超过了过去2000年科技成果的总和；新的技术革命冲击着经济、社会的发展，使经济、政治、军事和社会生活都处在一个变化发展越来越快的环境之中。任何一个国家，一个地区，一个企业或部门，要前进、要发展，必须在各种尖锐挑战和激烈竞争的情况下，迅速地、正确地做出反应和决策。优柔寡断，必将坐失良机；仓促决定，又会造成严重损失。严峻的形势要求管理者能面对层出不穷的新问题，审时度势，统观全局，不失时机地做出可行、有效的决断。要做到这一点，单靠个人的经验无论如何是不够的，迫切需要使用科学化的决策理论和方法。

现代社会活动的影响面越来越大，决策失误造成的后果也越来越严重。这不仅因为现代社会在人财物的投资规模方面是空前的，而且整个社会的各方面是千丝万缕地联系在一起。牵一发而动全身，一个决策失误，不仅给自身造成巨大的经济损失，而且会产生严重的社会后果。尤其是涉及宏观经济和社会生活的决策失误，损失所造成的决策代价更大。许多国家在现代化过程中出现一些错误决策，如大量砍伐森林，围湖造田，城市恶性膨胀，滥用淡水资源，破坏生物群落，都曾带来极其严重的后果。这种教训很值得我们借鉴和警惕。

1.3.2 决策活动的特征

1. 决策是解决组织目标实现障碍的一项活动

决策目标不同于组织目标，它是指决策所需要解决的问题，决策所需要解决的是那些有可能妨碍组织目标实现的各种问题。这里的组织目标既包括抽象目标也包括具体目标，所以决策问题所包容的范围是很广的。决策目标不但要求明确具体，而且它的确定必须是有根据的，经过分析能够说明它为什么是目标实现的根本所在和关键所在，为什么此时此地要对它进行决策。正确的决策目标的确定，是科学决策的前提。目标定错了，决策就会失去积极意义；目标定得不明确，也会影响决策的针对性。

2. 决策方案应尽可能多样化

决策一般要求有足够多的备选方案，以便可以充分地进行比较和选择。决策如果只有一个方案，就没有选择的余地，没有选择的余地也就失掉决策的意义了。但决策方案光是超过一个还不够，从理论上讲，遗漏了一个方案就很难说这项决策就没有更好的结果了。当然，决策方案多了以后必然带来方案如何合理减少的问题。

3. 决策追求的是优化效应

所谓优化效应是指决策应能令人满意地解决决策目标所指明的问题，这个要求的重要性是不言而喻的。因为没有优化效应的决策也就不会是科学的决策，从而也就起不到决策应起的作用。优化效应要求决策者在方案充分的基础上对方案进行科学的评估和合理的选择。

4. 决策活动是一个动态的过程

对于决策目标和方案在决策过程和决策方案的实施过程中，要不断地进行追踪分析和再决策。这就是说，应把决策看作是一个动态的过程，不是一劳永逸的，它要求决策活动能动态地反映组织内外环境的变化，需要的话甚至可以做出根本性的改变。当然，对于已经做出的决策应该具有相对的稳定性，没有重大的意外情况发生就不要轻易变动。

5. 决策的基础是科学的预测

历史的调查和现状的研究对于决策都是重要的，但必须强调预测未来，因为任何决策都是针对现在，同时面向未来的。没有预测的决策是盲目的决策，不是科学的决策。

6. 决策的全过程都必须伴随着评估和论证

确定目标，拟订方案，评估和选定方案，进行追踪决策，都不能没有评估和论证。现代决策的这一特征要求既是决策科学化的保证，同时也反映了现代决策的集体性质。虽然在决策中经常最后由某个负责人"拍板定案"，但有了对决策本身全过程的评估和论证，这里的个人"拍板"与个人武断，或者个人的经验主义决策就有了本质的区别。

以上几个特征是缺一不可的，事先了解这几个特征将有助于全面地掌握决策的程序和方法。

1.3.3 决策的原则

这里所说的决策原则，反映决策过程的客观规律和要求。

1. 科学地确定决策目标

首先，要找到目标差距以及造成这一差距的主要问题，这些问题不解决或者目标差距不消除，组织目标的实现将成为空话；其次，对于需要解决的问题应该根据问题解决的紧迫性区分先后，把握存在问题的主要矛盾和矛盾的主要方面；再次，对于需要解决的问题要分析问题解决所需要的客观条件和主观条件是否具备，如果有欠缺，那么进一步就要考虑能否努力一下使条件得以具备，或者能否适当调整一下组织目标。这三条原则有一条不符合，决策目标就不能说是正确的。

2. 努力提高决策方案的有效性

首先，要提高方案对于决策目标的针对性，针对决策目标所规定的明确要求，有些方案虽然有助于决策目标的实现，但它除此以外还连带涉及其他目标，甚至主要是为了其他目标，有些方案只是部分地有助于决策目标的实现，有些方案只是暂时地有助于决策目标的实现。其次，所提出的若干决策方案各自所采取的路线、途径和措施必须是互不相同的，要防止所提出的方案雷同、基本雷同或大同小异，形式上是几个方案，实际上等于一个方案，这就失掉了备选的意义。一方面要鼓励提出尽可能多的方案；另一方面也要防止将无效或者低效的方案作为决策的备选方案。这两条有一条不符合，就不够作为决策方案的条件。

3. 选择最好的方案

首先，要求所选的方案利得最大、弊失最小和可靠性最大、风险性最小。其次，要求选定的方案应该是有应变性"预后"措施的，所谓"预后"就是对有可能出现的有关所选方案的风险和变化要有预测和对策。再次，选择方案要考虑方案实施的最佳时机。能把握最佳时机的决策才能称作成熟决策。时机把握不当将直接影响决策的可行性与可靠性。这三条原则有一条不符合，所选择的就不是最好的决策。当然，这里所说的"最好"，应做相对的理解。所谓"最好"只是相比较而言，只是现有主客观条件限定下比较满意的最好。

4. 实行全过程跟踪、反馈

在决策制定和实施的全过程中都要贯彻这一原则。所谓跟踪，是指包括实施在内的决策过程的每一个环节都要对所完成的后续工作进行检查验证，不能认为一经完成就万事大吉，放手不管。实际上，任何决策都有主观因素，不可能完全符合不断变化着的客观情况，跟踪检查是非常必要的。所谓反馈原则，说的是一旦发现某个环节的工作与客观情况有不适应之处，就要及时采取措施，进行必要的修改与调整。决策应是动态的过程，跟踪和反馈原则就是为了适应动态决策的要求，这两条原则同样缺一不可。

5. 重视集思广益和经济性

这是在决策的全过程中都必须贯彻的原则。所谓集思广益是说在决策过程中确定目标、提出方案、评估和选定方案、方案的实施等各个环节都必须重视利用参谋、顾问、智囊团、思想库。注重集思广益的实质是为了防止个人武断，把决策建立在科学的基础上，尤其是在确定决策目标和选定决策方案的时候，更要注重集思广益，充分论证，然后再做出决定。所谓决策的经济性，是说在决策的全过程中，包括在集思广益这个问题上，都要力求节约人力、财力、物力和时间。之所以强调这一点是由于决策过程中的每一个程序都是比较复杂的，都需要投入相当的人、财、物和时间，因而都要精打细算，力求节约，以免得不偿失。

把上述各项原则全面地运用到决策活动的各个程序之中，将可能得到令人满意的结果。

1.3.4 决策的步骤

一个决策过程大体上可以分为三大步骤：①确定问题所在，提出决策目标；②发现、探索和拟订各种可能的行动方案；③从各种可能方案中选出最合适的方案。

实际决策工作中有几种情况可以允许跳过第二步：①现成的程序根据以往的经验已经指明各种情况下的最佳可行方案，因此，遇到有关情况就可以直接获得合适的方案；②运用数学模型直接得到最优方案，其实数学模型已经充分考虑了各种可能方案；③出现没有择优需要的有待解决的问题，这类问题不论何种方案只要能解决就行。

在实际决策过程中，不能把决策步骤看成是死板的公式，往往存在大大小小的反馈，形成决策的动态过程。

管理决策是一个科学的过程，其一般程序包括观察、假设、分析和验证几个环节。具体地，包括发现问题、确定目标、寻求可行方案、寻求相关或限制因素、分析评价备选方案和方案选择、检验和实施等步骤。

当然，上述分析步骤只是理论上较周密的说明，并非所有问题的解决都要完全经历这一过程不可。只是在理论上，若按上述步骤走，可以避免重大差错的出现。在企业经营管理中，重大问题更应遵循这一科学分析步骤进行。

1. 发现问题

发现问题是决策过程的起点。及时发现问题的苗头，正确界定问题的性质和问题的根源是解决问题、提出改进措施的关键。这就要求管理人员具备正确发现问题的能力。

在决策的过程中，问题原指"期望目标"与"实际情况"间的差距。这种差距的大小及其根源（这一问题的直接所在方面与其他有关方面的关系与影响）才是企业诊断和进行相应决策的目的所在。在找出问题的过程中，很容易犯的错误是将问题的表现视为问题的本身，或针对某些问题的细枝末节寻找解决办法。在这种情况下，科学的决策技术无补于问题的有效解决。

一般来说，企业决策过程中要想实现有效的问题诊断工作，必须对以下三个方面进行深入分析：①目前实际状况与原来期望二者之间的差距在哪里？有多大？②造成此差距缺口的直接与间接原因是什么？③上一级组织或外部环境是否为造成本问题的根源？本问题对其他方面的影响程度如何？

在这一阶段，追查问题的根源，正确界定要解决的主要问题是以后各步骤科学有效的基础。追查问题的根源可以采用两种方法：

（1）集中注意力于"目标已达成"与"目标未达成"的情况之间的不同。即集中注意问题在不同地区、不同时间上的分布差异，发现问题出现较为集中的时间段、地区等，进而深入挖掘造成问题的真实原因。一般来说，造成问题的原因不外分"内因（人）"和"外因（工作环境）"两类。例如，某企业的销售经理发现总有部分销售人员不能如期完成年终销售报告，为解决这一问题，他对未完成报告的销售人员的情况和所在地区进行分析，发现在负责华东地区的 100 名销售人员中，有 50 名销售人员如期上交报告，另有 50 名未如期上交。经追查后，发现迟交报告者集中于某一个或几个特定城市，则销售经理可以针对这几个城市采取必要的改正或补救措施；反之，如果这些报告上交延期发生于所有地区，则其原因可能不同于集中发生的情况，相应的纠正措施也应有所不同。

（2）寻找反面证据来击败假想原因。在主管人员对某一问题假想出一个原因后，从反面来想，找出可以否定该原因的证据，若逐一反想都无法击败该假想原因时，该假想原因就可成立，再据以思考对策来加以解决。

在找出问题发生的根源的同时，考虑问题的出现对上级目标的达成的影响，也是十分有益的。在组织结构中，任何问题都可能与较高层次或较低层次的"目标——手段链"相联系。若能从上级"目标"反思中，发现修正其"手段"的余地，则解决本问题的良方就自然出现。进而，把检讨上级目标的程度，扩展到检讨更大的整个环境情况，则寻找出解决问题的对策的自由度更大，解决问题的方案也就更多。

2. 确定目标

这一阶段的目的在于澄清解决问题的最终目的，明确应达成的目标，并对目标的优先顺序进行排序，从而减少以后决策过程中不必要的麻烦。

决策目标是由上一阶段明确的有待解决的问题决定的。在确定过程中，首先必须把要解决问题的性质、结构、症结及其原因分析清楚，才能有针对性地确定出合理的决策目标。

决策目标往往不止一个，而且多个目标之间有时还会有矛盾，这就给决策带来了一定的困难。要处理好多目标的问题，通过采用三种办法。一是尽量减少目标数量，把要解决的问题尽可能地集中起来，减少目标数量：①通过剔除根本不可能实现的目标、发现有从属关系的目标和可以合并的目标来减少目标；②通过分清主次目标把次要目标降为约束条件；③通过加权综合多目标；④通过比率综合要求正好相反的目标；⑤通过排定先后次序变多目标为单目标。二是把目标依重要程度的不同进行排序，把重要程度高的目标先行安排决策，减少目标间的矛盾。三是进行目标的协调，即以总目标为基准进行协调。在协调中往往采用折中的原则，降低甚至放弃某些目标，从而实现全局性目标。另外，要注意防止遗漏容易被忽视的目标，如无形目标、社会目标、长期目标、隐性目标等。

在澄清目标的过程中，可以采用决策树方法，画出不同组织层次的"目标——手段链"，以检讨自己目前的目标，是否处于低层次的"手段性目标"，而非高层次的"目标性目标"。运用"目标——手段链"分析体系，有助于避免将"手段"误当"目标"，为了找到达成"手段性目标"的具体手段，而破坏了全局性的目标。

3. 寻求可行方案

在诊断出问题的根由，及澄清解决此问题的真正目标之后，应寻求所有可能用来消除此问题的对策及有关的限制因素。这些可能的备选方案间，应互相具有替代作用。选用何方案，视其在各相关限制因素的优劣地位及成本效益而定。通常来说，一个问题往往可以用一个以上的办法来解决，所以在选择之前，应先把所有可能的候选者及相关因素罗列出来，以便清楚地加以考查和评估。

提出的可行方案，一是应尽可能详尽无遗。方案的数量越多、质量越好，选择的余地就越大，为此可采用先经验、后创新，先简单、后复杂，先容易确定、后难以确定，先易后难等方法来提出目标。二是应具备相互排斥性。以下是违反相互排斥的情况：一个方案部分或全部包含另一个方案；两个方案分别解决一个问题的两个方面，因此可以同时采用；两个方案是从两个不同的角度区分的，彼此无法对比。三是应充分发挥创造性。决策者在拟订方案时能否创新取决于三个条件：知识、能力（包括对问题的敏感性、思想的流畅性、思想的灵活性、发挥创见的能力、对问题的重新认识能力）、精神（包括敢于创新，勇于突破社会障碍和思想方法障碍，有为解决难题而付出艰辛劳动的决心和坚忍不拔的精神）。四是对方案的考虑应细致周到，包括对措施细节的确定和对各种可能性下方案后果的估计。

寻找方案的方法主要可以分为两类：

（1）从过去的经验中找方案。最容易的方法，是从自己及别人过去处理类似问题的经验中，寻找可行方案，并依样画葫芦地套用于新遭遇的问题上，即"照例使用"或者"模仿使用"。假使问题的性质相同，并一再发生，而采用的措施也接近，则这种问题的解决过程即称为程序化决策行为。在实际当中，有效的组织必然大量依赖程序化决策行为。因此，管理部门应尽力设法制定（及修正）合乎目标效率的政策、作业程序、办事细则、操作标准等行为规范，指导下级员工思想及行为，使之成为"例行决策"，用于解决占企业决策活动绝大多数的例行活动事项，而将占极小百分比的未规定事项的决策，交由上级主管进行创造性的思维过程，即"例外决策"，或称"例外管理"。一般地，组织内的越是基层主管，越多应用程序化的例行决策行为；越是上级的部门主管，越多使用创新性的例外决策行为。组织内越简单及无竞争的活动，越应使用例行决策，因它既便宜又适当；越复杂或有竞争压力的活动，越应使用创新性的例外决策。需要注意的是，过分依赖自己或别人的过去经验来解决问题，也存在经验与变化的环境脱节而失效的危险。

（2）从未来创造中找对策。管理者应将主要力量放在以未来为导向的创新过程中，力求突破改进，有效达成目标。凡是所有决定增加某些新的、有用的因素的决策，都可称为"创造性"决策。当然，管理人员可以在整个决策过程中，充分运用创造的力量，改进决策品质，如在发现问题时，在明确目标时，在思考对策时，在寻找相关因素时，在评估优劣时，皆可使创造力发生作用。不过，通常我们最需要创造能力的时间，是思考对策及寻找相关因素的阶段，因为对策及相关因素发掘得越多，越能把"系统分析"的范畴扩大与巩固。

4. 寻求相关或限制因素

寻求相关因素与限制因素，即列出各种对策所可能牵涉到的有利或不利的考虑因素。所谓备选方案的限制因素或相关因素，是指评价方案优劣后果应考虑的对象。如采购问题的决策考虑因素有：价格（成本）、品质、交货时间、交货持续性、售后服务、互惠条件、累计折扣等。不同的决策问题，将有不同的考虑因素，决策者必须针对特定问题，思考可能相关因素，以免遗漏。

例如，某电器公司的工厂位于上海，但其产品行销西南地区，其业务经理建议在昆明设立一个装配厂，以利就近服务顾客。目前该公司仅有一个仓库及分公司在昆明，竞争力和售后服务均感不足。公司总部在决定此建议前，必须考虑以下相关限制因素：①运送成品及零件到昆明的运输成本；②在昆明设立装配厂的工资成本、管理费用、生产成本、固定资产投资及其资金来源；③影响西南地区电器需求的季节性因素及企业适应季节性变化的能力；④设立装配厂对当地顾客服务水平的影响，如送货、修理及其他售后服务等；⑤新厂管理的难度；⑥当地政府对设厂的财税优惠；⑦新厂设立对公司总销售和总利润的影响。

5. 分析评价备选方案

在比较备选对策的优劣过程中，必须先确定相关的限制因素，作为计算与比较的基础。然后，再针对每一备选对策及相关因素，估计方案的结果（主要从数量方面）以利备选对策间的比较。从上例来看，电器公司的经理必须逐一回答上述问题，或计算每一因素的优劣，并针对每一重要的相关限制因素，给出定量化的评价。比较的过程包括：

（1）预计可能发生的影响。在比较各种备选对策的优劣时，必须先预计各对策对公司目标的有形与无形、长期与短期、好与坏的影响。

（2）重视差异之处。重视各方案的彼此差异之处，忽略方案的共同部分，才能简化比较过程。当然，我们在此处所提"忽略共同部分"，并不是说它们不重要，或不能再加以改进，而是说在目前比较对策间的优劣时，暂时可以不必牵涉在内，以免徒增决策的复杂性。同样，我们在应用此原则时，也不可太大意，把太多因素都假设不变，而过分疏忽它。"重视差异之处"的原则，仅应用于不同方案只有过程差异而没有结果差异的场合。如建设新厂导致市场需求扩大，进而影响分公司及推销人员的雇用决策，而影响到成本和利润，则应进一步全面考查有关方案。

（3）尽量以数字表达差异。例如把各方案相关因素的优劣点都转化为收入、支出及投资等数字，再合并成净额，以利比较。这样可以很清楚地得到优劣评价的结论。这种方法虽然比主观因素更容易掌握，也更可靠，但是，过分地将相关因素简化为数字的危险在于，它可能会导致对重要的主观因素的忽略。

6. 方案选择

在进行详尽的方案分析与比较之后，就应选取一个最合意的（或最优的）方案加以实施。方案的选择主要与决策者的价值观念、决策所面对的不确定性和决策者掌握的决策方法相关。

（1）界定价值观念与目标的关系　决策的全过程都涉及决策者的主观判断问题，特别是方案的选择过程，与决策者的主观价值认定密切相关。合理的决策条件，下级价值应处于上级目标的"目标——手段链"的框架之下。通常，由于管理者同时面对内部目标和多重外部目标，所以在实务上，管理者要处理的"目标——手段链"有很多个，且相互之间可能有冲突，为此，有必要科学地设定公司的总体战略目标和详细的执行方案，从而构成完整的"目标——手段链"。

（2）对不确定性因素的适当调整　不确定性因素存在于企业活动的各个阶段，管理者通常要在前途未卜的情况下做成决定，把握不断变化的商机。为处理不确定性因素，通常可以有几种方法：在有丰富统计资料的情况下引入概率统计方法来选择方案；用主观推测概率来帮助消除不确定因素，实现理性决策；在取得的信息资料不很可靠时，通过各种来源的信息渠道，改进信息质量，提高不确定性决策的质量；在信息不完备时，通过引入外脑、适当延误决策时间、"预期未来（笼统）、落实现在（具体）"等方法提高不确定性决策的准确性。使用这些方法应充分考虑成本收益的分析和比较。为提高决策的准确性，还可以引入数量分析方法和模型，协助决策者选定方案。

7. 检验方案的可靠性

这一阶段采用的方法主要包括以下几点。

① 多听不同的、甚至是反面的意见。

② 将决策转换为详细的执行方案。

③ 重新考虑计划的前提假设。

④ 检讨被放弃的其他备选方案。

⑤ 征求同意。

⑥ 实验。最有把握的决策检验方法是试一试，这一过程虽不能证明别的决策"不行"，但可以证明已选中的决策"不差"。但是，这一方法费时费成本，其适用性非常有限。

⑦ 序列决策法。序列决策法是把一个大决策划分为几个连续的子决策，一次就一个部分做决定，第二部分的决定基于第一部分决定施行的后果而定，第三部分的决定又基于第二部分决定施行的后果而定，以此类推，以一系列的决策解决一个大问题。

> **知识拓展**
>
> 决策树（decision tree）一般都是自上而下的来生成的。每个决策或事件（即自然状态）都可能引出两个或多个事件，导致不同的结果，把这种决策分支画成图形很像一棵树的枝干，故称决策树。
>
> 决策树就是将决策过程各个阶段之间的结构绘制成一张箭线图，可以用下图来表示。

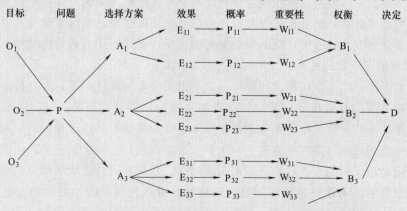

> 选择分割的方法有好几种，但是目的都是一致的：对目标类尝试进行最佳的分割。
> 从根到叶子节点都有一条路径，这条路径就是一条"规则"。
> 决策树可以是二叉的，也可以是多叉的。

1.4 控制运营与过程

1.4.1 控制的含义

从一般的意义上讲，控制就是使结果与标准相一致的过程。这里的标准可以是规章、程序，也可以是计划、政策、目标，甚至可以抽象为组织的基本宗旨，因此其包括的内容是非常丰富的。所有各类标准的执行，都涉及组织各类要素的配置和运用。因此控制过程就是动态地使组织各类要素的实际配置和运用状况与相关的要求保持一致。

1. 控制与计划的关系

计划和控制是一个问题的两个方面。管理人员首先要制定计划，然后计划又成为评定行动及其效果是否符合需要的标准。计划越明确、全面和完整，控制效果也就越好。没有计划就无法衡量行动是否偏离计划，更谈不上纠正偏差。因此，计划是控制的前提。控制则是完成计划的保证。如果没有控制系统，没有实际与计划的比较，就不知道计划是否完成，计划也就毫无意义。因此控制和计划是密不可分的，通过制定计划或业绩的衡量标准，以及建立信息反馈系统，检查实际工作的进度及结果，及时发现偏差以及产生偏差的原因，并采取措施纠正偏差的一系列活动。

2. 控制与管理过程的关系

控制工作使管理过程形成了一个相对完整的系统。在这个系统中，计划职能选择和确定组织的目标、战略、政策和方案以及实现它们的程序。然后，通过组织工作、人员配备、指导与领导工作等职能去实现这些计划。为了保证计划的目标能够实现，就必须在计划实施的不同阶段，根据由计划产生的控制标准，检查计划的执行情况。这就是说，虽然计划是管理的首要职能，但不是唯一职能，没有其他各项职能的密切配合，其目标是不会自动实现的。一旦计划付诸实施，就必须要有组织保证，必须要配备合适的人员，必须给予正确的指导和领导，控制工作就必须穿插其中进行。所以说，控制工作存在于管理活动的全过程中，它不仅涉及计划工作，而且涉及包括控制本身在内的所有其他各项管理工作，不仅可以维持和完整其他职能的正常活动，而且在必要时，还可以通过采取必要的措施来改变其他管理职能的活动，如新的计划方法的采用，新的组织理论的贯彻，新的领导方式的实施等。

3. 控制与组织活动的关系

在一个组织中，往往存在两类问题：一类是组织平衡的维持问题，为维持平衡需要经常处理各种破坏平衡的日常现象；另一类是组织平衡的"打破"问题，通过原有平衡的"打破"来建立组织新的平衡。这两类问题从根本上说都是螺旋形管理过程中的控制问题。螺旋形管理过程使组织活动出现两个方向：一个是水平的方向；另一个是垂直的方向。水平方向的组织活动就是组织长期或者短期计划的实施过程，垂直方向的组织活动就是组织主动或者被动地突破原有的活动性质和活动领域，这种突破可以是短期的、部分的，也可以是长期的、根本性的，从而产生新的计划、新的组织。组织的螺旋形管理过程是一个系统，无论从空间上或者从时间上来看，大的过程中都包含着许多小的过程。对这一过程水平方向的控制就是组织平衡的维持问题，垂直方向的控制就是组织平衡的"打破"问题。

在各类组织中大量存在着第二类问题，但人们往往只注意解决第一类问题而忽视解决第二类问题。这是因为第二类问题是在长期的活动中逐渐形成的，产生的原因复杂多样。人们对于组织原有的平衡已经"习以为常"，以至适应了它的存在，不注意发现或者即使是已经发现了，也不愿意承认和解决由于第二类问题所带来的对组织发展的影响。而第一类问题是经常产生的，对多数人的工作和利益会产生显而易见的影响，故容易被人们发现、承认和解决。因此，从组织发展的某一个周期来看，控制工作的重点是解决第一类问题，而从组织的长期发展来看，要使控制工作真正起作用，就要重点解决第二类问题，打破现状，求得螺旋形上升。

1.4.2 控制的重要性

在现代管理系统中，人、财、物等要素的组合关系是多种多样的，时空变化和环境影响很大，内部运行和结构有时变化也很大，加上组织关系复杂，随机因素很多，处在这样一个复杂多变的系统中，组织缺少有效的控制就易产生错乱，甚至偏离正确的轨道。对组织来说，控制工作之所以必不可少，主要原因是：

① 组织环境的迅速变化。组织所处的环境是一个复杂、多变、不稳定的环境，在组织实现目标和计划的过程中，各种环境因素都可能发生变化，如顾客消费心理的改变、市场的转移、新材料和新产品的出现、新的经济法律法规的公布实施和国内外经济形势的改变等，这些环境因素的变化使得组织原来建立的目标和制定的计划无法执行和实现。环境的变化，给组织带来了更多的机会和更严峻的挑战，组织就必须建立一个控制系统来帮助管理者监察、预测对组织活动有重大影响的变化，从而制定相应的对策，做出反应。

② 组织的复杂性。当今的组织越来越复杂，规模大，产品多种多样，有着跨地区、跨国家的市场，分散化经营等，为了保证各方的协调，就应有周密的计划和严密的控制系统。

③ 管理者的失误。组织的各项工作都是由管理者来执行的，而管理人员在执行工作的过程中，可能由于个人能力的限制或个人动机、个性等原因，会犯各种各样的错误。因此，需要有一个控制系统来减少这些错误，并对已发生的错误和失误及时纠正，以避免失误可能带来的严重后果，做到防微杜渐。

④ 授权中责任的体现。组织的各项工作是由各阶层的管理者共同完成的，管理者在授权过程中，其所承担的责任并不因授权而解除或减轻，因此在授权的过程中应建立一个控制系统以控制工作的进程。要使人们负责，他们必须确切知道他们的职责是什么，他们的绩效是如何考核的，以及评估过程中绩效标准是什么。如果没有一个有效的控制系统，管理者就无法检查下属工作的进程和结果，就可能失控。

从以上分析可以看出，控制对一个组织的重要性。但是，控制并不是越详细、越严格就越好。控制如果超过一定限度，对组织反而会造成伤害。因为过分严厉的控制使管理者墨守成规，缺乏创造力和积极性，特别是出现特殊情况和复杂情况时，严格的控制就变得不合时宜。因此，控制需掌握在一定的范围内，从而使控制的严密性和灵活性达到平衡。

1.4.3 控制的基本过程

控制工作的过程涉及三个基本步骤：第一步，为应完成的任务制定标准；第二步，为衡量实际绩效来对照这些标准；第三步，如果绩效与标准不相符合，则应采取纠偏行动。这三个步骤必须按上述顺序去实施，否则很难取得控制效果。

1. 制定标准

所谓标准即是一种作为模式或规范而建立起来的测量单位或具体尺度。对照标准管理人员可以判断绩效和成果。标准是控制的基础，离开标准要对一个人的工作或一个制成品进行评估，则毫无意义。

组织中常用的标准有以下几种。

① 空间标准：是指组织的使命、目标、经营范围、活动区域等。

② 时间标准：是指完成任务、达成目标或做好某项服务工作所限定的时间。

③ 生产力标准：是指规定的时间内应完成的工作数量。

④ 消耗标准：是根据生产货品或服务计算出来的有关消耗。

⑤ 质量标准：是指保证产品符合各种质量因素的要求，或是服务方面需达到的工作标准。

⑥ 行为标准：是对职工规定的行为准则。例如，在服务性行业中，对经理和雇员的仪表、态度一般都有严格的标准，其工作人员必须穿着整洁的工作服，对顾客以礼相待，违反者则要受到纪律处分。

2. 对照标准检查实际绩效

对照标准检查实际绩效是控制过程的第二步，管理人员通常可采取多种方式来完成这一步骤。

(1) 个人观察　在检查职工的绩效时，直接观察和个人接触对一线管理人员来说是最为有效的方法了。一线管理者较之高层管理者有更多的机会深入基层做个人观察。高层管理者由于远离"火线"，所以常常不得不依靠下属的报告，而一线管理者则有大量的机会做直接观察，这正是他们所具有的优势。

当管理人员在观察过程中发现偏离标准的情形时，应持有客观的分析态度，而不是去故意找碴或急于提出批评指责。当然作为管理者并不应该忽视错误，但他们应对这些错误以谨慎的态度提出一些问题。例如，作为一线管理者，可以问一问是否有什么方法能帮助其下属更容易、更安全或更有效地去完成工作？当有些标准在叙述中较为笼统时，则管理者应寻找一些具体的事例来加以说明，究竟哪些情形不符合标准。诸如产品不对路、工作疲劳或不安全的做法等。要指出职工的错误并使之信服并不容易，管理人员如能举出具体的事例，则有助于职工认识到所存在的差距。

用个人观察的办法来检查职工的绩效也有其局限性。一是，它十分费时，管理人员必须走出办公室深入基层，才能掌握一手资料；二是，有可能漏看一些重要的活动，这些活动往往发生在关键时刻；三是，职工在被观察时，和检查过后的行为可能不相一致。但不管怎样，个人观察仍是检查职工绩效使用最为广泛，同时可能也是最佳的办法。上海华联超级市场在管理上是较具特色的，其创建的"啄木鸟"制度，即用一些便衣检查人员做个人观察，确实在控制工作中起了很大的作用。

(2) 口头与书面报告　组织中部门较大，工作地点分散在不同地区，或按时间进行分班工作的那些单位，就有必要使用报告制度，例如，纺织厂中实行三班制（指早、中、晚三班），那么，管理者要了解评估各班绩效时，常常需要靠下级提交的报告来掌握情况。

管理者应要求报告力求做到简明、全面和正确。在可能的情况下，最好是把书面报告和口头汇报结合起来，报告中如能提供统计数据加以证明，则更为有效。

下属和职工能否如实地报告准确的情况（不管报告中是否含有负面的结果），这往往取决于管理者对报告的反应及上下级之间现有的人际关系。假如管理者能以建设性的或帮助的姿态来对待那些反映存在问题的报告，对诚实的错误能表示谅解，而不是简单的定功过，那么下属职工，即使在报告中涉及不利于自身的内容，也能真实地反映情况，提交可靠而又准确的报告。

在检查报告时，管理者通常会发现许多活动都是符合标准的，对于这些符合标准的活动一般可快速带过，而集中于那些大大超过或低于标准的领域。管理人员甚至可要求下属对已达到标准的活动不必再加以报告，而只报告那些例外的、低于或高于标准的活动。显然，一旦绩效大大低于标准的话，就应转入控制的第三步，即进行纠偏，但如果绩效大大超出了原先的标准，管理者也应研究一下原因，这种突出的绩效是如何取得的，以便将来能应用这些方式。

（3）抽样检查　假如有些职工的工作是不适合报告的，则管理人员最好还是应用抽样检查。例如，汽车特约服务站中修理部门的上级管理人员，因该部门是每天24h服务，所以在不同的时间班次中，应时时地做抽样检查，看看该部门究竟运作得怎样。

在控制过程中怎样使对照措施做得更好，控制论为我们提供了五个问题：
① 信息是适时的吗？
② 测量单位是适宜的吗？
③ 收到的信息是可靠的吗？可靠性多大？
④ 信息是有效的吗？
⑤ 信息是否送给了需要该信息的权力层面？

3. 采取纠偏行动

在衡量绩效后，若没有偏差发生，或偏差在规定的"容限"之内，则该控制过程只需前两个步骤就已完成，即设定标准及对照标准检查实际绩效。但是，如果通过个人观察、报告及抽样检查发现了偏差或不一致，则管理者应考虑采取第三个步骤——纠偏行动，使绩效符合于标准。

在采取纠偏行动前，管理人员应记住，导致某项工作产生偏离标准的原因是多种多样的，因此并非所有偏离标准的情况均需采取纠偏行动，有时则需要个人的判断。假如一位工人偶尔迟到了15min，当经理了解到迟到是不得已发生的，而原谅了他，也是完全正常的。

通常产生偏差的原因主要有：
① 因标准本身是基于错误的假设和预测，从而使该标准无法达成。
② 从事该项工作的职工不能胜任此项工作，或是由于没有给予适当的指令。
③ 和该项工作有关的其他工作发生了问题。
④ 从事该项工作的职工玩忽职守。

因此，采取纠偏行动的第一步是分析事实，以确定产生偏差的原因。只有对问题做了彻底的分析后，管理人员才能采取适当的纠偏行动。

下一步管理人员则需决定采取何种补救措施，以便在将来能得到较好的结果。通常纠偏行动可分别采取两种不同的措施：一种为立即执行的临时措施（应急措施）；另一种为永久性的根治措施。

对于某些可能迅速地、直接影响组织正常活动的"症状"，多数应立即采取行动。例如，某一特殊规格的配件一周后要交货，否则其他部门会受其影响而出现停工待料。一旦该配件的加工出现了问题，此时不应考虑追究什么人的责任问题，而是必须按计划如期完成任务。凭借管理者的权力，一般可采取以下行动：①要求工人加班加点；②增添工人和设备；③派专人负责指导完成；④请求工人努力抓紧，短期"突击"；⑤若仍不能解决，只得重新设计程序，变更整个生产线等。

危机克服后，可转向针对问题产生的原因的根治措施。这里不仅要分析问题是如何发生的和为什么会发生，而且为了避免重蹈覆辙，应采取什么预防措施。不少管理人员在控制工作中常常充当"救火员"的角色，而不认真探究"失火"的原因。例如，有的经理人员常常为职工的流失和"跳槽"而操心，他们到处物色合适的人选，但从不考虑新职工不安于位、频繁离职的真正原因：也许是监管人员不受职工欢迎，也许是工资水平低于同行业中的其他单位。不论问题何在，均需确定原因，采取针对性的纠偏措施。如果产生偏差的原因在于标准的本身，那么管理者必须相应地修改标准；如果是因职工的不称职导致的绩效问题，那么加强培训和督导工作可能是解决问题的办法；如果问题出在管理者本身，如没有给予下级以适当的指令，那么管理者则必须自我检查并改进指令的方式；如果问题纯粹是由下属的过失而引起的，则可考虑和下属面对面地讨论，或给予口头批评；如果问题性质严重，有时还可采取纪律措施，包括降职、减薪、调离甚至开除等。

知识拓展

企业管理八大经典理论

1. 彼得原理（一句话解释：干得好就提升没有效率）

每个组织都是由各种不同的职位、等级或阶层的排列所组成，每个人都隶属于其中的某个等级。彼得原理是美国学者劳伦斯·彼得在对组织中人员晋升的相关现象研究后，得出的一个结论：在各种组织中，雇员总是趋向于晋升到其不称职的地位。彼得原理有时也被称为向上爬的原理。这种现象在现实生活中无处不在：一名称职的教授被提升为大学校长后，却无法胜任；一个优秀的运动员被提升为主管体育的官员，而无所作为。对一个组织而言，一旦相当部分人员被推到其不称职的级别，就会造成组织的人浮于事，效率低下，导致平庸者出人头地，发展停滞。因此，这就要求改变单纯的根据贡献决定晋升的企业员工晋升机制，不能因某人在某个岗位上干得很出色，就推断此人一定能够胜任更高一级的职务。将一名职工晋升到一个无法很好发挥才能的岗位，不仅不是对本人的奖励，反而使其无法很好发挥才能，也给企业带来损失。

2. 酒与污水定律（一句话解释：一粒老鼠屎坏了一锅粥）

酒与污水定律是指把一匙酒倒进一桶污水，得到的是一桶污水；如果把一匙污水倒进一桶酒，得到的还是一桶污水。在任何组织里，几乎都存在几个难弄的人物，他们存在的目的似乎就是为了把事情搞糟。最糟糕的是，他们像果箱里的烂苹果，如果不及时处理，它会迅速传染，把果箱里其他苹果也弄烂。烂苹果的可怕之处，在于它那惊人的破坏力。一个正直能干的人进入一个混乱的部门可能会被吞没，而一个无德无才者能很快将一个高效的部门变成一盘散沙。组织系统往往是脆弱的，是建立在相互理解、妥协和容忍的基础上的，很容易被侵害、被毒化。破坏者能力非凡的另一个重要原因在于，破坏总比建设容易。一个能工巧匠花费时日精心制作的陶瓷器，一头驴子一秒钟就能毁坏掉。如果一个组织里有这样的一头驴子，即使拥有再多的能工巧匠，也不会有多少像样的工作成果。如果你的组织里有这样的一头驴子，你应该马上把它清除掉，如果你无力这样做，就应该把它拴起来。

3. 马太效应（一句话解释：穷人越穷，富人越富）

《新约·马太福音》中有这样一个故事：一个国王远行前，交给三个仆人每人一锭银子，吩咐道：你们去做生意，等我回来时，再来见我。国王回来时，第一个仆人说：主人，你交给我的一锭银子，我已赚了10锭。于是，国王奖励他10座城邑。第二个仆人报告：主人，你给我的一锭银子，我已赚了5锭。于是，国王奖励他5座城邑。第三仆人报告说：主人，你给我的一锭银子，我一直包在手帕里，怕丢失，一直没有拿出来。于是，国王命令将第三个仆人的一锭银子赏给第一个仆人，说：凡是少的，就连他所有的，也要夺过来。凡是多的，还要给他，叫他多多益善，这就是马太效应，反映当今社会中存在的一个普遍现象，即赢家通吃。对企业经营发展而言，马太效应告诉我们，要想在某一个领域保持优势，就必须在此领域迅速做大。当你成为某个领域的领头羊时，即便投资回报率相同，你也能更轻易地获得比弱小的同行更大的收益。而若没有实力迅速在某个领域做大，就要不停地寻找新的发展领域，才能保证获得较好的回报。

4. 零和游戏原理（一句话解释：有人占便宜，就有人吃亏）

零和游戏是指一项游戏中，游戏者有输有赢，一方所赢正是另一方所输，游戏的总成绩永远为零，零和游戏原理之所以广受关注，主要是因为人们在社会的方方面面都能发现与零和游戏类似的局面，胜利者的光荣后面往往隐藏着失败者的辛酸和苦涩。20世纪，人类经历两次世界大战、经济高速增长、科技进步、全球一体化以及日益严重的环境污染，零和游戏观念正逐渐被双赢观念所取代。人们开始认识到利己不一定要建立在损人的基础上。通过有效合作皆大欢喜的结局是可能出现的。但从零和游戏走向双赢，要求各方面要有真诚合作的精神和勇气，在合作中不要耍小聪明，不要总想占别人的小便宜，要遵守游戏规则，否则双赢的局面就不可能出现，最终吃亏的还是合作者自己。

5. 不值得定律

不值得定律最直观的表述是：不值得做的事情，就不值得做好。这个定律再简单不过了，重要性却时时被人们忽视遗忘。不值得定律反映人们的一种心理，一个人如果从事的是一份自认为不值得做的事情，往往会保持冷嘲热讽，敷衍了事的态度，不仅成功率低，而且即使成功，也不觉得有多大的成就感。因此，对个人来说，应在多种可供选择的奋斗目标及价值观中挑选一种，然后为之奋斗。选择你所爱的，爱你所选择的，才可能激发我们的斗志，也可以心安理得。而对一个企业或组织来说，则要很好地分析员工的性格特性，合理分配工作，如让成就欲较强的职工单独或牵头完成具有一定风险和难度的工作，并在其完成时，给予及时的肯定和赞扬；让依附欲较强的职工，更多地参加到某个团体同工作；让权力欲较强的职工，担任一个与之能力相适应的主管。同时要加强员工对企业目标的认同感，让员工感觉到自己所做的工作是值得的，这样才能激发职工的热情。

6. 华盛顿合作规律

华盛顿合作规律说的是一个人敷衍了事，两个人互相推诿，三个人则永无成事之日。多少有点类似于我们三个和尚的故事。人与人的合作，不是人力的简单相加，而是要复杂和微妙得多。在这种合作中，假定每个人的能力都为1，那么，10个人的合作结果有时比10大得多，有时，甚至比1还要小。因为人不是静止物，而更像方向各异的能量，相互推动时，自然事半功倍，相互抵触时，则一事无成。我们传统的管理理论中，对合作研究得并不多，最直观的反映就是，目前的大多数管理制度和行为都是致力于减少人力的无谓消耗，而非利用组织提高人的效能。换言之，不妨说管理的主要目的不是让每个人做得更好，而是避免内耗过多。

7. 手表定理

手表定理是指一个人有一只表时，可以知道现在是几点钟，当他同时拥有两只表时，却无法确定。两只手表并不能告诉一个人更准确的时间，反而会让看表的人失去对准确时间的信心。手表定理在企业经营管理方面，给我们一种非常直观的启发，就是对同一个人或同一个组织的管理，不能同时采用两种不同的方法，不能同时设置两个不同的目标，甚至每一个人不能由两个人同时指挥，否则将使这个企业或这个人无所适从。手表定理所指的另一层含义在于，每个人都不能同时选择两种不同的价值观，否则，你的行为将陷于混乱。

8. 蘑菇管理

蘑菇管理是许多组织对待初出茅庐者的一种管理方法，初学者被置于阴暗的角落（不受重视的部门，或打杂跑腿的工作），浇上一头大粪（无端的批评、指责、代人受过），任其自生自灭（得不到必要的指导和提携）。相信很多人都有过这样一段蘑菇的经历，这不一定是什么坏事，尤其是当一切刚刚开始的时候，当几天蘑菇，能够消除我们很多不切实际的幻想，让我们更加接近现实，看问题也更加实际。一个组织，一般对新进的人员都是一视同仁，从起薪到工作都不会有大的差别。无论你是多么优秀的人才，在刚开始的时候，都只能从最简单的事情做起，蘑菇的经历，对于成长中的年轻人来说，就像蚕茧，是羽化前必须经历的一步。所以，如何高效率地走过生命的这一段，从中尽可能汲取经验，成熟起来，并树立良好的值得信赖的个人形象，是每个刚入社会的年轻人必须面对的课题。

思考与练习

1. 简述企业管理的基本要素。
2. 试述管理的职能。
3. 简述科学管理理论的主要内容。如何评价科学管理理论？
4. 如何评价法约尔一般管理理论？
5. 如何理解人本管理？
6. 如何理解企业再造理论？
7. 试分析环境对企业的影响。
8. 试述控制的基本过程。
9. 阅读下面案例并回答问题。

案例 1.2　管理学是科学还是艺术

丹尼是一位太空物理学家，他对他的实验室主任劳德说："管理学作为研究和实践领域的忧虑是，它没有科学基础。我觉得，当我在设计一个导弹的制导系统时，我了解我在做什么，因为我有太空、推进器和其他可以利用的科学知识，它们会告诉我该怎么做。但是当你问我作为我的工程技术人员的主管人员，是否能够做好工作时，就没有把握了，因为没有管理的科学来指导我。在我读到的管理书籍中，我得到观念是：主管人员必须在一个封闭的系统基础上进行管理，主管人员能够做的最佳事情就是亲切地同他的下属人员商量关于每一件小事，并且制定严格的规章和程序，使下属人员不会做错。"

"当我对它考虑了一回,我看不出管理学上有更多的科学。我怀疑,能有什么好的管理学书本、文章和管理学发展教程可以对我们提供多少有用的东西。我们是否需要等待几个世纪直到管理科学发展到像物理学那样一门精确的科学呢?"

劳德曾经为了强调管理知识的实用性和重要性,为一些管理开发研究班做过"事实的申述"。而现在却为丹尼的"爆发"大为吃惊。但他认为他的下属人员所说的话是有相当意义的。然而,对丹尼的看法做何反应,还是使劳德相当困惑。

问题:
(1) 假如你是劳德,你将对丹尼的陈述做何反应?
(2) 你将提出什么建议促使管理学更加科学。

第 2 章　现代汽车配件经营者的素质要求

> **学习目标**
>
> 明确汽车配件经营企业和人员基本行为要求；了解相关法律法规。

案例导入

质监局对某汽车销售服务有限公司进行执法检查。检查发现，某汽车销售服务有限公司的配件仓库内有两款列入 3C 目录的汽车配件。其中配件号为 92408-2B000 的汽车配件，在外包装标签上标了"CYGYUEGUI"合格品；名称：适用于新胜达左后杠灯总成；包装：10/28/2010；制造商：某汽车材料有限公司；地址：某工业区；另一款配件号为 92406-2B020 的汽车配件在产品外包装上标注"某某车型纯正配件"，两款汽车配件上均未标注 3C 认证标志，并在中国国家认证认可监督管理委员会的网站上查询，也未发现上述产品生产厂家获得 3C 证书的相关记录。

经调查，具体情况如下：某汽车销售服务有限公司于 2011 年 9 月 16 日向某地汽配商行另外购买了配件型号为 92408-2B000（制造商为某汽车材料有限公司）两只，其中配件号为 92408-2B000 的后雾灯使用在该地同类型汽车，另一款配件号为 92409-2B020（右）的后雾灯使用在该地同类型汽车，关于涉案的配件号为 92406-2B020 的汽车配件，产品上未标注 3C 标志，但某汽车销售服务有限公司无法提供配件号为 92406-2B020 的产品的生产厂家等具体信息，购进和使用配件的电子记录也未有相关记录，难以确认其行为的违法性。

案件经局案审会讨论决定，汽车的后雾灯属于强制性产品认证的产品目录内的产品，根据《中华人民共和国认证认可条例》在认证认可执法领域优先使用的特别效力及质量技术监督局属于国家认监委明确授权的地方认证监督管理部门，在流通领域具有行政执法权的规定，决定对某汽车销售服务有限公司予以处罚。根据《中华人民共和国认证认可条例》第二十八条："为了保护国家安全、防止欺诈行为、保护人体健康或者安全、保护动植物生命或健康、保护环境，国家规定相关产品必须经过认证的，应当经过认证并标注认证标志后，方可出厂、销售、进口或者在其他经营活动中使用。"《中华人民共和国认证认可条例》第六十七条："列入目录的产品未经认证，擅自出厂、销售、进口或者在其他经营活动中使用的，责令改正，处 5 万元以上 20 万元以下的罚款，有违法所得的，没收违法所得。"《某市行政处罚自由裁量权行使规则》第十一条第（三）、（五）项："有下列情形之一的，行政处罚实施机关应当依法从轻处罚：（三）未曾发生过相同违法行为的；（五）涉案财物或违法所得较少。"最后，认定汽车销售服务有限公司未按规定在经营活动中使用未经认证列入目录的产品的行为。同时当事人的违法行为侵害了用户或消费者的合法利益，应当依法进行行政处罚。鉴于当事人在其经营期限内未曾发生过相同违法行为，本案涉案货值较小，根据《某市行政处罚自由裁量权行使规则》第十一条第（三）、（五）项规定依法给予从轻处罚，决定给予某汽车销售服务有限公司 6 万元处罚，并没收违法所得。某汽车销售服务有限公司在收到处罚决定书后履行了行政处罚内容。

2.1 职业道德

所谓职业道德,是指在一定职业活动中所应遵循的具有自身职业特征的道德准则和规范。汽车配件经营者在从事经营活动时,也必须遵循一定的准则与规范。具体地说就是:

(1) 遵守国家法律法规,不违法经营;
(2) 遵守公平竞争、公平买卖的市场规则,不搞不正当竞争;
(3) 讲求商业信誉,抵制假冒伪劣产品;
(4) 接待客户真诚守信;
(5) 维护企业与客户正当利益,不损人利己,不损公肥私;
(6) 热情服务、耐心周到、平等待人、文明经商;
(7) 有强烈的市场开拓精神,能吃苦耐劳;
(8) 严于律己,工作认真负责,不懈怠,不懒散。

1. 遵守国家法律法规,不违法经营

从业人员只有在法律和纪律要求的范围内行使职权,履行职务,才能保证社会的经济、政治、文化生活秩序上的有条不紊;保证国家、集体、个人三者利益的协调一致;保证物质文明和精神文明建设的顺利进行。否则,各种秩序就要造成混乱,国家人民的利益就要遭受损失。所以,遵守国家法律法规,是每个经营者必须做到的。任何违法活动必将受到法律制裁。

2. 遵守公平竞争、公平买卖的市场规则,不搞不公平竞争

竞争是发展社会主义市场经济所必需的。市场经济的一个显著特点就是要求人们有竞争意识,通过竞争优胜劣汰,能使人们产生一种紧迫感和压力感,从而使人们改进技术和条件,提高服务质量,降低成本与消耗,提高工作和劳动效率。但竞争同时应该是公平竞争,大家都遵守市场"游戏规则",这样才能保证社会经济秩序的稳定。侵犯竞争对手商业秘密、低价倾销、诋毁竞争对手信誉等不正当竞争手段虽然可能暂时于己有利,但不讲究职业道德的行为最终也会使自己受损。

3. 讲求商业信誉,抵制假冒伪劣产品

商业信誉是一个企业的生命,也是经营者的立身之本。谁的信誉高,谁就能在激烈的市场竞争中立于不败之地。如果不履行合同,不注重经销产品的质量,甚至经销假冒伪劣产品,而只是一味追求利润,那么用不了多久,他就将信誉扫地,也就将无法在市场中立足。

4. 接待客户真诚守信

诚实守信,一视同仁,就是要求经营者诚心诚意地为客户服务,靠诚实、信誉、公平取信于客户。这是汽车配件销售员职业道德的重要规范之一,是工作中必须遵循的一个行为准则。

只有做到明码实价,童叟无欺,才能赢得客户的信任,才能使自己的经营业绩更加出色。

5. 维护企业与客户正当利益,不损人利己,不损公肥私

汽车配件经营者是企业利益的代表,因此必须依靠勤奋的劳动和热情的服务为企业创造更多的利润。但销售员同时也应该尊重与维护客户的正当利益,不能以盈利为目的而不讲服务,不顾信誉、粗制滥造、质次价高,甚至坑蒙拐骗。损人利己,损公肥私是不遵守职业道德的行为，应自觉抵制。

6. 热情服务，耐心周到，平等待人，文明经商

汽车配件经营者在进行业务活动时，应表现出较高的思想道德和文化素质，应做到谈吐文雅，举止适度，主动周到，从善如流。这一要求在职业道德规范中占有重要的地位。

汽车配件经营者应对自己所从事的业务有较全面的了解，并能灵活运用自己所掌握的知识、经验为客户解答疑难，提供咨询。也只有这样，才能真正做到热情服务，耐心周到。

7. 有强烈的市场开拓精神，能吃苦耐劳

汽车配件市场竞争是十分激烈的，如果仅在店铺坐等客户，可以想象其经营业绩不会优异。所以，只有走出店铺，去发现客户、寻找客户、争取客户，去开拓市场，才能使经营活动充满生机。只有能吃苦耐劳，从一点一滴做起，脚踏实地，才能不断开拓市场经营的新局面。

8. 严于律己，工作认真负责，不懈怠，不懒散

汽车配件经营者除了在店堂进行销售活动以外，还要上门推销、电话推销甚至举办商品展览会（大型或小型），以推销商品。因此，从职业特点上来说是相对自由，但会遇到各种各样的困难，且联系到社会方方面面。如果对自己要求不严或意志不坚定，往往会经不起金钱、物质的引诱，就有可能犯这样或那样的错误，这不仅会葬送自己的前途，甚至还会给企业和国家造成损失。如果没有强烈的敬业精神，对工作不认真，不负责，懈怠甚至懒散，是不可能很好完成本职工作的。

总之，遵纪守法、爱岗敬业、诚实守信、文明经营、公平竞争是汽车配件经营者应具备的基本的职业道德。

2.2 法律常识

法是由国家制定或认可的，体现统治阶级意志，以国家的强制力保证实施的行为规范的总和。通常由包括国家制定的各种法律、法令、条例、决议、命令等组成。

我国正在建立社会主义市场经济体制。市场经济则必须是一种法制经济。因此，汽车配件经营者必须掌握和了解有关法律知识，以便增强法制意识，做到懂法、守法，并学会运用法律手段解决实践中遇到的有关问题，更好地履行岗位职责。

根据汽车配件经营者的职业特点和工作性质，尤其应该掌握和了解的是调整和协调市场运行中所发生的经济关系的经济性，主要包括反不正当竞争法、产品质量法、消费者权益保护法、经济合同法等。下面就对这些与汽车配件经营者工作关系较为密切，也是最有必要掌握和了解的有关法律知识进行介绍。

2.2.1 反不正当竞争法

1. 反不正当竞争法的概念

（1）反不正当竞争法是调整在制止不正当竞争行为过程中发生经济关系的法律规范的总称

1993年9月2日，第八届全国人民代表大会常务委员会第三次会议通过了《中华人民共和国反不正当竞争法》（简称《反不正当竞争法》），并于1993年12月1日起施行。制定反不正当竞争法是市场经济体制下社会经济健康发展的客观要求。竞争是市场经济最基本的

运行机制,竞争的基本作用就是给经营者以动力和压力,竞争的结果则是优胜劣汰。面对日趋激烈的市场竞争,有的经营者积极主动地改善经营管理,通过提高服务质量占据市场,拓展市场;有的经营者则是采取与商业道德相悖的不正当竞争手段为自己争取竞争优势。在我国的现实经济生活中,不正当竞争行为已不是个别偶发现象,有些不正当竞争行为,像制造销售假冒、伪劣商品的现象相当普遍,已经发展成为一大社会公害,严重地影响着国民经济健康发展。因此,必须通过强有力的法律手段,对各种不正当竞争予以制止和制裁。制定《反不正当竞争法》的直接目的就是制止不正当竞争行为。只有制止不正当竞争行为,才能鼓励和保护公平竞争,进而保护经营者和消费者的合法权益,保障社会主义市场经济健康发展。

(2) 反不正当竞争法的基本原则

我国反不正当竞争法规定:经营者在市场交易中,应当遵循自愿、平等、公平、诚实信用的原则,遵守公认的商业道德。

所谓自愿,就是指参与市场交易活动的各方都能根据自己的意志决定行为,任何部门和单位不得任意干预。

所谓平等,就是竞争各方都不得享有某种特权或者利用特权来参与竞争,主要表现在:首先,竞争者在竞争活动中的地位平等;其次,竞争者在竞争活动中的意志或意向平等;第三,竞争者在竞争活动中的权利平等。

所谓公平,又称公正,即经营者参与竞争的机会是均等的,任何一个经营者都不会因某种歧视性条件而被排除在竞争范围之外。

所谓诚实信用,即竞争各方都应以自己的真诚和信誉程度来取得社会和消费者的信任,从而在生产经营活动中赢得主动和成功。

经营者在竞争中还应遵守商业道德,按照价值规律的要求,实行等价交换,优质优价,不断提高商品质量和服务质量,在企业之间提倡文明竞争,以达到搞活经济和促进社会主义精神文明建设的目的。

2. 不正当竞争行为的表现

不正当竞争,是指经营者违反《反不正当竞争法》的规定,损害其他经营者的合法权益,扰乱社会经济秩序的行为。《反不正当竞争法》所称的经营者,是指从事商品经营或者营利性服务的法人、其他经济组织和个人。我国现实经济生活中表现突出、危害严重、迫切需要制止的不正当竞争行为主要表现为以下几个方面:

(1) 假冒或仿冒行为 属于这类不正当竞争行为的有:①假冒他人注册商标;②擅自使用知名商品特有的名称、包装、装潢,或者使用与知名商品近似的名称、包装、装潢,造成和他人的知名商品相混淆,使购买者误认为是该知名商品;③擅自使用他人的企业名称或者姓名,引人误认为是该知名商品;④在商品上伪造或者冒用认证标志、名优标志等质量标志,伪造产地,对商品质量作引人误解的虚假表示。

(2) 商业贿赂行为 商业贿赂是指经营者在市场交易活动中,为争取交易机会,特别是为争得相对于竞争对手的市场优势,通过秘密给付财物或者其他报偿等不正当手段收买客户的负责人、雇员、合伙人、代理人和政府有关部门工作人员等能够影响市场交易的有关人员的行为。经营者不得采用财物或者其他手段进行贿赂以销售或者购买商品。在账外暗中给予对方单位或者个人回扣的,以行贿论处;对方单位或者个人有账外暗中收受回扣的,以受贿论处。经营者销售或者购买商品,可以以明示方式给对方折扣,可以给中间人佣金。经营者给对方折扣、给中间人佣金的，必须如实入账，接受折扣、佣金的经营者也必须如实入账。

（3）引人误解的虚假宣传　经营者不得利用广告或者其他方法，对商品的质量、制作成分、性能、用途、生产者、有效期限、产地等作引人误解的虚假宣传。广告的经营者不得在明知或者应知的情况下，代理、制作、发布虚假广告。

（4）侵犯商业秘密的行为　商业秘密是指不为公众所知悉、能为权利人带来经济利益、具有实用性并经权利人采取保密措施的技术信息和经营信息。侵犯商业秘密的不正当竞争行为有以下三种情形：①以盗窃、利诱、胁迫或者其他不正当手段获取的权利人的商业秘密；②披露、使用或者允许他人使用上述手段获取的权利人的商业秘密；③违反约定或者违反权利人有关保守商业秘密的要求，披露、使用或者允许他人使用其所掌握的商业秘密。

此外，第三人明知或者应知以上违法行为，获取、使用或者是披露他人的商业秘密，视为侵犯商业秘密。

（5）低价倾销行为　反不正当竞争法规定，经营者不得以排挤竞争对手为目的，以低于成本的价格销售商品。但同时规定，有下列情形之一的，不属于不正当竞争行为：①销售鲜活商品；②处理有效期限即将到期的商品或者其他积压商品；③季节性降价；④因清偿债务、转产、歇业降价销售商品。

（6）违背购买者意愿搭售商品或者附加其他不合理条件而销售商品的行为　所谓搭售商品或者附加其他不合理条件是指经营者利用经济优势，违背购买者的意愿，在销售一种商品或提供一种服务时，要求购买者以购买另一种商品或接受另一种服务为条件，或者就商品或服务的价格、销售对象、销售地区等进行不合理的限制。反不正当竞争法规定：经营者销售商品，不得违背购买者的意愿搭售商品或者附加其他不合理的条件。

（7）违反规定的有奖销售行为　有奖销售是指经营者以提供奖品或资金的手段推销商品的行为，主要包括附赠式有奖销售和抽奖式有奖销售两种形势。

反不正当竞争法规定，经营者不得从事下列有奖销售：①采用谎称有奖或者故意让内定人员中奖的欺骗方式进行有奖销售；②利用有奖销售的手段推销质次价高的商品；③抽奖式的有奖销售，最高奖的金额超过五千元。

（8）经营者捏造、散布虚伪事实，损害竞争对手的商业信誉、商品声誉的行为　经营者捏造、散布虚伪事实，损害竞争对手的商业信誉、商品声誉，即商业诽谤，是侵害公民或法人名誉权和荣誉权行为的一种商业化表现形式。商品诽谤是一种典型的不正当竞争行为。反不正当竞争法规定：经营者不得捏造、散布虚伪事实，损害竞争对手的商业信誉、商品声誉。

（9）投标招标中的不正当竞争行为　投标招标中常见的有两种类型的不正当竞争行为：①投标者串通投标，抬高标价或压低标价的行为；②投标者和招标者之间相互勾结，排挤竞争对手的行为。

（10）限定专购行为　该行为是指公用企业或其他依法具有独立地位的经营者或者政府及其所属部门，滥用行政权力，限定他人购买其指定的经营者的商品，以排挤其他经营者的公平竞争。

3. 不正当竞争行为人的法律责任

不正当竞争行为是法律、法规规定不允许实施的行为，因而是一种违法行为。不正当竞争行为人应负相应的法律责任。

（1）构成不正当竞争行为人应负法律责任的要件

① 竞争者有过错的行为;
② 不正当竞争行为扰乱社会经济秩序,具有违法性;
③ 行为人是以损害他人合法权益为目的;
④ 损害事实与不正当竞争的违法行为之间有因果关系。

(2) 不正当竞争行为人的法律责任形式　不正当竞争行为人应承担的法律责任包括经济民事责任、行政责任和刑事责任等形式。根据《反不正当竞争法》规定,经营者违反该法规定应承担的相应的、具体的法律责任有:

① 给被侵害的经营者造成损害的,应当承担损害赔偿责任,被侵害的经营者的损失难以计算的,赔偿额为侵权人在侵权期间因侵权所获得的利润,并应当承担被侵害的经营者因调查该经营者侵害其合法权益的不正当竞争行为所支付的合理费用。

② 经营者假冒他人的注册商标,擅自使用他人的企业名称或者姓名,伪造或者冒用认证标志、名优标志等质量标志,伪造或者冒用认证标志、名优标志等质量标志,伪造产地,对商品质量作引人误解的虚假表示的,依照《商标法》和《产品质量法》的规定处罚。

经营者擅自使用知名商品特有的名称、包装、装潢,或者使用与知名商品近似的名称、包装、装潢,造成和他人的知名商品相混淆,使购买者误认为是该知名商品的,监督检查部门应当责令停止违法行为,没收违法所得,可以根据情节处以违法所得一倍以上三倍以下的罚款;情节严重的,可以吊销营业执照;销售伪劣商品,构成犯罪的,依法追究刑事责任。

③ 经营者采用财物或者其他手段进行贿赂以销售或者购买商品,构成犯罪的,依法追究刑事责任;不构成犯罪的,监督检查部门可以根据情节处以一万元以上二十万元以下的罚款,有违法所得的,予以没收。

④ 公用企业或者其他依法具有独占地位的经营者,限定他人购买其指定的经营者的商品,以排挤其他经营者的公平竞争的,省级或者设区的市级监督检查部门应当责令停止违法行为,可以根据情节处以五万元以上二十万元以下的罚款。被指定的经营者借此销售质次价高商品或者滥收费用的,监督检查部门应当没收违法所得,可以根据情节处以违法所得一倍以上三倍以下的罚款。

⑤ 经营者利用广告或者其他方法,对商品作虚假宣传、监督检查部门应当责令停止违法行为,消除影响,可以根据情节处以一万元以上二十万元以下的罚款。

广告的经营者,在明知或者应知的情况下,代理、设计、制作、发布虚假广告的,监督检查部门应当责令停止违法行为,没收违法所得,并依法处以罚款。

⑥ 侵犯商业秘密的,监督检查部门应当责令停止违法行为,可以根据情节处以一万元以上二十万元以下的罚款。

⑦ 经营者违法进行有奖销售,监督检查部门应当责令停止违法行为,可根据情节处以一万元以上十万元以下的罚款。

⑧ 投标串通投标,抬高标价或者压低标价;投标者和招标者相互勾结,以排挤竞争对手公平竞争的,其中标无效。监督检查部门可以根据情节处以一万元以上二十万元以下的罚款。

⑨ 经营者有违反被责令暂停销售,不得转移、隐匿、销毁与不正当竞争行为有关的财物的行为的,监督检查部门可以根据情节处以被销售、转移、隐匿、销毁财物的价款的二倍以上三倍以下的罚款。

上述九项法律责任,当事人对监督检查部门作出的处罚决定不服的,可以自收到处罚决定之日起 15 日内向上一级主管机关申请复议；对复议决定不服的，可以自收到复议决定书之日起 15 日内向人民法院提起诉讼；也可以直接向人民法院提起诉讼。

2.2.2 产品质量法

1. 产品质量法的概念

（1）产品质量法是调整在生产、流通和消费过程中因产品质量而发生经济关系的法律规范的总称

1993 年 2 月 22 日第七届全国人民代表大会常务委员会第三十次会议通过的《中华人民共和国产品质量法》（简称《产品质量法》）是我国第一部全面、系统地规定产品质量的专门法律，自 1993 年 9 月 1 日起施行。

产品质量法调整的产品范围包括：①经过加工制作的产品，包括工业产品、手工业产品和农产品。未经加工制作的矿产品、初级农产品、初级畜产品、水产品等，都不在本法的调整范围之内。②用于销售的产品。未投入流通的生活自用的产品、赠予的产品、试用的产品等，都不在本法的调整范围内。另外，建筑工程产品、军工产品也不属于本法的调整范围。

产品质量是指产品内在素质和外观形态的综合质量。内在素质指产品的各使用属性，具体包括使用性、安全性、可靠性、维修性等几个方面。产品质量除内在素质外，还应包括产品的外观形态，能给人以美感，满足消费者感官上的要求。

（2）产品质量法的基本原则

① 统一立法、区别管理、产前保证、产后监督的原则。国家对产品质量实行统一立法、区别管理的原则。对可能危及人体健康、人身财产安全的产品，实行强制管理，这些产品必须符合强制性标准的要求；对其他产品主要是通过市场竞争和企业自我约束的机制去解决。

对产品质量的监督管理，采取产前保证、产后监督相结合的原则。国家对可能危及人体健康、人身财产安全的产品实行生产许可证制度；采取国际通行的企业质量体系认证、产品质量认证等引导方法，提高产品质量和产品信誉，增强产品的市场竞争能力。同时，加强对市场商品质量的监督检查，并公布质量检查的结果，对伪劣产品予以曝光。

② 贯彻奖优罚劣的原则。一方面要奖励优质产品和质量管理先进的企业和个人；另一方面要严厉制裁假冒伪劣产品的生产者和经销者。为此国家规定建立科学的产品指标评估体系、鼓励推行科学的质量管理方法、采取先进的科学技术，生产优质产品。对产品质量管理先进和产品质量达到国际先进水平，成绩显著的单位和个人，给予奖励。

③ 从重从严处罚的原则。假冒伪劣产品屡禁不止、愈演愈烈的一个重要原因是处罚偏轻，对违法者没有威慑力量。因此产品质量法在罚则一章中体现了从重从严的原则：对违法行为行政处罚的面比较宽；行政处罚的形式比较多；行政处理规定比较重；规定了严格的刑事责任。

2. 生产者、销售者的产品质量责任和义务

（1）生产者的产品质量责任和义务　对生产者的产品质量责任和义务，销售者也是应该了解的，限于篇幅，不详细介绍。详见《产品质量法》。

（2）销售者的产品质量责任和义务

① 销售者应当执行进货检查验收制度，验明产品合格证明和其他标识。执行进货检查验收制度，包括对产品内在质量的检验和外在质量的检验。销售者如查明产品不合格时，应拒绝接收货物，防止不合格、伪劣产品在市场上流通；如果销售者不执行进货检查验收制度

或者明知产品不合格依然接受货物并进行销售的,应依法承担相应的法律责任。

② 销售者应当采取措施,保持销售产品的质量。采取措施是指销售者应当根据产品的特点,采取必要的防雨、防晒、防霉变,对某些特殊产品采取控制湿度、温度等措施,以保持产品进货时的质量状态。

③ 销售者不得销售失效、变质的产品。

④ 销售者销售的产品标识,应当符合《产品质量法》关于产品或者其包装上的标识的各项规定。

⑤ 销售者不得伪造产地,不得伪造或者冒用他人的厂名、厂址。

⑥ 销售者不得伪造或者冒用认证标志、名优标志等质量标志。

⑦ 销售者销售产品,不得掺杂、掺假,不得以假充真、以次充好,不得以不合格产品冒充合格产品。

3. 违反产品质量法的法律责任

(1) 构成产品质量法律责任的条件　产品质量责任,是指生产者和销售者因其生产或销售的产品有缺陷,造成他人人身和财产的损害而应承担的责任。其构成要件有三:

① 产品质量不合格。所谓不合格,就是不符合规定的要求,即产品质量不符合国家颁发的安全、卫生、环境保护和计量等法规的要求,不符合国家标准、行业标准以及合同规定的对产品适用、安全和其他特性的要求。

② 造成他人损害,即存在损害事实。所谓他人,包括受到产品损害的任何人,不论他与生产者、销售者是否有合同关系,也不论他是产品的实际使用者还是旁观者、过路者,是自然人还是法人。所谓损害,包括财产的毁坏、灭失,人身的伤残、病亡。

③ 产品质量不合格与损害事实之间存在因果关系。

(2) 承担产品质量法律责任的形式

① 民事、经济责任。包括:

a. 售出的产品不具备产品应当具备的使用性能而事先未作说明的,不符合在产品或其包装上注明采用的产品标准的,不符合以产品说明、实物样品等方式表明的质量的,销售者负责修理、更换、退货、赔偿损失后,如属于生产者或供货者的责任的,有权向生产者、供货者追偿。合同另有约定的,按照合同约定执行。

b. 由于销售者的过错使产品存在缺陷,造成人身、他人财产损害的,或者销售者不能指明缺陷产品的生产者或供货者的,销售者应当承担赔偿责任。

c. 因产品存在缺陷造成受害人人身伤害的,侵害人应当赔偿医疗费、因误工减少的收入、伤残者生活补助费等费用;造成受害人死亡的,并应当支付丧葬费、抚恤费、死者生前抚养的人的生活费等费用。造成受害人财产损失的,侵害人应当恢复原状或者折价赔偿。受害人因此遭受其他重大损失的,侵害人应当赔偿损失。

d. 因产品存在缺陷造成人身、他人财产损害的,受害人可以向产品生产者要求赔偿,也可以向产品的销售者要求赔偿。属于产品生产者的责任,销售者赔偿了的,销售者有权向生产者追偿。属于产品的销售者的责任,生产者赔偿了的,生产者有权向销售者追偿。

e. 由于受害人的故意造成损害的,生产者、销售者不承担赔偿责任。由于受害人的过失造成损害的,可以减轻生产者、销售者的赔偿责任。

② 行政责任。在产品质量行政责任中,有些同时也是经济责任的内容。行政责任有:

a. 生产不符合保障人体健康,人身、财产安全的国家标准、行业标准的产品的,责令停止生产，没收违法生产的产品和违法所得，并处违法所得一倍以上五倍以下的罚款，可以吊销营业执照。销售上述产品的，责令停止销售。销售明知是不符合保障人体健康、人身、财产安全的国家标准、行业标准的产品的，没收违法销售的产品和违法所得，并处以罚款，可以吊销营业执照。

b. 生产者、销售者在产品中掺杂、掺假、以假充真、以次充好，或者以不合格产品冒充合格产品的，违法所得数额在二万元以上不满十万元情节较轻的，责令停止生产、销售、没收违法所得，并处罚款，可以吊销营业执照。

c. 销售失效、变质产品的，责令停止销售，没收违法销售的产品和违法所得，并处以罚款，可以吊销营业执照。

d. 生产者、销售者伪造产品产地的，伪造或者冒用他人的厂名、厂址的，伪造或者冒用认证标志、名优标志等质量标志的，责令公开改正，没收违法所得，可以并处罚款。

e. 产品标识不符合规定，情节严重的，可以责令停止生产、销售，并可处以罚款。

f. 伪造检验数据或者伪造检验结论的，责令其改正，可以处以罚款；情节严重的，吊销营业执照。

g. 从事产品质量监督管理的国家工作人员滥用职权、玩忽职守、徇私舞弊，尚未构成犯罪的，给予行政分。

h. 拒绝、阻碍从事产品质量监督的国家工作人员依法执行职务，未使用暴力、威胁方法的，由公安机关依照治安管理处罚条例的规定处罚。

③ 刑事责任。《产品质量法》和《关于惩治生产、销售伪劣商品犯罪的决定》，对违反产品质量的刑事责任，作了以下规定：

a. 生产不符合或者销售明知不符合保障人体健康，人身、财产安全的国家标准、行业标准的产品，对人体健康造成严重危害的，追究刑事责任。

b. 生产者、销售者在产品中掺杂、掺假，以假充真，以次充好，或者以不合格产品冒充合格产品的，构成犯罪的，依法追究刑事责任。

c. 生产、销售产品有下列情形之一的，依法追究刑事责任：一是生产、销售假药、劣药，足以危害人体健康的；二是生产、销售不符合卫生标准的食品，造成严重食品中毒事故或者其他严重食源性疾患，对人体健康造成严重危害的；三是在生产、销售的食品中掺入有毒、有害的非食品原料，致人死亡或者人体健康造成其他特别严重危害的；四是生产假农药、假兽药、假化肥，销售明知是假的或者失去使用效能的农药、兽药、化肥、种子，或者以不合格商品冒充合格商品，使生产遭受较大、重大、特别重大损失的；五是生产或者销售明知不符合卫生标准的化妆品，造成严重后果的；六是销售失效、变质产品构成犯罪的。

d. 以行贿、受贿或者其他非法手段推销、采购下列产品，构成犯罪的，依法追究刑事责任：不符合保障人体健康、人身、财产安全的国家标准、行业标准的产品的；在产品中掺杂、掺假，以假充真，以次充好，或者以不合格产品冒充合格产品的；国家明令淘汰的产品的；伪造或者冒用他人的厂名、厂址的，伪造或者冒充认证标志、名优标志等标志的。

e. 伪造检验数据或者伪造检验结论，构成犯罪的，对直接责任人员比照刑法的有关规定追究刑事责任。

f. 从事产品质量监督管理的国家工作人员滥用职权、玩忽职守、徇私舞弊，构成犯罪的，依法追究刑事责任。

g. 国家工作人员利用职权，对明知有违反《产品质量法》规定构成犯罪行为的企事业单位或者个人故意包庇,使其不受追诉的,依法追究刑事责任。

h. 以暴力、威胁方法阻碍从事产品质量监督管理的国家工作人员依法执行职务的,依照刑法的有关规定追究刑事责任。

i. 企事业单位根据《关于惩治生产、销售伪劣商品犯罪的决定》有关条款的规定构成犯罪的,对单位判处罚金,并对直接负责的主管人员和其他直接责任人员,追究刑事责任。

2.2.3 消费者权益保护法

1. 消费者权益保护法的概念与基本原则

(1) 消费者权益保护法的概念 消费者权益保护法,是调整在保护消费者权益过程中发生的经济关系的法律规范的总和,是经济法的重要部门法。

1993年10月31日,第八届全国人民代表大会常务委员会第四次会议通过的《中华人民共和国消费者权益保护法》(简称《消费者权益保护法》)是我国制定的第一部保护消费者权益的专门法律,自1994年1月1日起施行。

① "消费者"的含义。消费是社会再生产的重要环节之一,是生产、交换、分配的目的与归宿,它包括生产消费和生活消费两大方面。而生活消费则是人类的基本需要,因而也是法律必须加以规定的领域。我国《消费者权益保护法》所称的消费者是指从事生活消费的主体。可以这样认为,所谓消费者,就是为了满足个人生活消费的需要而购买、使用商品或者接受服务的居民。这里的居民是自然人或称个体社会成员,以区别于政府及其他组织。另外,农民购买、使用直接用于农业生产的生产资料,亦参照该法执行。

② "消费者权益"的含义。消费者权益,是指消费者依法享有的权利及该权利受到保护时给消费者带来的应得的利益。其核心是消费者的权利。

由于消费者所购买和使用的商品或者所接受的服务是由经营者提供的,因此在保护消费者权益方面,经营者首先负有直接的义务。此外,国家和社会也负有相应的义务。违反上述义务,各义务主体应承担相应的法律责任。

(2) 消费者权益保护法的基本原则 消费者权益保护法规定了该法下列四项基本原则,其中的第二条我们作为重点介绍:

① 经营者应当依法提供商品或者服务的原则。

② 经营者与消费者进行交易应当遵循自愿、平等、公平、诚实信用的原则。

所谓自愿就是指经营者包括生产者和经销者与消费者在进行交易时,双方当事人意思表示完全出于自愿,不允许一方强迫对方屈从自己。

所谓平等就是经营者与消费者在进行交易中,双方当事人的法律地位是平等的,而不是隶属的、服从的关系。

所谓公平就是经营者与消费者在交易过程中,要进行公平交易,作为经营者其商品出售应得到公平的价值补偿,而作为消费者应得到公平的价格和选择。

所谓诚实信用就是经营者与消费者在交易过程中,要诚实、守信用。不能欺诈、胁迫等手段来订立各种销售协议,商品的买卖要明码实价,按质论价、质价相符,禁止经营者向消费者推销各种假冒伪劣商品,以保护消费者权益。

③ 国家保护消费者的合法权益不受侵犯的原则。

④ 一切组织和个人对损害消费者合法权益的行为进行社会监督的原则。

2. 消费者的权利

用法律保护消费者的权益，就必须在法律上赋予消费者一定权利。消费者的权益主要有以下内容：

（1）保障安全权　是消费者最基本的权利，是指消费者在购买、使用商品或接受服务时所享有的保障其人身、财产安全不受损害的权利。由于消费者取得商品和服务是用于生活消费，因此，商品和服务必须绝对安全可靠，必须绝对保证商品和服务的质量不会损害消费者的生命与健康。

（2）知悉真情权　又称了解权、知情权，即消费者享有知悉其购买、使用商品或者接受的服务的真实情况的权利。消费者有权根据商品或者服务的不同情况，要求经营者提供商品的价格、产地、生产者、用途、性能、规格、等级、主要成分、生产日期、有效期限、检验合格证明、使用方法说明书、售后服务，或者服务的内容、规格、费用等有关情况。

（3）自主选择权　是指消费者享有的自主选择商品或者服务的权利，该权利包括以下几个方面：①自主选择提供商品或者服务的经营者的权利；②自主选择商品品种或者服务方式的权利；③自主决定购买或者不购买任何一种商品、接受或者不接受任何一项服务的权利；④在自主选择商品或服务时所享有的进行比较、鉴别和挑选的权利。

（4）公平交易权　是指消费者在购买商品或者接受服务时所享有的获得质量保障和价格合理、计算正确等公平交易条件的权利。为保障消费者公平交易权的实现，必须对劣质销售、价格不公、计量失度等不公平交易行为加以禁止。此外，消费者还有权拒绝经营者的强制交易行为。

（5）依法求偿权　是指消费权在因购买、使用商品或接受服务受到人身、财产损害时，依法享有的要求并获得赔偿的权利。这是弥补消费者所受损害的必不可少的救济性权利。

（6）依法结社权　是指消费者享有的依法成立维护自身合法权益的社会团体的权利。消费者为了与有组织的生产经营者抗衡，可以成立消费者协会，并依法保护消费者权益。

（7）求救获知权　是指消费者所享有的获得有关消费和消费者权益保护方面的知识的权利，保障这一权利的目的是使消费者较好地掌握所需商品或者服务的知识和使用技能，以使其正确使用商品、提高自我保护意识。

（8）维护尊严权　是指消费者在购买、使用商品或接受服务过程中所享有的人格尊严、民族风俗习惯得到尊重的权利。

（9）监督批评权　是指消费者享有的对商品或服务以及对保护消费者权益工作进行监督的权利。此外，消费者有权检举、控告侵害消费者权益的行为和国家机关及其工作人员在保护消费者权益工作中的违法失职行为，有权对保护消费者权益工作提出批评、建议。

3. 经营者的义务

由于经营者是为消费者提供其生产、销售的商品或者提供服务的市场主体，是与消费者直接进行交易的一方，因此，明确经营者的义务对于保护消费者权益至为重要。《消费者权益保护法》规定了经营者在保护消费者权益方面负有下列义务：

（1）依法定或约定履行义务　经营者向消费者提供商品或者服务应当依照产品质量法和其他有关法律、法规的规定履行义务，即经营者必须依法律规定履行义务。此外，经营者和消费者有约定的，应当按照约定履行义务，但双方的约定不得违背法律、法规的规定。

经营者提供商品或者服务，按照国家规定或者与消费者的约定，承担包修、包换、包退或者其他责任的，应遵照国家规定或者约定履行，不得故意拖延或者无理拒绝。

（2）听取意见和接受监督　经营者应当听取消费者对其提供的商品或者服务的意见，接受消费者的监督。这是与消费者的监督批评权相对应的经营者的义务。

（3）保障人身和财产安全　这是与消费者的保障安全相对应的经营者的义务。经营者应当保证所提供的商品或者服务符合保障人身、财产安全的要求。对可能危及人身、财产安全的商品和服务，应当向消费者作出真实的说明和明确的警示，并说明标明正确使用商品或者接受服务的方法以及防止危害发生的方法。经营者发现其提供的商品或者服务存在严重缺陷时，应立即向有关部门和消费者报告并采取防止危害发生的措施。

（4）不作虚假宣传　这是与消费者的知悉真情权相对应的经营者的义务。经营者应向消费者提供有关商品或者服务的真实信息，不得作引人误解的虚假宣传。此外，经营者对消费者就其提供的商品或者服务的质量和使用方法等具体问题提出的询问，应当作出真实、明确的答复。在价格标示方面，商店提供商品应当明码标价。

（5）出具相应的凭证和单据　经营者提供商品或者服务，应当按照国家有关规定或者商业惯例向消费者出具购货凭证或者服务单据；消费者索要购货凭证或者服务单据的，经营者必须出具。

（6）提供符合要求的商品或服务　经营者应当保证在正常使用商品或者提供服务的情况下说明其提供的商品或者服务应当具有的质量、性能、用途和有限期限；但消费者在购买该商品或接受该服务前已经知道其存在瑕疵的除外。此外，经营者以广告、产品说明、实物样品或者其他方式表明商品或者服务的质量状况的，应当保证其提供的商品或者服务的实际质量与表明的质量状况相符。

（7）不得从事不公平、不合理的交易　为了保障消费者的公平交易权，经营权不得以格式合同、通知、声明、店堂告示等方式作出对消费者不公平、不合理的规定，或者减轻、免除其损害消费者合法权益应当承担的民事责任。此外，格式合同、通知、声明、店堂告示等含有对消费者作出的不公平、不合理的规定或者减轻、免除经营者损害赔偿责任等内容的，其内容无效。

（8）不得侵犯消费者的人身权　经营者不得对消费者进行侮辱、不得搜查消费者的身体及其携带的物品，不得侵犯消费者的人身自由。

4. 经营者侵犯消费者权益应承担的法律责任

（1）经营者承担法律责任的条件　经营者提供商品或者服务有下列情形之一的，应承担法律责任：

① 商品存在缺陷的；

② 不具备商品应当具备的使用性能而出售时未作说明的；

③ 不符合在商品或者其包装上注明采用的商品标准的；

④ 不符合商品说明、实物样品等方式表明的质量状况的；

⑤ 生产国家明令淘汰的商品或者销售失效、变质的商品的；

⑥ 销售的商品数量不足的；

⑦ 服务的内容和费用违反约定的；

⑧ 对消费者提出的修理、重作、更换、退货、补足商品数量、退还货款和服务费用或者赔偿损失的要求，故意拖延或者无理拒绝的；

⑨ 法律、法规规定的其他损害消费者权益的情形。

（2）经营者承担法律责任的形式　根据经营者侵犯消费者权益的情节轻重，分别承担如下责任：

① 造成消费者伤害的，应支付医疗费、护理费、误工费、生活费、残疾赔偿金等费用。
② 造成消费者死亡的，应支付丧葬费、死亡赔偿金以及由死者生前抚养的人所必需的生活费用等。
③ 侵犯消费者人身自由的，应当停止侵害、恢复名誉、消除影响、赔礼道歉，并赔偿损失。
④ 造成消费者财产损害的，应予以修理、重作、更换、退货、补足商品数量、退还货款或服务费。如是大件商品的，还应承担运输费，如是期货交易又支付预付款的，除退还货款外，还应承担预付款的利息。另外，依法经有关行政部门认定为不合格的商品，消费者要求退货的，经营者应当负责退货。经营者提供商品或者服务有欺诈行为的，应当按照消费者的要求增加赔偿其受到的损失，增加赔偿的金额为消费者购买商品的价款或者接受服务的费用的一倍。
⑤ 对于严重违反《产品质量法》规定的经营者，应根据情节单处或者并处警告、没收违法所得、罚款、责令停止整顿、吊销营业执照。
⑥ 经营者侵害消费者的权益的行为已构成犯罪的，由司法部门追究刑事责任。

5. 国家与社会对消费者合法权益的保护

(1) 国家对消费者合法权益的保护　国家对消费者合法权益的保护主要是通过制定法律、法规和政策来进行。其主要途径是：
① 各级人民政府要认真组织、协调、督促有关部门做好保护消费者权益的工作。
② 各级工商行政管理部门要积极履行自己的职责，做好保护消费者权益的工作。
③ 各级人民法院要对符合起诉条件的消费者权益争议案件进行及时处理。

(2) 社会对消费者合法权益的保护　保护消费者的合法权益是全社会的共同责任，国家鼓励支持一切组织和个人对损害消费者合法权益的行为进行社会监督。在保护消费者合法权益方面，各种消费者组织起着至关重要的作用，最突出的是消费者协会等组织。它们是依法成立的对商品和服务进行社会监督的保护消费者合法权益的社会团体，它们不得从事商品经营和营利性服务，不得以牟利为目的来向社会推荐商品和服务。

消费者协会必须依法履行其职能，各级人民政府对消费者协会履行职能应当予以支持。消费者协会应履行下列职能：
① 向消费者提供消费信息和咨询服务；
② 参与有关行政部门对商品和服务的监督、检查；
③ 就有关消费者合法权益的问题，向有关部门反映、查询、提出建议；
④ 受理消费者的投诉，对投诉事项进行调查、调解；
⑤ 对投诉的商品质量和服务质量问题，提请鉴定部门鉴定；
⑥ 支持消费者就其受到的侵权提起诉讼；
⑦ 对损害消费者合法权益的行为，通过大众传播媒介予以揭露、批评。

2.2.4　经济合同法

1. 经济合同和经济合同法的概念

(1) 经济合同的概念　经济合同是法人、其他经济组织、个体工商户、农村承包经营户相互之间，为实现一定经济目的，明确相互权利义务关系的协议。

(2) 经济合同法的概念　经济合同法是调整合同当事人之间，为实现一定经济目的而发生的商品、货币关系的法律规范的总和。

1981 年 12 月 13 日第五届全国人民代表大会第四次会议通过，并根据 1993 年 9 月 2 日第八届全国人民代表大会第三次会议决定修改的《中华人民共和国经济合同法》（简称《经济合同法》）是以前我国经济合同法的最基本的法律。1999 年 3 月 15 日，中华人民共和国第九届全国人民代表大会第二次会议通过了《中华人民共和国合同法》（简称《合同法》）。该《合同法》已于 1999 年 10 月 1 日起实施。《经济合同法》同时废止。不过从立法原则及法律内容上来看，现《合同法》与原《经济合同法》并无大的抵触。

（3）经济合同的分类　经济合同，按不同标准，可有各种不同的分类，一般包括以下九种经济合同：购销合同、建设工程承包合同、加工承揽合同、货物运输合同、供用电合同、仓储保管合同、财产租赁合同、借款合同和财产保险合同。

2. 经济合同的订立

（1）经济合同订立的原则

① 遵守法律和行政法规的原则。

② 遵循平等互利、协商一致的原则。

（2）经济合同订立的程序

① 要约。要约也称订约提议，是当事人一方向另一方或他方提出订立经济合同的建议。要约中要有与对方订立经济合同的愿望和经济合同应有的主要条款，要求对方作出答复的期限等内容。在要约约定的对方答复期限内，要约人受其要约的约束。

② 承诺。承诺也称接受订约提议，是当事人一方完全同意要约方提出要约的主要内容和条件的答复。要约人收到承诺时，双方就要订立经济合同；如收到承诺时已具备了符合法律规定的合同形式，合同就成立了。

（3）经济合同的形式　经济合同除即时清结者外，应当采用书面形式。即时清结的合同可采用口头形式。当事人协商同意的有关修改合同的文书、电报、图表，也是合同的组成部分。

（4）经济合同成立的有效条件

① 订立经济合同的主体必须要具有合法的资格。社会组织作为经济合同当事人必须要有法人资格，或者是依法取得营业执照的其他经济组织和个体工商户。农村承包经济户依法具有经济合同当事人的资格。

② 经济合同的内容必须符合法律、行政法规的规定。即经济合同的主要条款不能违反法律和行政法规的规定，也不能违反国家利益和社会公共利益。

③ 经济合同当事人意思表示必须真实一致。

④ 订立经济合同必须符合法定形式。除即时清结者外，应当采用书面形式。有的经济合同须经主管部门审核批准或经公证、鉴证后才能生效。

3. 无效经济合同

（1）无效经济合同的概念和种类　无效经济合同，是指国家不予承认和保护的，没有法律效力的经济合同。无效经济合同从订立的时候起，就没有法律约束力。

无效经济合同分为全部无效经济合同和部分无效经济合同。全部无效经济合同的全部内容自始不产生法律约束力的。部分无效的经济合同，是指虽然某些条款违反法律、法规的规定，但并不影响其他条款法律效力的经济合同。

《经济合同法》明确规定，下列经济合同为无效：①违反法律和行政法规的合同；②采取欺诈、胁迫等手段所签订的合同；③代理人超越代理权限签订的合同或以被代理人的名义同自己或者同自己所代理的其他人签订的合同；④违反国家利益或社会公共利益的经济合同。

（2）无效经济合同的确认及处理　无效经济合同的确认权，是指认定经济合同是否有效的权力。无效经济合同的确认权归人民法院和仲裁机构。

经济合同被确认为无效，合同规定的权利义务即为无效。履行中的合同应终止履行，尚未履行的不得履行。无效经济合同的财产后果应区别不同情况，采用不同方法予以处理。

① 返还财产。经济合同被确认无效后，当事人依据该合同所取得的财产，应当返还对方。如标的物已灭失、损毁的可以用赔偿损失的办法处理。

② 赔偿损失。经济合同被确认无效后，有过错的一方应赔偿对方因此所受到的损失。如果双方都有过错，双方按责任的主次、轻重，分别承担经济损失中与其责任相应的财产份额，而不是各自承担自己的损失或平摊损失。

③ 追缴财产收归国库所有。对于违反国家利益和社会公共利益的无效合同，如果双方都是故意的，应将双方已经取得或者约定取得的财产，收归国库所有。如果只有一方是故意的，故意的一方应将从对方取得的财产返回对方；非故意的一方已经从对方取得的或约定取得的财产，应收归国库所有。

④ 代理人自行负责。因无效代理行为而产生的无效经济合同，由代理人自行承担经济责任。

知识拓展

维修合同范本

一、主要内容
(1) 承修、托修双方名称；
(2) 签订日期及地点；
(3) 合同编号；
(4) 送修车辆的车种车型、牌照号、发动机号、底盘号；
(5) 送修日期、地点、方式；
(6) 交车日期、地点、方式；
(7) 维修类别及项目；
(8) 预计维修费用；
(9) 托修方所提供材料的规格、数量、质量及费用结算原则；
(10) 质量保证期；
(11) 验收标准和方式；
(12) 结算方式及期限；
(13) 违约责任和金额；
(14) 解决合同纠纷的方式；
(15) 双方商定的其他条款。
二、合同签订的范围
1. 合同签订的范围
(1) 汽车大修；

(2) 汽车总成大修；
(3) 汽车二级维护；
(4) 维修预算费用在 1000 元以上的汽车维修作业。
2. 合同签订的形式
(1) 长期合同：最长在 1 年之内使用的合同。
(2) 即时合同：一次使用的合同。

思考与练习

1. 试述汽车配件经营者的职业道德要求。
2. 试述不正当竞争的几种表现形式。
3. 试述产品质量法的基本原则。
4. 试述消费者权益保护法的基本原则。
5. 试述经济合同成立的有效条件。

第 3 章 汽车配件知识

> **学习目标**
>
> 了解汽车配件的术语和定义；掌握汽车配件的损耗和通用互换性。

> **案例导入**
>
> 汽车配件种类繁多，现如今汽车品牌越来越多，汽车类型也越来越多。什么牌子的汽车配件比较好呢？
>
> （1）博世 BOSCH：源于德国品牌，成立于 1998 年，世界汽车配件领先生产商，全球领先的汽车技术供应商，博世贸易（上海）有限公司。
>
> （2）电装 DENSO：始创于 1949 年日本，世界屈指可数的汽车零部件生产厂家之一，十大汽车配件品牌，电装（中国）投资有限公司。
>
> （3）法雷奥：专业生产和销售轿车及卡车零件/集成系统和模块的跨国工业集团，世界领先的汽车零部件供应商之一，法雷奥（中国）。
>
> （4）舍弗勒：全球滚动轴承和直线运动产品生产的领导企业，德国和欧洲最大的家族企业集团之一，舍弗勒投资（中国）有限公司。
>
> （5）康明斯：创于 1919 年美国，全球最大的独立发动机制造商之一，大型跨国公司，十大汽车配件品牌，康明斯（中国）投资有限公司。
>
> （6）万安：创于 1985 年，中国驰名商标，中国名牌，国家重点高新技术企业，参与起草国家和行业标准，浙江万安科技股份有限公司。
>
> （7）银轮：国内汽车散热器行业龙头企业，中国驰名商标，中国名牌，高新技术企业，民营股份制企业，浙江银轮机械股份有限公司。
>
> （8）万向：国内最大的独立汽车系统零部件专业生产基地之一，国家级高新技术企业，国家级技术中心，万向集团（工业）公司。
>
> （9）人本 C&U：国内最大的轴承生产企业，中国驰名商标，中国名牌，浙江著名商标，中国轴承行业最具市场竞争力品牌之一，人本集团。
>
> （10）金麒麟 LPB：国内规模最大/品种最全的汽车刹车片制造商，中国驰名商标，中国名牌，国家高新技术企业，山东金麒麟集团有限公司。

3.1 汽车配件的术语和定义

3.1.1 适用范围

适用于各类汽车、半挂车的总成和装置及零件号编制的基本规则和方法。
适用于各类汽车和半挂车的零件、总成和装置的编号。

不适用于专用汽车和专用半挂车的专用装置部分的零件、总成和装置的编号及汽车标准件和轴承的编号。

3.1.2 术语和定义

1. 组（complete group）

表示汽车各功能系统的分类。

2. 分组（subgroup）

表示功能系统内分系统的分类顺序。

3. 零部件（part and component）

包括总成、分总成、子总成、单元体、零件。

4. 总成（assembly）

由数个零件、数个分总成或它们之间的任意组合而构成一定装配级别或某一功能形式的组合体，具有装配分解特性。

5. 分总成（subassembly）

由两个或多个零件与子总成一起采用装配工序组合而成，对总成有隶属装配级别关系。

6. 子总成（subdivisible assembly）

由两个或多个零件经装配工序或组合加工而成，对分总成有隶属装配级别关系。

7. 单元体（unit）

由零部件之间的任意组合而构成具有某一功能特征的功能组合体，通常能在不同环境独立工作。

8. 零件（part）

不采用装配工序制成的单一成品、单个制件。或由两个及两个以上连在一起具有规定功能，通常不能再分解的（如含油轴承、电容器等外购小总成）制件。

9. 零部件号（coding for part and component）

指汽车零部件实物的编号，亦包括为了技术、制造、管理需要而虚拟的产品号和管理号。

10. 标准件

按国家标准设计制造的，能通用在各种仪器、设备上，并具有互换性的零件。适用于汽车行业的标准件，称为汽车标准件。

11. 合件

指两个以上的零件装成一体，起单一零件的作用。合件的名称以其中的主要件定名。

12. 组合件

由几个零件或合件装成一体，但不能单独完成某种作用。

13. 易碎商品

指在运输、搬运过程中，容易破碎的商品。

14. 防潮商品

指受潮后容易变形、变质的商品。

15. 纯正部品

指各汽车厂原厂生产的配件，而不是副厂或配套厂生产的协作件。

16. 横向产品

指非汽车行业生产的汽车用商品。

17. 车身覆盖件

由板材加工成形并覆盖汽车车身的零件。

3.2 汽车配件的编号规则

3.2.1 国产汽车配件的品种规格及其编号规则

1. 汽车零部件编号表达式

完整的汽车零部件编号表达式由企业名称代号、组号、分组号、源码、零部件顺序号和变更代号构成,如图 3.1 所示。

零部件编号表达式根据其隶属关系可按图 3.1 中所列三种方式进行选择。

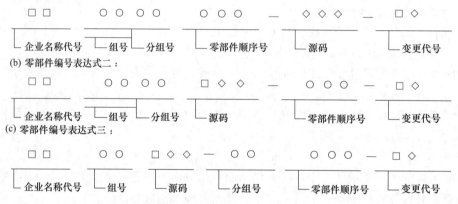

注:□表示字母;○表示数字;◇表示字母或数字。

图 3.1 汽车零部件编号表达式

(1) 企业名称代号　当汽车零部件图样使用涉及知识产权或产品研发过程中需要标注企业名称代号时,可在最前面标注经有关部门批准的企业名称代号。一般企业内部使用时,允许省略。企业名称代号由两位或三位汉语拼音字母表示。

(2) 源码　源码用三位字母、数字或字母与数字混合表示,由企业自定。

① 描述设计来源:指设计管理部门或设计系列代码,由三位数字组成。

② 描述车型中的构成:指车型代号或车型系列代号,由三位字母与数字混合组成。

③ 描述产品系列:指大总成系列代号,由三位字母组成。

(3) 组号　用两位数字表示汽车各功能系统分类代号,按顺序排列。

(4) 分组号　用四位数字表示各功能系统内分系统的分类顺序代号,按顺序排列。

(5) 零部件顺序号　用三位数字表示功能系统内总成、分总成、子总成、单元体、零件等顺序代号,零部件顺序号表述应符合下列规则:

① 总成的第三位应为零;

② 零件第三位不得为零;

③ 三位数字为 001~009,表示功能图、供应商图、装置图、原理图、布置图、系统图等为了技术、制造和管理的需要而编制的产品号和管理号;

④ 对称型的零件，其上、前、左件应先编号为奇数，下、后、右件后编号且为偶数；

⑤ 共用图（包括表格图）的零部件顺序号一般应连续。

（6）变更代号　变更代号为两位，可由字母、数字或字母与数字混合组成，由企业自定。

（7）代替图零部件编号　对零件变化差别不大，或总成通过增加或减少某些零部件构成新的零件和总成后，在不影响其分类和功能的情况下，其编号一般在原编号的基础上仅改变其源码。见图3.1。

2. 汽车组合模块编号表达式

汽车组合模块组合功能码由组号合成，前两位组号描述模块的主要功能特征，后两位组号描述模块的辅助功能特征。例如：10×16表示发动机带离合器组合模块；10×17表示发动机带变速器组合模块；17×35表示变速器带手制动器组合模块。组合功能码见图3.2。

图3.2　汽车组合模块编号表达式

3. 发动机、车架编号规则

（1）发动机的型号

① 首部包括系列代号、换代符号和地方企业代号；

② 中部包括汽缸数、汽缸布置形式符号、冲程符号（E代表二冲程，四冲程不标符号）、缸径符号；

③ 后部包括结构特征符号、用途特征符号；

④ 尾部包括区分符号；

⑤ 汽缸布置形式符号：V—V型；P—平卧型；无符号—多缸直列及单缸；

⑥ 结构特征符号：无符号—水冷；F—风冷；N—凝气冷却；Z—增压；ZL—增压中冷；

⑦ 用途特征符号：无符号—通用型及固定动力；T—拖拉机；M—摩托车；G—工程机械；Q—汽车；J—铁路机车；D—发电机组；Y—农用运输车；L—林业机械。

如：EQ6100-1代表二汽生产的六缸、直列、四冲程、缸径100mm、水冷汽油机，区分符号1表示第一种变型产品，EQ是二汽。

（2）车架编号　车架编号就是车辆识别代号VIN，包括3部分：

第一，世界制造厂识别代码（WMI）。

根据GB/T 16737规定应包括三位字码，且由制造厂以外的组织预先指定。

第二，车辆说明部分（VDS）。

由六位字码组成，如果制造厂不用其中的一位或者几位字码位置，应在该位置添入制造厂选定的字母或数字。此部分应能识别车辆的一般特征，其代码及顺序由制造厂决定。

第三，车辆指示部分（VIS）。

由八位字母组成，其最后四位字码应是数字。如果制造厂选择在此部分标示年份和/或装配厂，建议VIS部分的第一位字码表示年份，第二位字码表示装配厂。在标示年份时，有下列规定：

1971～1979分别依次对应代码1～9。

1980～2000 分别依次对应代码 A～Y，其中不用 I，O，Q。
2001～2009 分别依次对应代码 1～9。
2010 对应字母 A，依次类推。

3.2.2　进口汽车配件的品种规格及其编号规则

进口汽车品种繁多，其配件编号规则各不相同，下面以常用的车型举例说明。

1. 丰田汽车原厂零件的编码（图 3.3）

由 10 位数字组成，中间用符号"—"隔开，部分配件用 12 位数字组成。

图 3.3　丰田汽车原厂零件的编码

（1）第一部分表示零件的基本编号，前两位数字表示汽车零件的一个总成，第三、第四位数字表示总成件中某一个组件的位置，第五位数字表示细分零件。如：45101，45 表示转向部分；10 表示方向盘组件；1 表示方向盘。

（2）第二部分表示设计编号和变更编号，前两位数字表示发动机类型，第三、第四位数字表示设计编号，第五位数字表示设计序号。如：71 表示 1Y 发动机；72 表示 2Y 发动机；54 表示 2L 发动机。

（3）第三部分在有颜色等特殊情况下使用。

2. 广州本田零部件号码组成（图 3.4）

（1）一般零部件

图 3.4　广州本田零部件号码组成

① 1、2、3、4、5 为主号码，用来说明零部件名称。

其中 1、2 为功能号，表示该零件功能的号码；3、4、5 为构成号，根据各零部件名称的不同，由构成号来进行具体区别。

如：13011 为活塞环；18310 为喇叭；33100 为前大灯。

② 6、7、8 为机种号码，用以区别机型（见表 3.1）。

表 3.1　机种号码表示的内容

1、2、3、4	G、J、K、M	摩托车
5、6	S、P	汽车
7	V、Y	农用机械
8	Z	发电机、发动机
9		船用发动机

③ 9、10、11 为种类号码，在主号码与机种号码完全相同的情况下，为了区别该零部件的不同种类，而使用的号码。

④ 12、13 为颜色编号，通常由两位字母表示。

（2）螺栓、螺母以及其他标准零部件

○○○○○ － ○○○○○ － ○○○
1 2 3 4 5　　6 7 8 9 10　　11 12 13

① 1、2、3、4、5 为主号码。

② 6、7、8、9、10 为尺寸。

③ 11、12 为规格。

④ 13 为表面处理。

3. 一汽大众配件编码

一般由 14 位组成：

○○○　○○○　○○○　○○　○○○
（一）　（二）　（三）　（四）　（五）

① （一）表示车型或机组型号。标记的第三位数字可以区别是左驾驶还是右驾驶：单数为左驾驶，双数为右驾驶。

如：

表示车型的：甲壳虫车（113）857 501 AB 01C　后视镜

高尔夫（191）419　831　转向机防护套

捷达　（165）941　017　K　左大灯

表示机组型号的：发动机（027）100 103 KV　短发动机

变速箱（020）300 045 T　四挡变速箱

启动机（055）911 023 K　启动机

② （二）表示大类及小类。将备件分成十大类（10 个主组），每大类又分为若干个小类，小类的数目和大小因结构不同而不同，小类只有跟大类组合在一起才有意义。

1 大类：发动机，燃油喷射系统。

2 大类：燃油箱，排气系统，空调制冷循环部件。

3 大类：变速箱。

4 大类：前轴，前轮驱动差速器，转向系统，前减震器。

5 大类：后轴，后轮驱动差速器，后减震器。

6 大类：车轮，刹车系统。

7 大类：手动，脚动杠杆操作机构。

8 大类：车身及装饰件，空调壳体，前后保险杠。

9 大类：电器。

0 大类：附件（千斤顶、天线、收音机）。

如：191 863 241 AF LN8　8 为大类，63 为小类。

③ （三）表示备件号。按照其结构顺序排列的备件号由三位数字（001～999）组成，如不分左右，最后以一位数字为单数；如分左右，单数为左边件，双数为右边件。如：191 863 241 AF LN8 中的 2413。

④ （四）表示设计变更/技术更改号。由一个或两个字母组成，表示该件曾技术更改过。

如：357 612 102——357 612 107 A　制动阻力器

91 500 051 H——L191 500 051 G　后桥体

BBW 129 051 S——1GD 129 015　化油器

⑤（五）表示颜色代码。用三位数字或三位字母的组合表示。

如：01C——黑色带有光泽；041——暗黑色；043——黑花纹；ROH——未加工的原色。

3.2.3 自编号编制的基本原则

1. 按品种系列分柜组

经营的所有配件，不分车型，而是按部、系、品名分柜组存放，例如发动机配件叫发动机柜组；工具叫工具柜组；通用电器叫通用电器柜组等。这种柜组分工方式的优点是：

（1）比较适合专业化分工的要求。因为汽车配件的分类是按照配件在一部整车的几个构成部分来划分的，如发动机系统、离合器变速器系统、传动轴系统等，能够结合商品的本质特点。再如金属机械配件归为一类、日化杂件归为一类、电器产品归为一类等，也有利于深入了解商品的性能特点、材质、工艺等商品知识。

（2）汽车配件品种繁多，对于经营人员来说，学会本人经营的那部分配件品种的商品知识，比学会某一车型全部配件的商品知识要容易得多，这样能较快地掌握所经营品种的品名、质量、价格及通用互换常识。尤其是进口维修配件的经营，由于车型繁杂，而每种车型的保有量又不太多，按品种系列分柜组比较好。

（3）某些配件的通用互换比较复杂，哪些品种可以与国产车型的配件通用，往往需要用户提供，有的则需要从实物的对比中得出结论。如果不按品种系列，而按车型经营，遇到上述情况，就有许多不便。

2. 按车型分柜组

按不同车型分柜组，如分成桑塔纳、富康、捷达、奥迪、东风、解放柜组等。每个柜组经营一个或两个车型的全部品种。这种柜组分工方式的优点是：

（1）一些专业运输单位及厂矿企业拥有的车型种类不多，中小型企业及个体用户大多也只拥有一种或几种车型。目前的汽车配件用户，又以中小型用户为主。这些中小型用户的配件采购计划，往往是按车型划分的。所以一份采购单，只要在一个柜组便可全部备齐，甚至只集中到一个柜组的一至两个柜台，便可解决全部需要。

（2）按车型分工还可与整车厂编印的配件目录相一致，当向整车厂提出要货时，经营企业可以很便利地编制以车型划分的进货计划。

（3）按车型分柜组，也有利于进行经济核算和管理，而孤立地经营不同车型的部分品种，难以考核经济效益。按车型分工经营，根据社会车型保有量统计数据，把进货、销量、库存、资金占用、费用、资金周转几项经济指标落实到柜组，有利于企业管理的规范化。

但这种方法也有缺点，那就是每个柜组经营品种繁多，对经营人员的要求高，他们需要熟悉所经营车型的每种商品的性能、特点、材质、价格及产地，这不是一件很容易的事，而且当一种配件可以通用几个车型时，往往容易造成重复进货和重复经营。

柜组分工方式可根据企业的具体条件确定。一个较大的汽车配件经营企业，往往在一个地区设立几个门市部，或跨地区、跨市设立门市部。在门市内部，相互间的分工至关重要，有的按车型分工，如经营解放、东风或桑塔纳、捷达、奥迪配件等；有的不分车型，按品种系列综合经营；也有的二者兼有，既以综合经营为基础，各自又有几个特色车型。

3.3 汽车配件基础知识

3.3.1 主组1：发动机

1. 气缸体

（1）特点及要求　小型发动机的气缸体和曲轴箱常铸成一体，称为气缸体（简称缸体）。缸体上半部有活塞运动气缸，缸体内有油道和水道。下半部为支承曲轴的曲轴箱，其内腔为曲轴运动的空间。缸体作为发动机各个机构和系统的装配基体，承受高温高压气体作用力，同时活塞在其中作高速往复运动，要求气缸体应具有足够的刚度和强度。气缸内壁是工作表面，加工精度要求较高。有些负荷比较轻，缸径又不大的汽油机中，在气缸体上直接加工出气缸内壁，没有单独的气缸套。有些发动机用铝合金缸体，但铝合金的耐磨性不好，必须在气缸体内镶入气缸套，形成气缸工作表面。

（2）种类及材料

① 汽车发动机气缸排列形式　基本上有三种：直列式、V型和水平对置式，如图3.5所示。

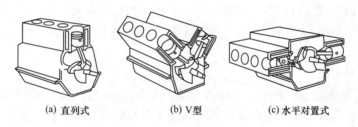

(a) 直列式　　(b) V型　　(c) 水平对置式

图3.5　气缸排列形式

② 气缸体的形式　有如下几种。

a. 平底式气缸体。如图3.6（a）所示，发动机的油底壳安装平面和曲轴的旋转中心在同一高度。其特点是便于机械加工，但刚度较差，曲轴前后端的密封性较差。多用于中小型发动机，富康ZX轿车TU3.2K发动机、夏利376Q、MAZDAB6型发动机的气缸体即属于这种结构。

b. 龙门式气缸体。如图3.6（b）所示，发动机的油底壳安装平面低于曲轴的旋转中心。其特点是结构刚度和强度较好，密封简单可靠，维修方便，但工艺性较差。桑塔纳、捷达、奥迪、解放CA1091型汽车用CA6102发动机属于这种结构。

c. 隧道式气缸体。如图3.6（c）所示。

轿车用发动机的机体，一般采用平底式气缸体和龙门式气缸体两种结构形式。

气缸体一般采用优质灰铸铁、球墨铸铁。

（3）损坏及更换　气缸体损坏形式一般有缸套磨损、气缸体上平面变形、水套漏水等。缸套磨损超标时可以更换缸套。气缸体上平面变形、水套漏水则更换。

（4）通用及互换　一般不能通用。

2. 缸盖、气缸衬垫、气门室罩和油底壳

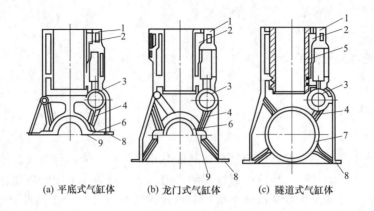

(a) 平底式气缸体　　(b) 龙门式气缸体　　(c) 隧道式气缸体

图 3.6　气缸体示意图

1—气缸体；2—水套；3—凸轮轴孔座；4—加强肋；5—湿式缸套；
6—主轴承座；7—主轴承座孔；8—安装油底壳的加工面；9—安装主轴承的加工面

(1) 特点及要求　气缸盖安装在气缸体上面，封闭气缸上部，并与活塞顶部和气缸壁一起形成燃烧室；水冷发动机的气缸盖内部铸有冷却水套，利用循环水来冷却气缸盖，风冷发动机的气缸盖上有散热片；安装其他附件。

气缸盖下端面与高温高压燃气接触，热负荷和机械负荷很大。

水冷式发动机的气缸盖内部有冷却水流过，与高温的气缸盖接触，会产生较大的热应力。

(2) 种类及材料

① 气缸盖　在多缸发动机中，只覆盖一个气缸的气缸盖，称为单体气缸盖；能覆盖两个以上气缸的气缸盖称为块状气缸盖；能覆盖全部气缸的气缸盖则称为整体气缸盖。

气缸盖形状复杂，气缸盖上有冷却水套、润滑油油道、进排气道和气门导管、燃烧室、火花塞座孔或喷油器座孔（柴油机），上置凸轮轴式发动机的气缸盖上还有用以安装凸轮轴的轴承座。图 3.7 为桑塔纳轿车发动机的气缸盖分解图。

气缸盖形状复杂，工作环境恶劣，一般多采用灰铸铁或合金铸铁铸成。

目前铝合金铸造的缸盖使用越来越多，有取代铸铁的趋势。

② 气缸垫　气缸垫是气缸盖与气缸体之间安装的密封衬垫，又称气缸床。

气缸垫的功用是填补气缸体与缸盖结合面上的微观孔隙，保证结合面处有良好的密封性，进而保证燃烧室的密封，防止漏气、漏水和漏油。

目前应用较多的有以下几种气缸垫：

a. 金属-石棉气缸垫，如图 3.8 (a) 所示。石棉中间夹有金属丝或金属屑，且外覆铜皮或钢皮。

b. 实心金属片气缸垫，如图 3.8 (b) 所示。这种气缸垫多用在强化发动机上，轿车和赛车上较多采用这种气缸垫。

c. 中心用编织的钢丝网 [图 3.8 (c)] 或有孔钢板（冲有带毛刺小孔的钢板）[图 3.8 (d)] 为骨架，两面用石棉及橡胶黏结剂压成的气缸盖衬垫。

d. 钢板衬垫，如图 3.8 (e) 所示。这种气缸垫由单块冷轧低碳钢板制成，很多强化的汽车发动机采用。

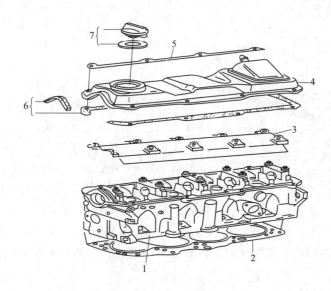

图 3.7　桑塔纳轿车发动机的气缸盖分解图
1—气缸盖；2—气缸垫；3—机油反射罩；4—气缸盖罩；5—压条；6—气门罩垫；7—加油盖

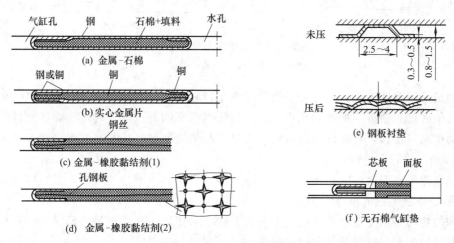

图 3.8　气缸盖衬垫的结构

e. 加强型无石棉气缸垫，如图 3.8（f）所示。在气缸口密封部位采用五层薄钢板组成，并设计成正圆形，没有石棉夹层。

③ 气门室罩　在气缸盖上部有起到封闭和密封作用的气门室罩。气门室罩结构比较简单，一般用薄钢板冲压而成，上设有加注机油用的注油孔。气门室罩与气缸盖之间设有密封垫。

④ 油底壳　油底壳主要作用是储存机油和封闭曲轴箱，同时也可起到机油散热作用。油底壳一般采用薄钢板冲压而成，有些发动机油底壳采用铝合金铸造而成，在底部还铸有相应的散热片，以利于散热。

在油底壳最深处装有放油塞，有的放油塞是磁性的，能吸集机油中的金属屑，以减少发动机运动零件的磨损。

油底壳内还设有挡油板，防止汽车振动时油面波动过大。如图 3.9 所示。

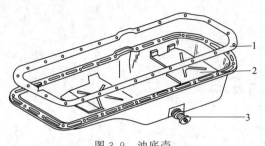

图 3.9 油底壳
1—衬垫；2—稳油挡板；3—放油塞

(3) 损坏及更换 缸盖的损坏一般有裂纹、下平面变形、水腔漏水、气门座和气门导管烧蚀或磨损超标。

气缸衬垫一般为烧蚀。

气门室罩和油底壳一般为破裂。

(4) 通用及互换 一般不能通用。

3. 发动机的支承

汽车发动机一般通过气缸体和飞轮壳或变速器壳支承在车架（或车身）上。发动机的支承方法一般有三点支承和四点支承两种，如图 3.10（a）为一种三点支承，前端两点通过曲轴箱支承在车架上，后端点通过变速器壳支承在车架上。图 3.10（b）为一种四点支承，前端两点通过曲轴箱支承在车架上，后端两点通过飞轮壳支承在车架上。

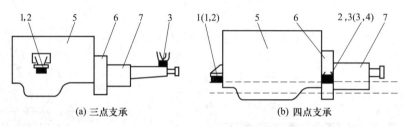

图 3.10 发动机支承示意图
1~4—支承；5—发动机；6—离合器壳；7—变速器

发动机采用弹性支承，这是为了消除在汽车行驶中车架的扭转变形对发动机的影响，以及减少传给底盘和乘员的振动和噪声。为了防止当汽车制动或加速时由于弹性元件的变形产生的发动机纵向位移，有时设有纵拉杆，通过橡胶垫块使发动机与车架纵梁相连。

4. 曲轴、飞轮和连杆

曲轴飞轮组主要由曲轴、飞轮、扭转减振器、带轮、正时齿轮（或链条）等组成。如图 3.11 所示是曲轴飞轮组总体结构。

曲轴的功用是承受连杆传来的力，并将其转变为扭矩，然后通过飞轮输出，另外，还用来驱动发动机的配气机构及其他辅助装置。

飞轮的主要功用是储存能量，保证曲轴的旋转角速度和输出扭矩尽可能均匀。

扭转减振器的功用是消除曲轴的扭转振动。

(1) 曲轴及其轴承

① 特点及要求 在发动机工作中，曲轴承受周期性变化的气体压力、旋转质量的离心力和往复惯性力，使曲轴承受弯曲与扭转载荷，产生疲劳应力。

为了保证工作可靠，因此要求曲轴具有足够的刚度和强度，各工作表面要求耐磨而且润滑良好，还必须有很高的动平衡要求。

为了减少磨损，曲轴一般为使用滑动式向心轴承和滑动式推力轴承，也有的使用滚动式轴承。

② 种类及材料 一般用整体式曲轴。曲轴一般都采用优质中碳钢（如 45 钢）或中碳合金钢（如 45Mn2、40Cr 等）模锻。为了提高曲轴的耐磨性，其主轴颈和连杆轴颈表面上均需高频淬火或氮化。例如，上海桑塔纳发动机曲轴采用优质 50 号中碳钢模锻而成。有部分

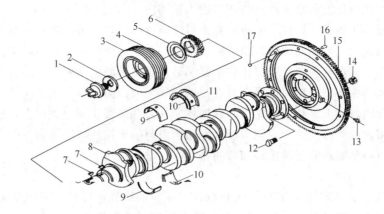

图 3.11 曲轴飞轮组

1—启动爪；2—锁紧垫片；3—扭转减震器总成；4—带轮；5—挡油片；
6—正时齿轮；7—半圆键；8—曲轴；9,10—主轴瓦；11—止推片；12—飞轮螺栓；
13—润滑脂嘴；14—螺母；15—飞轮；16—离合器盖定位销；17—六缸上止点记号钢球

发动机采用了高强度的稀土球墨铸铁铸造曲轴，但这种曲轴必须采用全支承以保证刚度。

现代发动机所用的曲轴轴承是由钢背和减摩层组成的分开式薄壁轴承。

目前汽车发动机的轴承减摩合金主要有白合金（巴氏合金）、铜铅合金和铝基合金，其中巴氏合金轴承的疲劳强度较低，只能用于负荷不大的汽油机，而铜铅合金或高锡铝合金轴承均具有较高的承载能力与耐疲劳性。含锡量 20% 以上的高锡铝合金轴承，在汽油机和柴油机上均得到广泛应用。

半个轴承在自由状态下并不是半圆形（开口大于直径），轴承的背面光洁度很高而且还有过盈，故当它们装入轴承座时能均匀地紧贴在轴承座内壁上。

曲轴轴向定位是通过止推装置实现的。为阻止车辆行驶时，离合器经常结合与分离和带锥齿轮驱动时施加于曲轴上的轴向力以及在上、下坡行驶或突然加速、减速出现的轴向力作用而使曲轴有轴向窜动的趋势，曲轴必须有轴向定位，以保证曲柄连杆机构的正常工作。但也应允许曲轴受热后能自由膨胀，故只能有一处设置轴向定位装置。

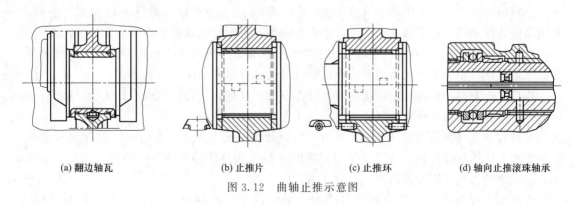

(a) 翻边轴瓦　　(b) 止推片　　(c) 止推环　　(d) 轴向止推滚珠轴承

图 3.12 曲轴止推示意图

止推装置有翻边轴瓦、止推片、止推环和轴向止推滚珠轴承等多种形式，如图 3.12 所示。

曲轴径向密封环安放在曲轴的自由端（前端）和飞轮端（功率输出端）。其作用是防止内燃机机体内的机油外溢和水（汽）与灰尘进入机体内。

常用的橡胶密封体有硅橡胶、氟橡胶和密封性能更佳的聚四氟乙烯径向密封环。

为消除曲轴共振，曲轴前端装有扭转减振器。汽车发动机最常用的曲轴扭转减振器是摩擦式扭转减振器，其可分为橡胶式扭转减振器和硅油式扭转减振器两类。还有干摩擦式扭转减振器和黏液式减振器。扭转减振器常放在扭振振幅最大的曲轴自由端。

很多小轿车内燃机上常利用带轮作为减振体。在一些高级轿车内燃机上，还采用双重减振器，它是在带轮的外圆柱面和内侧端面分别用橡胶与一个扭转减振体和一个弯曲减振体硫化成整体，它可抑制曲轴的扭转振动和弯曲振动。

（2）飞轮

① 特点及要求　飞轮多采用灰铸铁制造，当轮缘的圆周速度较高时，要采用强度较高的球铁或铸钢制造。飞轮外缘上压有一个齿圈，可与启动机的驱动齿轮啮合，供启动发动机用。

② 种类及材料　飞轮与曲轴装配后应进行动平衡试验，否则在旋转时因质量不平衡而产生离心力，将引起发动机振动并加速主轴承的磨损。为了在拆装时不破坏它们的平衡状态，飞轮与曲轴之间应有严格的相对位置，用定位销或不对称布置螺栓予以保证。

③ 损坏及更换　当曲轴轴颈和轴承在使用中烧蚀、间隙过大使性能变坏时，应直接更换新轴承。

④ 通用及互换　一般不能互换。

（3）连杆

① 特点及要求　连杆将活塞承受的力传给曲轴，推动曲轴转动，从而使活塞的往复运动转变为曲轴的旋转运动。

连杆在工作时承受活塞销传来的气体作用力、活塞连杆组往复运动时产生的惯性力和连杆大头绕曲轴旋转产生的离心力的作用。这些力的大小和方向都是周期性变化的。这就使连杆承受压缩、拉抻和弯曲等交变载荷。因此要求连杆要有足够的刚度和强度，并且质量尽可能小。

② 种类及材料　连杆杆身通常做成"工"字形断面，可以在保证强度和刚度的前提下减轻质量。连杆一般用中碳钢或合金钢经模锻或辊锻而成，然后经机械加工和热处理。

连杆由小头1、杆身10和大头3（包括连杆盖6）三部分组成，如图3.13所示。连杆小头用来安装活塞销，以连接活塞。连杆小头孔内装有青铜衬套或铁基粉末冶金衬套，在小头和衬套上钻出集油孔12或铣出集油槽用来收集发动机运转时被飞溅上来的机油，以便润滑。有的发动机连杆小头采用压力润滑，在连杆杆身内钻有纵向的压力油通道。

连杆大头与曲轴的连杆轴颈相连，为便于安装，连杆大头一般做成剖分式的，被分开的部分称为连杆盖，用连杆螺栓紧固在连杆大头上。

连杆盖与连杆大头是组合加工的，为了防止装配时配对错误，在同一侧刻有配对记号。连杆大头上还铣有连杆轴瓦的定位凹坑。有的连杆大头连同轴瓦还钻有直径1～1.5mm小油孔，从中喷出机油以加强润滑。

连杆大头可分为平切口和斜切口两种。平切口连杆的剖分面垂直于连杆轴线，如图3.13所示。一般汽油机连杆大头尺寸都小于气缸直径，可以采用平切口。柴油机的连杆，由于受力较大，其大头的尺寸往往超过气缸直径。为使连杆大头能通过气缸，便于拆装，一般采用斜切口连杆，如图3.14所示。

斜切口式连杆的大头剖分面与连杆轴线一般为 30°~60°（常用 45°）夹角。平切口的连杆盖与连杆的定位，是利用连杆螺栓上精加工的圆柱凸台或光圆柱部分，与经过精加工的螺栓孔来保证的。

斜切口连杆常用的定位方法有：

止口定位［图 3.14（a）］的优点是工艺简单，缺点是定位不大可靠，只能单向定位，对连杆盖止口向外变形或连杆大头止口向内变形均无法防止。

套筒定位［图 3.14（b）］是在连杆盖的每一个螺栓孔中压配一个刚度大，而且剪切强度高的短套筒。它与连杆大头有精度很高的配合间隙，故装拆连杆盖时也很方便。它的缺点是定位套筒孔的工艺要求高，若孔距不够准确，则可能因为定位（定位干涉）而造成大头孔严重失圆，此外，连杆大头横向尺寸也必然因此而加大。

锯齿定位［图 3.14（c）］的优点是锯齿接触面大，贴合紧密，定位可靠，结构紧凑。缺点是对齿节距公差要求严格，否则连杆盖装在连杆大头上时，中间会有几个齿脱空，不仅影响连杆组件的刚度，并且连杆大头孔也会立即失圆。

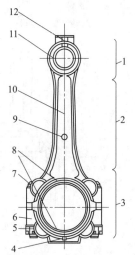

图 3.13 连杆组
1—小头；2—杆身；3—大头；
4,9—装配记号；5—螺母；
6—连杆盖；7—连杆螺栓；
8—轴瓦；10—杆身；
11—衬套；12—集油孔

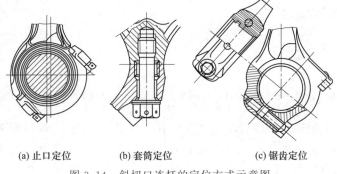

(a) 止口定位　　(b) 套筒定位　　(c) 锯齿定位

图 3.14 斜切口连杆的定位方式示意图

V 型发动机左右两缸的连杆装在同一个曲柄销上，其结构有如下三种形式：

a. 并列式。连杆布置如图 3.15（a）所示，两个相同的连杆一前一后并列地安装在同一个曲柄销上，左右气缸要在轴向错开一段距离，会使曲轴的长度增加，刚度降低。

b. 主副式。连杆布置如图 3.15（b）所示。一列缸的连杆为主连杆，如图 3.15（b）中右缸采用主连杆，它的大头直接安装在曲柄销上；另一列缸的连杆为副连杆，铰接在主连杆大头（或连杆盖）上的两个凸耳之间。

c. 叉式。连杆布置如图 3.15（c）所示。左右两列对应的气缸连杆中，一个连杆的大头做成叉形，跨于另一个连杆的厚度较小的大头两端。

轿车 V 型发动机大都采用并列式连杆布置。

连杆大头的两部分用连杆螺栓紧固在一起，因此，连杆螺栓是一个经常承受交变载荷的重要零件，一般采用韧性较高的优质合金钢或优质碳素钢锻制或冷镦成形。

连杆螺栓必须用防松装置，常用的防松装置有：开口销、双螺母、螺纹表面镀铜、自锁螺母、防松胶等。

现代发动机所用的连杆轴承是由钢背和减摩层组成的分开式薄壁轴承。如图 3.16 所示。

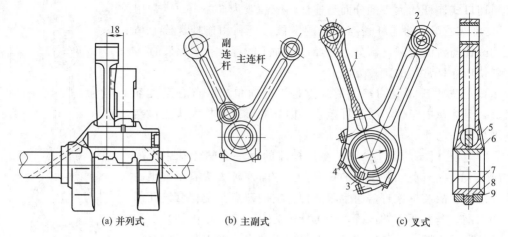

图 3.15 主副连杆、叉形连杆和并列连杆

1—叉形连杆大头；2—片形连杆大头；3—销；4—叉形连杆大头与连杆盖的紧固螺钉；
5—片形连杆大头轴瓦；6,7—叉形连杆大头轴瓦；8—片形大头连杆盖；9—叉形大头连杆盖

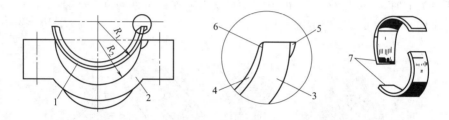

图 3.16 连杆轴承

1—轴承；2—连杆盖；3—钢背；4—减摩合金层；5—定位凸唇；6—倒角；7—垃圾槽

目前汽车发动机的轴承减摩合金主要有白合金（巴氏合金）、铜铅合金和铝基合金，其中巴氏合金轴承的疲劳强度较低，只能用于负荷不大的汽油机，而铜铅合金或高锡铝合金轴承均具有较高的承载能力与耐疲劳性。含锡量 20% 以上的高锡铝合金轴承，在汽油机和柴油机上均得到广泛应用。

半个轴承在自由状态下并不是半圆形，即 $R_1 > R_2$，连杆轴承的背面光洁度很高而且还有过盈，故当它们装入连杆大头孔内时，能均匀地紧贴在大头孔壁上及连杆盖上，具有很好的承受载荷和导热的能力。这样可以提高其工作可靠性和延长使用寿命。为了防止连杆轴承在工作中发生转动或轴向移动，在两个连杆轴承的剖分面上，分别冲压出高于钢背面的两个定位凸唇。在连杆轴承内表面上还加工有油槽，用以储油，保证可靠润滑。

③ 损坏及更换　当轴承在使用中性能变坏，间隙过大时，应直接更换新轴承。

连杆的损坏形式有断裂、变形、连杆螺栓损坏，应直接更换。

④ 通用及互换　一般不能互换。

5. 活塞及活塞环

(1) 活塞

① 特点及要求　活塞除了要承受气体压力，并将此力通过活塞销传给连杆，以推动曲轴旋转；其顶部还要与气缸盖、气缸壁共同组成燃烧室。因此，活塞的工作环境的特点如下。

a. 高温。活塞顶部直接与高温燃气接触，燃气的最高温度可以达到 2500K 以上。因

此,活塞的温度也很高,其顶部的温度通常高达 600~700K。高温一方面使活塞材料的机械强度显著下降,另一方面会使活塞的热膨胀量增大,容易破坏活塞与其相关零件的配合。

b. 高压。活塞顶部在做功行程时,承受着燃气带有冲击性的高压力。对于汽油机活塞,瞬时压力最大值可达 3~5MPa。对于柴油机活塞,其最大值可达 6~9MPa,采用增压时则更高。高压力将会导致活塞的侧压力更大,从而加速活塞外表面的磨损,增加活塞变形量。

c. 高速。活塞在气缸内以很高的速度(10~14m/s)作往复变速运动,会产生很大的惯性,活塞承受的气体压力和惯性力是呈周期性变化的,因此,活塞的不同部分会受到交变的拉伸、压缩或弯曲载荷;并且由于活塞各部分的温度极不均匀,活塞内部将产生一定的热应力,从而引起活塞的变形、磨损等各种损坏。

由于活塞直接与高温燃气接触,同时还受周期性变化的气体压力和惯性力的作用,要求活塞具有足够的刚度和强度,良好的导热性和耐磨性,质量要小,以保持最小的惯性力,热膨胀系数小和导热性好,活塞与缸壁间较小的摩擦因数等。

② 种类及材料 活塞的基本构造可分顶部、头部和裙部三部分,如图 3.17 所示。

活塞顶部是燃烧室的组成部分,有各种形状。

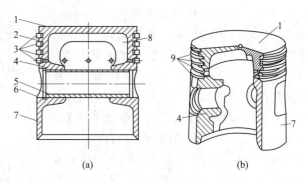

图 3.17 活塞基本构造示意图
1—活塞顶;2—活塞头;3—活塞环;4—活塞销座;5—活塞销;
6—活塞销锁环;7—活塞裙;8—加强肋;9—环槽

活塞头部是指第一道活塞环槽到最下一道油环槽之间的部分,有若干道用以安装活塞环的环槽。汽油机一般有 2~3 道环槽,上面 1~2 道用以安装气环,下面 1 道用以安放油环。在油环槽底面上钻有许多径向小孔,油环从气缸壁上刮下来的多余机油,得以经过这些小孔流回油底壳。

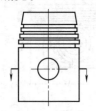

图 3.18 活塞实际形状示意图

活塞裙部是指油环槽下端以下部分。其作用是为活塞在气缸内作往复运动导向和承受侧压力。

活塞在工作时会产生机械变形和热变形,使其裙部直径在活塞销轴线方向上增大,为了使活塞在正常温度下与气缸壁间保持有比较均匀的间隙,以免在气缸内卡死或引起磨损,必须预先在冷态下把活塞加工成其裙部断面为长轴垂直于活塞销方向的椭圆形。

为了减少销座附近处的热变形量,有的活塞将销座附近的裙部外表面制成下陷的。

由于活塞沿轴线方向温度分布和质量分布都不均匀。因此各个断面的热膨胀量是上大下小。铝合金活塞的这种差异尤其显著。为了使铝合金活塞在工作状态(热态)下接近一个圆柱形,有的活塞将其头部的直径制成上小下大的截锥形或阶梯形,或将活塞裙部制成上小下大的截锥形。有的活塞为了更好地适应其热变形,把活塞裙部制成变椭圆,即在裙部的不同部位其椭圆度不同,椭圆度由下而上逐渐增大,即裙部横截面越往上越扁,如图 3.18 所示。

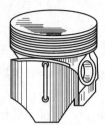

活塞裙部有销孔,位于活塞裙部的上部,用以安装活塞销。销座通常有肋片与活塞内壁相连,以提高其刚度。销座孔内接近外端面处车有安放弹性锁环的锁环槽,锁环用来防止活塞销在工作中发生轴向窜动。加工时,销座孔要求有很高的精度,并与活塞销进行分组选配,以达到高精度的配合,销座孔的尺寸分组通常用色漆标于销座孔下方的外表面。

图 3.19 拖鞋式活塞

活塞的外形除了有上面的"圆柱"形式外,还有"拖鞋式"裙部的活塞,如图 3.19 所示。

另外,有的活塞还开有不同形式的槽,有"Π"形槽[图 3.20(a)]或"T"形槽[图 3.20(b)、(c)]。其中横槽的作用是切断从活塞头部向裙部传输热流的部分通道,以减少从头部到裙部的传热,从而使裙部的热膨胀量减少。横槽还可兼作油孔。纵槽使裙部具有弹性,从而使冷态下的装配间隙得以尽可能小,而在热态下又因切槽的补偿作用,活塞不致在气缸中卡死。因裙部开纵槽的一面刚度较小,故装

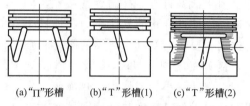

(a)"Π"形槽　　(b)"T"形槽(1)　　(c)"T"形槽(2)

图 3.20　切槽式弹性裙部活塞示意图

配时应注意使纵槽位于做功行程中不承受侧压力的裙部面上。纵槽与活塞底面不垂直,可以防止活塞在运动中划伤气缸壁。纵槽一般不开到裙底,以免过分削弱裙部的刚度。

为了限制活塞裙部的膨胀量,目前在汽车上广泛采用"镶铸钢片"的活塞,即双金属活塞。如图 3.21 所示铸铝活塞的裙部镶铸有圆筒形钢片。

还有在活塞销座中镶铸恒范钢片(恒范钢是含镍 33%～36% 的合金钢,其线胀系数仅为合金的 1/10 左右),以"恒范钢片"来牵制活塞裙部的热膨胀。活塞的结构如图 3.22 所示。

镶铸钢片活塞的优点:活塞裙部与气缸壁之间的冷态装配间隙便可减小,使发动机不产生冷车"敲缸"现象。

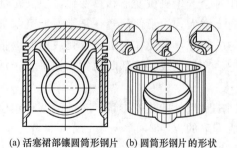

(a) 活塞裙部镶圆筒形钢片　(b) 圆筒形钢片的形状

图 3.21　镶圆筒形钢片活塞示意图

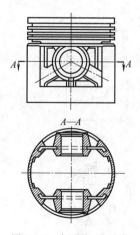

图 3.22　恒范钢片活塞

为了提高铝合金活塞的强度,可在铝合金活塞环槽部位铸入由耐热材料制造的环槽护

圈，以增强环槽的耐磨性，如图 3.23 所示。例如，采用奥氏体铸铁护圈后，环槽的寿命可以提高 3～10 倍。

③ 损坏及更换　活塞常见的损坏形式有破裂、磨损、环槽损坏、活塞销座孔磨损等。

必须成组更换。

④ 通用及互换　一般不通用。

(2) 活塞环

① 特点及要求　活塞环是具有弹性的开口环，活塞环是在高温、高压、高速以及润滑困难的条件下工

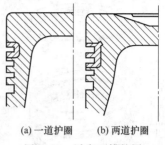

图 3.23　活塞环槽护圈

作的。一方面与缸壁间有相对高速的滑动摩擦，以及由于环的胀缩而产生的环与环槽侧面相对的摩擦；另一方面，存在着活塞环对活塞环槽侧面的上下撞击。高温使环的弹力下降，润滑变坏。尤其第一环节工作条件最为恶劣，故活塞环是发动机所有零件中工作寿命最短的。

② 种类及材料　活塞环分为气环和油环。

气环又称压缩环，其作用是保证活塞与气缸壁间的密封，防止气缸中的高温、高压燃气漏入曲轴箱，同时还将活塞顶部的热量传导到气缸壁，再由冷却液或空气带走。一般发动机上各活塞装有 2～3 道气环。

油环用来刮除气缸壁上多余的机油，并在气缸壁上布上一层均匀的油膜，这样既可以防止油窜入气缸燃烧，又可以减小活塞、活塞环与气缸的磨损和摩擦阻力。此外，油环也起到密封辅助作用。通常发动机有 1～2 道油环。

随着发动机强化程度的提高，活塞环特别是第一环，承受着很大的负荷，因此要求材料除了有耐磨性、耐热性、磨合性、导热性以外，还应有高的强度、冲击韧性和足够的弹性。

一些发动机的第一道气环，甚至所有气环，其外圆柱表面一般都镀上多孔性铬或喷钼，以减缓活塞环和气缸的磨损。多孔性铬层硬度高，并能储存少量机油，以改善润滑条件，使环的使用寿命提高 2～3 倍。其余气环还可镀锡或磷化处理，以改善磨合性能。

在高速强化的柴油机上，还可以采用钢片环来提高弹力和冲击韧性。用粉末冶金的金属陶瓷和聚四氟乙烯制造的活塞环也在国外试用。

气环的切口形状如图 3.24 所示，有直角形切口，如图 3.24（a）所示；阶梯形切口，如图 3.24（b）所示；斜切口，如图 3.24（c）所示；二冲程发动机活塞环的切口为带销钉槽的切口，如图 3.24（d）所示。

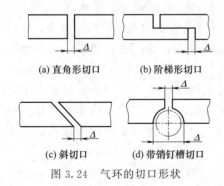

图 3.24　气环的切口形状

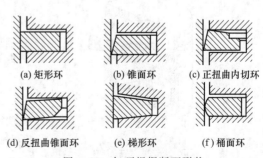

图 3.25　气环根据断面形状

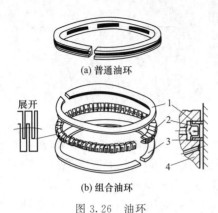

图 3.26 油环
1—上刮片；2—衬簧；3—下刮片；4—活塞

气环断面形状分为五种，如图 3.25 所示：矩形环 [图 3.25（a）]、锥面环 [图 3.25（b）]、扭曲环 [图 3.25（c）、(d)]、梯形环 [图 3.25（e）]、桶面环 [图 3.25（f）]。

油环分为普通油环和组合油环两种，如图 3.26 所示。

普通油环又叫整体式油环，结构如图 3.26（a）所示。一般是用合金铸铁制造的。其外圆面的中间切有一道凹槽，在凹槽底部加工出很多穿通的排油小孔或狭缝。

组合油环由上、下刮片和产生径向、轴向弹力作用的衬簧组成，如图 3.26（b）所示。组合油环在高速发动机上得到较广泛的应用。

一般活塞上装有 1~2 道油环。采用两道油环时，下面一道多安置在活塞裙部的下端。

③ 损坏及更换　活塞环常见的损坏形式有磨损、折断、卡滞。必须成组更换。

④ 通用及互换　一般不通用。

(3) 活塞销

① 特点及要求　活塞销连接活塞和连杆小头，将活塞承受的气体作用力传给连杆。活塞销在高温下承受很大的周期性冲击载荷，润滑条件差，因而要求活塞销有足够的刚度和强度，表面耐磨，质量尽可能小。

② 种类及材料　活塞销通常做成空心圆柱体，有如下几种：

直通圆柱形孔和圆锥形孔的活塞销 [图 3.27（a）、(b)]，质量较小；

中间或单侧封闭的活塞销 [图 3.27（c）、(d)] 适用于二冲程发动机，此种结构可以避免扫气损失；

内部有塑料芯的钢套销 [图 3.27（e）] 用于要求不高的汽油机；

成形销 [图 3.27（f）] 用于增压发动机。

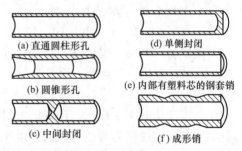

图 3.27 活塞销种类示意图

活塞销的材料一般用低合金渗碳钢（15Cr 或 16MnCr5）。对高负荷发动机则采用渗氮钢。先经表面渗碳或渗氮处理以提高表面硬度，并保证心部具有一定的冲击韧性，然后进行精磨和抛光。

活塞销与活塞销座孔和连杆小头衬套一般多采用全浮式连接配合，为了防止活塞销工作时轴向窜动而刮伤气缸壁，在活塞销座两端有轴向定位的装置（如卡环），如图 3.28 所示。

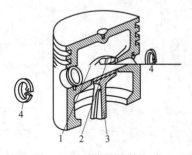

图 3.28 活塞销连接方式
1—连杆小端衬套；2—活塞销；3—连杆；4—卡环

③ 损坏及更换　活塞销的损坏形式为一般式

磨损，必须成组更换。

④ 通用及互换　一般不能互换。

6. 凸轮轴及气门

（1）特点及要求　典型的配气机构主要由气门组和气门传动组构成，如图 3.29 所示。一般的气门组包括：气门、气门座、气门导管、气门弹簧、气门弹簧座及锁紧装置等零件；气门传动组包括：挺柱、推杆、摇臂、摇臂轴、凸轮轴、凸轮轴轴承、止推装置、凸轮轴、正时齿轮、齿型皮带、链条、推杆、挺柱等零件。

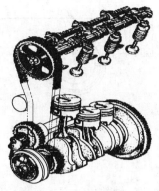

图 3.29　配气机构

气门的工作条件十分恶劣，气门头部要承受高温、高压气体压力、气门弹簧弹力及传动组零件惯性力的作用。气门的冷却和润滑条件很差。并要接触气缸内燃烧生成物中的腐蚀介质。因此，气门必须具有足够的强度、刚度，以及耐热、耐磨和耐蚀性能。

气门组包括气门、气门座、气门导管、气门弹簧、气门弹簧座及锁片等，如图 3.30 所示。

气门头顶部的形状有平顶、凹顶和凸顶等，如图 3.31 所示。凹顶气门的头部与杆部有较大的过渡圆弧，气流阻力小，但其顶部受热面积大，所以仅可以用作进气门。

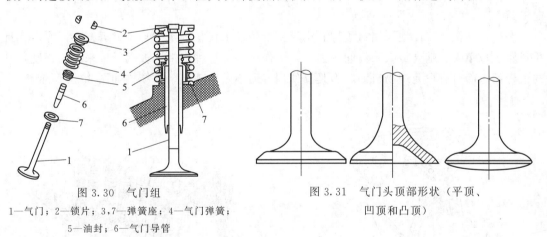

图 3.30　气门组
1—气门；2—锁片；3,7—弹簧座；4—气门弹簧；
5—油封；6—气门导管

图 3.31　气门头顶部形状（平顶、凹顶和凸顶）

气门头部与气门座接触的工作面是与杆部同心的锥面。通常将这一锥面与气门顶平面的夹角称为气门锥角，常见的气门锥角为 30°和 45°，一般做成 45°。

气门的锥角做成 30°的一般为进气门。多数发动机进气门头部直径做得比排气门略大一些。

气缸盖的进气道、排气道与气门锥面相结合的部位称为气门座，气门座可在气缸上面直接加工出来，也可以用耐热合金钢或者是合金铸铁单独制成，然后镶嵌在气缸盖上，提高气缸盖的使用寿命。

气门导管的作用是给气门的运动导向。使气门与气门座贴合良好。此外气门导管还具有导热作用。

凸轮轴在工作时承受气门间歇性开启的冲击载荷，应有足够的韧性和刚度。

挺柱的作用是将凸轮的推力传给推杆或气门，并承受凸轮轴旋转时所施加的侧向力。一般制成筒式挺柱（减轻质量），有的发动机配气机构上采用了液力挺柱。

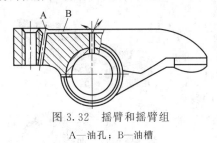

图 3.32 摇臂和摇臂组
A—油孔；B—油槽

推杆将挺柱传来的推力传给摇臂。推杆一般采用冷拔无缝钢管制成杆的两端焊接或压配有不同形状的端头，下端通常是圆球形，以便与挺柱的凹球形支座相适应；上端一般采用凹球形。

摇臂将推杆或凸轮传来的推力传给气门使其开启，如图 3.32 所示。摇臂是一个不等臂杠杆，其长臂一端驱动气门。

(2) 种类及材料　气门布置的形式有顶置气门式和侧置气门式；各气缸气门数有二气门式、三气门式、四气门式和五气门式；凸轮轴布置的形式有下置式、中置式和上置式；曲轴和凸轮轴的传动方式有齿轮传动式、链条传动式和齿形皮带传动式。

曲轴正时齿轮到凸轮轴的传动方式有齿轮式、链条式和齿形皮带式。

下置凸轮轴式配气机构常常使用正时齿轮传动，正时齿轮常常用斜齿，通常小齿轮用中碳钢，大齿轮则柴油机用钢，而汽油机则用夹布胶木或塑料。

链传动指曲轴通过链条来驱动凸轮轴，如图 3.33 所示。这种驱动形式主要用于凸轮轴上置的远距离传动。为了防止链条抖振，设有导链板和张紧装置。张紧装置有机械式和液压式两种，液压式是用发动机的机油进入液腔，推动其内部的活塞向外移动，使张紧链轮压向链条。

高速发动机上广泛地采用氯丁橡胶齿形皮带传动来代替链条传动，显著减小了噪声，且质量轻、包角大、啮合量大、齿间压强小，工作可靠。这种皮带用玻璃纤维来增加强度，且在齿形的一面衬有尼龙织物衬面，但是其使用寿命不是很理想。其结构如图 3.34 所示。

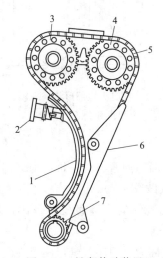

图 3.33 链条传动装置
1—链条张紧导板；2—链条张紧器；3—进气凸轮轴链轮；
4—排气凸轮轴链轮；5—链条；6—链条导板；7—曲轴链轮

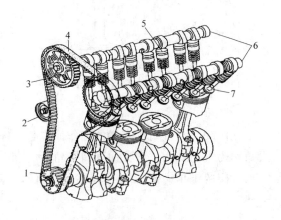

图 3.34 齿形皮带传动装置
1—曲轴带轮；2—张紧轮；3—凸轮轴皮带轮；
4—齿形带；5—液压挺杆；6—凸轮轴；7—气门

由于进、排气门的工作条件不同，所用的材料也不同，进气门的材料采用合金钢（如铬钢或镍铬钢等），排气门由于热负荷大，一般采用耐热合金钢（如硅铬钢等）。有的排气门为了降低成本,气门头部采用耐热合金钢,而气门杆部用铬钢,然后将二者焊在一起,尾部再加装一个耐磨合金钢帽。

气门弹簧多为圆柱形螺旋弹簧。其材料为高碳锰钢、铬钒钢等冷拔钢丝,加工后要经过热处理。为提高其抗疲劳强度,增强弹簧的工作可靠性,钢丝一般经抛光或喷丸处理。弹簧两个端面经磨光并与弹簧轴线相垂直。

凸轮轴的材料一般为优质钢模锻而成,其工作表面经热处理后精磨。近年来,合金铸铁和球墨铸铁也被广泛地用来制造凸轮轴。

(3) 损坏及更换　气门的损坏形式一般有卡滞、磨损、变形、断裂。必须成组更换。

(4) 通用及互换　一般不能互换。

7. 润滑系统(机油泵、机油尺、机油冷却器、机油滤清器)

(1) 特点及要求　润滑系统主要部件有机油泵(常用的有齿轮式和转子式)、滤清器(常用的有集滤器、粗滤器、细滤器)、机油散热器。

在压力润滑中,在发动机任何转速下,机油泵保证能以足够的压力向润滑部位输送足够数量的机油。

机油泵的结构形式通常采用齿轮式和转子式两种。

为保证机油的清洁,在润滑系中一般装用几个不同滤清能力的滤清器,如集滤器、粗滤器和细滤器。

有些发动机为了使机油保持在最有利的温度范围内工作,除靠机油在油底壳内自然冷却外,还另装有机油散热器,如图3.35所示。机油散热器一般是装在发动机冷却水散热器的前面,利用风扇风力使机油冷却。也有一些发动机(如6120型柴油机)将机油散热器装在冷却水路中,当油温较高时靠冷却水降温;而在启动暖车期间油温较低时,则从冷却水吸收热量迅速提高机油温度。

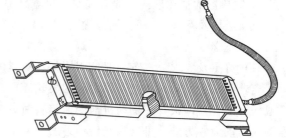

图3.35　EQ6100-1型发动机机油散热器

发动机工作时,有一部分可燃混合气和废气经活塞环漏到曲轴箱内,因此,要有曲轴箱通风系统。曲轴箱通风的方式有自然通风和强制通风两种。现代汽车发动机曲轴箱一般都采用强制通风。

(2) 种类及材料　发动机常用润滑剂有润滑油和润滑脂。有些含有耐磨润滑材料则不需润滑。

8. 冷却系统(水泵、散热器、风扇)

(1) 特点及要求　冷却系统把受热零件吸收的部分热量及时散发出去,保证发动机在最适宜的温度状态下工作。水冷系统是以水作为冷却介质,把发动机受热零件吸收的热量散发到大气中去;风冷系统是以空气作为冷却介质,把发动机受热零件吸收的热量散发到大气中去。

气缸套分为干式和湿式两种。干式气缸套不直接与冷却水接触;湿式气缸套则与冷却水直接接触。湿式气缸套的冷却水密封要用紫铜垫片和橡胶密封圈。

水冷系统一般由散热器、水泵、风扇、冷却水套和温度调节装置等组成。

根据发动机温度高低,水冷系统有两种冷却循环路线,即大循环和小循环,由节温器控制其转换。

汽车发动机用闭式冷却系统,有膨胀水箱和补偿水箱,二者常做成一体。

散热器(水箱)由上水室、散热器芯和下水室等组成。其功用是增大散热面积,加速水的冷却。散热器上储水室顶部有加水口,平时用散热器盖盖住,冷却水即由此注入整个冷却系。在上、下储水室分别装有进水管和出水管,分别用橡胶软管和气缸盖的出水管和水泵的进水管相连。由发动机气缸盖上出水管流出的温度较高的热水经过进水软管进入上储水室,经冷却管得到冷却后流入下储水室,由出水管流出被吸入水泵。在散热器下储水室的出水管上还有一个放水阀。散热器盖上有蒸汽(空气)阀。

风扇可以提高通过散热器芯的空气流速,增加散热效果,加速水的冷却。风扇通常安排在散热器后面。

百叶窗可以改变流经散热器的空气量。

(2) 种类及材料　风扇离合器控制风扇运动,改变流经散热器的空气量。由温控开关控制风扇离合器工作。风扇离合器常见的类型有硅油风扇离合器、机械式风扇离合器、电磁风扇离合器。

节温器常见的类型有蜡式节温器、折叠式节温器。汽车用发动机多采用离心式水泵。

(3) 损坏及更换

① 水泵的损坏形式一般有磨损、叶片损坏、密封损坏、轴及轴承损坏。一般整体更换。

② 散热器的损坏形式一般有漏水、堵塞。风扇的损坏形式一般有变形。一般整体更换。

(4) 通用及互换　一般不能互换。

9. 离合器

(1) 特点及要求　汽车一般使用用弹簧压紧的摩擦离合器(通常简称为摩擦离合器)。

离合器位于发动机和变速箱之间的飞轮壳内,在汽车行驶过程中,驾驶员可根据需要踩下或松开离合器踏板,使发动机与变速箱暂时分离和逐渐接合,以切断或传递发动机向变速器输入的动力,另外,可以限制传动系所承受的最大转矩,防止传动系过载。

摩擦离合器的结构如图 3.36 所示。

(2) 种类及材料　摩擦离合器所能传递的最大转矩取决于摩擦面间的最大静摩擦力矩,

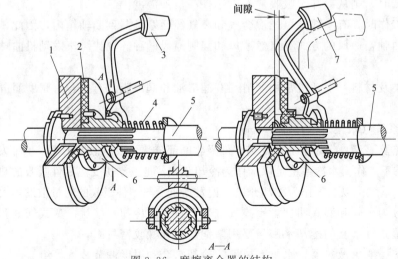

图 3.36　摩擦离合器的结构

1—飞轮;2—从动盘;3,7—踏板;4—压紧弹簧;5—从动轴;6—从动盘毂而后者又由摩擦面间最大压紧力和摩擦面尺寸及性质决定。故对于一定结构的离合器来说，静摩擦力矩是一个定值，输入转矩一达到此值，则离合器将打滑，因而限制了传动系所受转矩，防止超载。

由上述工作原理可以看出，摩擦离合器基本上由主动部分、从动部分、压紧机构和操纵机构四部分组成。主、从动部分和压紧机构是保证离合器处于接合状态并能传递动力的基本结构。而离合器的操纵机构主要是使离合器分离的装置。

（3）损坏及更换

① 离合器异响现象：汽车离合器分离或接合时发出不正常的响声。

原因：分离轴承缺少润滑剂，造成干摩或轴承损坏；分离轴承与分离杠杆内端之间无间隙；分离轴承套筒与导管之间油污尘腻严重或分离轴承回位弹簧与踏板回位弹簧疲劳，折断，脱落，使分离轴承回位不佳；从动盘花键孔与其花键轴配合松旷；从动盘减震弹簧退火疲劳或折断；从动盘摩擦片铆钉松动或铆钉头外露；双片离合器传动销与中间压盘和压盘的销孔磨损空旷。

诊断与排除：稍稍踩下离合器踏板使分离轴承与分离杠杆接触，如果有"沙沙"的响声则为轴承异响，如果加油后仍异响，说明轴承磨损过度，松旷损坏，应更换；踩下抬起离合器踏板，如果出现间断的碰撞声，说明分离轴承前后有窜动，应更换分离轴承回位弹簧；连踩踏板，如果离合器刚接合或刚分离时有响声，说明从动盘铆钉松动或外露，应更换从动盘。

② 汽车离合器分离不彻底现象：发动机怠速运转时，踩下离合器踏板，挂挡有齿轮撞击声且难以挂入，如果勉强挂上，则在离合器踏板尚未完全放松时发动机完全熄火。

原因：离合器踏板自由行程过大；分离杠杆弯曲变形，支座松动，支座轴销脱出，使分离杠杆内端高度难以调整；分离杠杆调整不当，使其内端不在同一平面内或内端高度太低；双片离合器中间压盘限位螺钉调整不当，个别分离弹簧疲劳，高度不足或折断，中间压盘在传动销上或在离合器驱动窗口内轴向移动不灵活；从动盘钢片翘曲，摩擦片破裂或铆钉松动；新换的摩擦片太厚或从动盘正反装错；从动盘花键孔与变速器第一轴花键轴卡带；离合器液压操纵机构漏油，有空气或油量不足；膜片弹簧弹力减弱；发动机支承磨损或损坏发动机曲轴与变速器输入轴不同轴。

诊断与排除：检查汽车离合器踏板自由行程，如果自由行程过大则进行调整，对于液压操纵机构检查是否储液罐油量不足或管路中有空气并进行必要的排除；检查分离杠杆内端高度，如果分离杠杆太低或不在同一平面，则进行调整，否则检查从动盘装反，如果都没问题则继续检查；检查从动盘是否翘曲变形铆钉脱落，从动盘是否轴向运动卡带，如果是则进行更换或修理。

（4）通用及互换　一般不能互换。

10. 涡轮增压器

（1）特点及要求　涡轮增压器实际上是一种空气压缩机，通过压缩空气来增加进气量。它是利用发动机排出的废气惯性冲力来推动涡轮室内的涡轮旋转，涡轮又带动同轴的叶轮旋转，叶轮压送由空气滤清器管道送来的空气，使之增压进入气缸，空气的压力和密度增大可以燃烧更多的燃料，从而增加发动机的输出功率了。

涡轮增压器安装在发动机的进排气歧管上，处在高温、高压和高速运转的工作状况下，其工作环境非常恶劣，工作要求又比较苛刻，因此对制造的材料和加工技术都要求很高。它的工作转速可达 10×10^4 r/min 以上，环境温度可达六七百摄氏度以上。

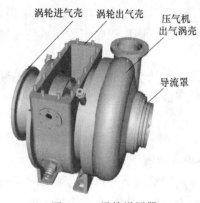

图 3.37　涡轮增压器

（2）种类及材料　涡轮增压器一般由压气机壳、涡轮壳、中间壳（又称轴承壳）和转子总成组成。如图 3.37 所示。

涡轮增压器的润滑由发动机润滑系统流出的润滑油完成。

涡轮增压器的密封系统使中间壳同涡轮级和压气机级分开。限制润滑油流进压气机和涡轮区域内，并阻止燃气和空气从这两个区域流入中间壳。密封系统由活塞环密封、石墨和 O 形圈密封、甩油环以及迷宫（螺纹状的）密封组成，涡轮部分是个向心式的径流或混流涡轮叶轮。压气机部分是个离心式或径向外流叶轮。中间壳（又称轴承壳）内用轴承系统来支撑压气机和涡轮的系统。

（3）损坏及更换

① 增压器常见的故障

a．增压效果差。主要表现在动力下降，冒黑烟，燃油经济性差。

b．增压器一端或两端漏油。这是比较常见的故障，也是影响增压器使用寿命的主要原因。

c．增压器使用寿命离理想值相差太大。换上一个增压器，很快就出现浮动轴承损坏、两端漏油、动力下降等故障。

② 故障原因

a．增压效果差。空气滤清器太脏，不能向发动机内提供高密度的洁净空气。叶轮破损，引起进气量不足。进气的灰尘太多，叶轮和增压器壳接缝处有油泥，影响了增压器叶轮转速，造成进气量不足。

b．增压器一端或两端漏油。增压器转速很高，其浮动轴承的润滑全靠来自油底壳的润滑油润滑。以正常压力进入轴承间隙的机油在通过轴承工作面后，机油压力变为零，靠自身重力流回油底壳，不会从增压器两端流出。并且在正常工作时，增压器两叶轮之间有一定的压力，机油是不会从低压的轴承区流向两端高压区的，况且两叶轮和浮动轴承之间还有密封环，一般情况不会发生漏油现象。但在下列情况下机油有可能从增压器两端漏出：浮动轴承磨损。长期不换机油或空气滤清器失效造成太多沙尘进入增压器，严重磨损浮动轴承，造成轴承间隙过大，油膜不稳定，在增压器的高转速下，很快就出现增压器的不平衡，引起转子轴系振动加剧，破坏了两端的密封，造成润滑油泄漏。空气滤清器太脏或堵塞，当空气滤清器因灰尘过多或其他原因造成供气不良时，会导致压气机进气负压太高，使压气机一端内压高于外压，机油在压力差的作用下从进气管一端流出。回油不畅，当机油从增压器浮动轴承流出后，靠自身重力流回油底壳。当回油管路发生变形或堵塞，或当曲轴箱内因废气压力过高造成回油管内有压力时，从浮动轴承流出的机油就不会很畅快地流回油底壳，而沿转子轴向两端流出密封环，造成漏油。发动机长时间怠速运转也会造成增压器漏油。当发动机长时间怠速运转时，会在增压器涡轮及压气机叶轮后面产生负压，从而造成从浮动轴承流出的机油在压力差作用下向外泄漏。

c．增压器使用寿命缩短。

安装不正确。按照要求增压器安装时应先给浮动轴承加满机油，避免在发动机启动时机油不能及时供给浮动轴承，造成干摩而损坏浮动轴承。

启动不正确。增压发动机启动后必须怠速运转几分钟,以保证机油到达浮动轴承后增压器方可高速运转。

停机不正确。停机前应怠速运转几分钟,使增压器转子逐渐减速、降温。当发动机突然停车时,机油供应停止,而转子在惯性作用下还要高速旋转,这时就会造成浮动轴承因温度高又缺少机油而磨损,甚至烧蚀。

机油选择不正确。装有增压器的发动机其热负荷和机械负荷大大增加,要求润滑油有好的黏温特性、抗氧化性和耐磨性,必须要选用品质好的机油。

针对以上故障,在安装、使用增压器时应该严格按照使用说明书要求正确操作;定期检查、清洗空气滤清器,以保证进气畅通;定期清除压气机叶轮上的油泥,同时检查压气机叶轮固定螺钉和叶片使用情况,防止叶轮脱落造成大的事故;使用正规厂家生产的符合使用标准的机油,按照操作规程操作发动机的启动和停机,避免发动机长时间怠速运转。

(4) 通用及互换　一般不能互换。

3.3.2　主组3:变速器

1. 特点及要求

普通齿轮式变速器有两轴和三轴的。

三轴式变速器适应于传统的发动机前置后轮驱动的布置形式。它的三根轴为:第一轴(输入轴),前端借离合器与发动机曲轴相连;第二轴后端通过凸缘与万向传动装置相连;还有中间轴。采用同步器换挡,使变速器在汽车行驶中换挡时不发生结合齿的冲击。

在发动机前置前轮驱动或发动机后置后轮驱动的中、轻型轿车上,由于总布置的需要,采用了两轴式变速器,其特点是输入轴和输出轴平行,且无中间轴。采用同步器换挡。

2. 种类及材料

变速器操纵机构一般由变速杆、拨块、拨叉、拨叉轴以及安全装置等组成,多集装于上盖或侧盖内,结构简单、操纵方便。

操纵机构中还有倒挡锁、自锁和互锁装置。

3. 损坏及更换

变速器的常见故障有:发响、自动跳挡、乱挡、漏油和过热等。

(1) 发响　变速器内的响声有良性和恶性两种。良性响声多属于变速器内缺油或润滑油过稀,轴承磨损后松旷,齿轮磨损后啮合间隙过大而产生的噪声。齿轮的噪声随着汽车行驶速度和负荷变化而变化。而恶性响声多属于齿轮上轮齿损坏或齿隙被脏物垫住,发出间断而有规律的冲击声。此种故障一旦产生,便应立即停车检查,查明原因予以排除。

由于变速器与离合器位置相近,两者发出的响声一时难以分辨。当启动发动机变速杆在空挡位置时,如出现声响,可将离合器踏板踏下再听察,如声响消失,则说明声响产生于变速器。

变速器产生声响的主要原因:

① 变速器轴承经常处在高速、重负荷条件下工作,并承受较大的交变负荷,因而轴承的滚柱(珠)与滚道会发生磨损、斑点、疲劳剥落、烧蚀等现象,使轴承的轴向和径向间隙增大,发生撞击而产生响声。

② 齿轮在啮合传动时,轮齿从齿顶到齿根存在着滑动摩擦,所以磨损是不可避免的。由于齿轮的磨损,导致啮合间隙变大。因此,车辆在行驶中,如起步、换挡时齿轮间会产生

撞击声响。

③ 由于轴承磨损后松旷，轴的变形或壳体变形引起两啮合齿轮中心距离变化及轴线之间不平行；轴上滑动键槽与滑动齿轮内端花键槽磨损；操纵机构中紧固螺栓松动及变速叉的磨损变形，引起齿轮位移；驾驶操作不当，如起步过猛，换挡时手与脚配合不当，均会在传动中引起较大冲击负荷，导致轮齿断裂或破碎后产生异响。

(2) 自动跳挡　现象：汽车在某一挡位行驶时，变速杆自动跳回空挡；一般在突然加大或突然松开加速踏板以及汽车行驶在不平道路产生剧烈振动时发生。

跳挡原因：

① 滑动齿轮与接合套啮合齿齿磨成锥形。由于频繁换挡，换挡部件若采用滑动齿轮与接合套时，工作中因撞击和磨损，齿轮的啮合齿逐渐磨短并成锥形。当磨损成锥形的啮合齿相互作用而传递扭矩时，就会产生一轴向力，这个轴向力随着啮合齿磨成锥形的程度增加而加大，也随着传递扭矩的增加而增大，当轴向力超过自锁机构的锁紧力时，即造成变速器跳挡。

② 自锁机构失效。如自锁钢球磨损、自锁弹簧弹力减弱、折断或变速叉轴定位凹槽磨损等，均使自锁机构的锁紧定位作用失效或减弱。

③ 轴承松旷。变速器第1、2轴与前后轴承松旷以及轴承与轴承座孔松旷，在工作过程中会引起轴和齿轮的轴向窜动，导致跳挡的产生。

④ 变速叉端面磨损过大。变速叉与齿轮槽接合端磨损过大，使其与齿轮槽的配合间隙过大，使换挡齿轮换上挡位后，轴向失去约束而产生跳挡。

⑤ 飞轮壳变形。飞轮壳座孔与曲轴中心线不同心，飞轮壳与变速器结合平面与曲轴中心线不垂直，产生跳挡。

(3) 乱挡　现象：在离合器技术状况正常时，变速杆不能挂入所需要挡位；或挂入挡位后不能退回空挡；或同时挂入两个挡位，即所谓变速器乱挡。

乱挡的原因：

① 变速杆头定位销松旷。定位销磨损或脱出，变速杆球头磨损过大。

② 变速杆下端弧形工作面磨损或脱出，变速杆球头磨损过大。

③ 变速叉轴互锁机构中的锁销或锁球磨损过大（超过0.02mm），失去了互锁作用。

(4) 漏油与过热

一般变速器漏油部位，可循迹发现，漏油原因：

① 变速器内齿轮油加注过多，超过加油液面高度；

② 油封的磨损、硬化或失去弹性；

③ 油封处轴颈磨损过大；

④ 变速器盖及轴承盖安装螺栓松动或密封垫片损坏；

⑤ 变速器上通气孔堵塞；

⑥ 壳体裂纹与放油螺塞松动等。

变速器过热，可以根据过热的部位来判断，过热的原因：

① 齿轮啮合间隙过小；

② 齿轮轴弯曲或壳体轴孔不同心或不平行；

③ 齿轮油量不足或黏度太小；

④ 轴承或垫圈装配过紧。

4. 通用及互换

一般不能互换。

3.3.3 主组4：前悬挂、转向系统

1. 特点及要求

轿车转向系由转向操纵机构、转向器和转向传动机构三大部分组成，如图3.38所示。

转向操纵机构主要包括转向盘、安全转向柱、转向柱转换器、转向角限制器等。

齿轮齿条式转向器一般由转向轴、齿轮和齿条组成，如图3.39所示。

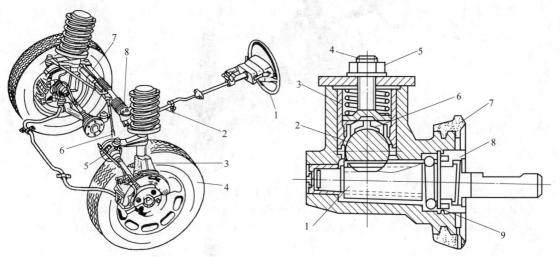

图3.38 轿车转向系

1—转向盘；2—安全转向柱；3—转向节；4—车轮；
5—转向节臂；6—左、右横拉杆；7—转向减振器；8—转向器

图3.39 齿轮齿条式转向器

1—齿条；2—齿轮；3—弹簧；4—调整螺钉；
5—螺母；6—压板；7—防尘罩；8—油封；9—轴承

转向传动机构由左、右横拉杆及转向减振器等组成。如图3.40所示。

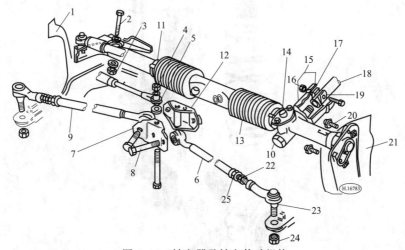

图3.40 转向器及转向传动机构

1—右车轮罩；2，8，20—螺母；3—自锁螺母；4—转向减振器连接螺母；5—转向减振器；6—左横拉杆；7—锁止板；
9—右横拉杆；10—转向器齿轮；11—软管卡；12—支架；13—波形软管；14—调整螺钉；
15—隔板；16，24—自锁螺母；17—隔板密封；18—法兰套管；19—卡箍；21—左车轮罩；
22—调整拉杆；23—横拉杆球头铰链；25—调整锁止螺母

2. 种类及材料

助力转向系有液压式、气压式。

液压助力转向的主要组成为转向油泵和转向控制阀。

前轮驱动的独立悬架由前桥与传动轴（半轴）总成、前悬架总成、副车架和下摇臂组成，如图 3.41 和图 3.42 所示。

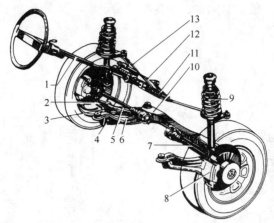

图 3.41 前轮与前悬架结构

1—安全转向柱；2—车轮与下摇臂的连接螺栓；3—下摇管；4—下摇臂橡胶轴承；5—稳定杆；6—副车架；7—传动轴（半轴）；8—前轮制动钳；9—减振支柱；10—副车架前橡胶支承；11—动力转向装置；12—转向减振器；13—横拉杆（可调整）

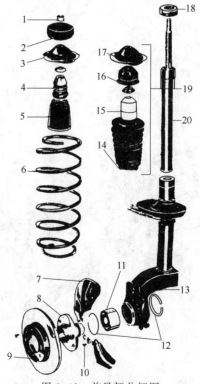

图 3.42 前悬架分解图

1—开槽螺母；2—悬架支承轴轴承；3—弹簧护圈；4—限位缓冲器；5—护套；6—螺旋弹簧；7—挡泥板；8—轮毂；9—制动盘；10—紧固螺栓；11—车轮轴承；12—卡簧；13—车轮轴承壳；14—辅助橡胶弹簧；15—限位缓冲器；16—波纹管盖；17—弹簧护圈带通气孔；18—螺母盖；19—崎岖路面选装件；20—减振器

3. 损坏及更换

汽车转向系常见故障主要是：方向盘转动过大、操纵不稳定、前轮摆头、跑偏、转向沉重等。方向盘转动过大、操纵不稳定，检查转向泵球头、主销和衬套、车轮轴承等处磨损情况，如磨损严重或间隙超限，应调整修理。如无过大磨损或间隙时，则应检查：第一，转向器蜗轮蜗杆磨损情况，或间隙是否符合规定，如间隙过大应调整；第二，转向装置连接部分的磨损情况，或是否调整得过松；第三，转向器安装部位是否松动；第四，转向垂臂有松动。

4. 通用及互换

一般不能互换。

3.3.4 主组 5：后桥及后悬挂系统

1. 特点及要求

图 3.43 所示为戴姆勒-奔驰轿车的后轮独立悬架示意图。在该结构中，后桥半轴套管是断开的，主减速器的右面有一个铰链 4，半轴可绕其摆动。在主减速器上面安置着可调节车身水平作用的油气弹性元件 2，它和螺旋弹簧 7 一起承受并传递垂直力。作用在车轮上的纵向力主要由纵向推力杆承受。中间支承 3 不仅可以承受侧向力，而且还可以部分地承受纵向力。当车轮上下跳动时，为避免运动干涉，其纵向推力杆的前端用球铰链与车身连接。

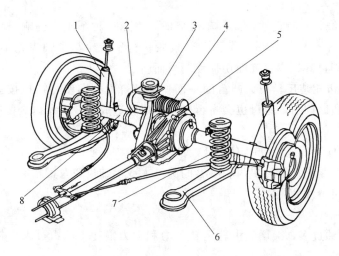

图 3.43 戴姆勒-奔驰轿车后轮独立悬架示意图
1—减震器；2—油气弹性元件；3—中间支承；4—铰链；
5—主减速器壳；6—纵向推力杆；7—螺旋弹簧；8—半轴套管

2. 种类及材料

纵臂式独立悬架有单纵臂和双纵臂两种。

单纵臂式独立悬架如图 3.44 所示，一般多用于不转向的后轮。

3. 损坏及更换

（1）后桥有异响

① 汽车在行驶时，发出一种连续的"咯啦"、"咯啦"响声，速度越快噪声越大。这是由于轴承磨损松旷，轴承间隙调整不当，轴承轨道、滚柱疲劳剥落，轴承架损坏等引起。

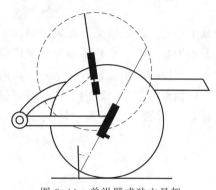

图 3.44 单纵臂式独立悬架

② 汽车在行驶中发出一种连续"咕咚"、"咕咚"的响声。应检查中间轴两端的轴承盖是否松动,轴承盖接合面是否有漏油现象。若有,多是由于差速器壳两端轴承不同轴,轴承转动时有较大阻力,引起齿轮啮合时移位而发出响声。应分解并检查轴承座孔的同轴度,如超过 0.3mm,应焊补并锁孔修复。差速齿轮轴的两个止推螺栓松脱,差速齿轮轴产生窜动,严重时会打坏箱体。

③ 汽车在行驶中换挡减速或急剧改变车速时(特别在拖车时),听到"吭当"、"吭当"的撞击声。这是由于主、从动齿轮啮合间隙过大、凸缘紧固螺母松动或轴承座固定螺栓松动引起。停车后可拆下后桥盖,用铁棍拨动圆锥从动齿轮检查,如晃动量过大,就是间隙过大,应予调整,拆下检修。

④ 汽车在加速或收油门降速时,听到一种"咝……"的响声,同时后桥发热。这是由于主、从动齿轮啮合间隙过小;主、从动齿轮啮合印迹不良;润滑油油质不符合规定引起。箱体内润滑油不足或黏度不够,造成润滑不良,齿轮传动时发热,会产生不正常的声响。

⑤ 汽车在行驶中,突然听到有剧烈响声。这是由于主、从动齿轮牙齿打坏或有异物引起。

⑥ 汽车在直线行驶时正常,但汽车转弯时,发出一种不正常的响声(因转弯时差速器在工作)。这是由于行星齿轮与行星齿轮轴发咬;行星齿轮与半轴齿轮不配套,啮合不良;齿轮止推垫圈磨损过甚;齿轮表面伤损或断齿而引起。

⑦ 圆柱从动齿轮装反,把无凸台的一面作为结合面,即使将螺栓按规定扭矩拧紧,锁片锁好,使用一段时间后,螺母也会自行松脱,以致造成事故。所以装配时不要将圆柱从动齿轮的结合面装反。

⑧ 若车辆在低速直线行驶时有较低的"咔吧"、"咔吧"声,转弯时尤为显著,高速行驶时消失,这多半是差速器行星齿轮啮合间隙过大或半轴齿轮及键槽磨损所致。如响声不严重,润滑良好,可继续使用。

(2) 后桥漏油

① 后桥齿轮油过多,会增大齿轮运转阻力和动力消耗,压力过大会损坏油封和接合处密封垫,造成漏油。

② 桥壳的通气孔被堵塞,行驶中温度升高,压力增大,油被挤出造成漏油。

③ 半轴导管与变速箱体结合面漏油,主要是纸垫破损,螺栓或螺母松动。应更换纸垫,并将螺栓和螺母紧固。

④ 半轴导管外端装有骨架油封,油封唇口向里,方向朝变速箱体。如果装反或者油封在使用中老化开裂,环形弹簧太松、折断或脱落;衬垫损坏或紧固螺栓、螺母松动,油塞松动或壳体破裂,都会造成漏油。如发现半轴导管外端漏油,应及时检查油封,必要时更换。

⑤ 齿轮油不清洁。由于油料储运保管使用不当,后桥壳体内部留有型砂、残渣或金属屑等;或在修理时,后桥壳体内部未清洗干净,都会造成齿轮油不清洁而引起后桥半轴油封渗漏油。因此,在安装前必须彻底清洗有关零部件,使用的齿轮油一定要清洁。

后桥齿轮油的检查方法。将车停在平坦的道路或场地上,打开监视孔螺塞,用硬纸条或塑料条垂直向下插，使其与油面接触后抽出用量尺测量，读数若低于监视孔下缘 20mm 以下为缺油，应予补充。为准确量取油量的多少，可拧下放油螺塞，将油全部放出，用秤称其质量或者用量器量其体积，不够则加，多之则取，重新加入标准数量的齿轮油。同时要察看齿轮油的颜色是否发黄或发红，凡有发红、发黄的都为变质齿轮油，应及时更换；用手研磨检查齿轮油是否保持黏滑性能，如不能则需更换；嗅是否有怪味，如果有则需更换新油，以防齿轮油变质失去润滑作用，使齿轮和轴承烧毁损坏，造成车辆机械事故。

（3）后桥过热　车辆在行驶途中，停车后用手摸触后桥壳，如果壳体发烫，达到 60～80℃，则说明工作温度不正常，应查找原因。

① 轴承装置过紧，半轴齿轮和差速齿轮的啮合间隙过小。检修时，应对中央传动轴承预紧力、齿侧间隙、啮合印痕认真检查、调整。

② 由于轴承损坏，使安装轴承处过热。应拆开检查并更换轴承。

③ 润滑油量不足或油的质量太差，则造成各齿轮干摩擦，烧坏减速器和差速器-齿轮及轴承，引起严重机械事故。为此，经常检查后桥内齿轮油数量、质量，定期清洗箱体内腔并更换润滑油。

④ 若因中央传动及最终传动装置漏油而引起后桥过热，则先要消除漏油因素（如拧紧紧固螺栓、更换垫片或油封等），再加注新齿轮油。

4. 通用及互换

机械零件一般不能互换。润滑油选择质量好的。

3.3.5　主组 6：车轮及制动器

1. 车轮

（1）特点及要求　车轮是介于轮胎和车轴之间承受负荷的旋转组件，它由轮毂、轮辋以及这两元件间的连接部分（称轮辐）所组成。

（2）种类及材料　车轮可分为两种主要形式：辐板式和辐条式。目前在轿车和货车上广泛采用辐板式车轮，如图 3.45 所示。此外，还有对开式车轮、可反装式车轮、组装轮辋式车轮、可调式车轮等。

辐条式车轮的轮辐是钢丝辐条［图 3.46（a）］或者是和轮毂铸成一体的铸造辐条［图 3.46（b）］。钢丝辐条车轮由于价格昂贵、维修安装不便，故仅用于赛车和某些高级轿车上。铸造辐条式车轮用于装载质量较大的重型汽车上。在这种结构的车轮上，轮辋 1 是用螺栓 3 和特殊形状的衬块 2 固定在辐条 4 上，为了使轮辋与辐条很好的对中，在轮辋和辐条上都加工出配合锥面 5。

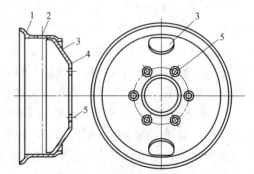

图 3.45　货车辐板式车轮
1—轮辋；2—气门嘴伸出口；3—辐板孔；
4—辐板；5—螺栓孔

轮辋的结构形式，根据其主要有几个零件组成分为：一件式轮辋、两件式轮辋、三件式轮辋、四件式轮辋和五件式轮辋。一件式轮辋，具有深槽的整体式结构。两件式轮辋可以拆卸为轮辋体和弹性挡圈两个主要零件。三件式轮辋可以拆卸为轮辋、挡圈和锁圈三个主要零件。四件式轮辋可以拆卸为轮辋、挡圈、锁圈和座圈四个主要零件。五件式轮辋可以拆卸为轮辋体、挡圈、座圈、锁圈和密封环五个主要零件。

（3）损坏及更换　车辆在行驶的过程中，车轮不仅要支撑整个车身的重量，而且要与地面摩擦，使汽车能够前进、倒退或刹车，工作环境是非常恶劣的，因此车轮会很容易出现异响，常见的异响有如下六种。

① 轮胎扎了大钉子——啪嗒，其响声是轮胎转一圈响一下，就像有个东西"啪嗒"、"啪嗒"地敲打地面，随着车速的提高节奏加快。若是石块撬掉就行，若是钉子，在市内时如轮胎气压还可以，可直接把车开到维修店补胎。

② 刹车片磨铁异响——尖利的刺啦，汽车的前轮刹车片一般都有电子的装置，后轮则没有，但大都有机械的报警片，磨到这个厚度就会发出"刺啦"、"刺啦"的金属摩擦声，不踩刹车时很轻微，

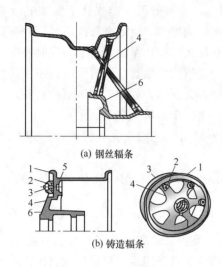

图 3.46　辐条式车轮
1—轮辋；2—衬块；3—螺栓；4—辐条；
5—配合锥面；6—轮毂

踩刹车时声音会加重，很刺耳。这时您必须慢行去换刹车片了。

③ 胎面不平异响——嗝噜，这种异响给人的感觉是轮胎好像一直碾压着什么东西似的"嗝噜"、"嗝噜"的声音，并且常伴有方向盘摆震，忽左忽右的现象。出现这些情况最好马上更换轮胎（或轮辋），千万不要带病行车。

④ 车轮轴承异响——嗡嗡，其声音是一种"嗡嗡"的响声，随车速的增高声音也逐渐变大。怀疑那个轴承响，可以顶起车轮，按下面的图片说明检查。如确实是轮胎轴承响，建议尽快到维修厂检查更换。

⑤ 胎压过高异响——胎噪变大，一般的轿车胎压空载时前后应均为 2.4bar 左右，满载时前为 2.6bar 左右，后为 2.7bar 左右。具体准确数值请看自己车的使用说明书。胎压太高，跑起来不仅能听到胎噪很大，而且感觉好像悬架变硬了，颠地厉害，并且方向变轻发飘。遇到这种情况把气放一些，气压调到标准值就行了。对于带胎压监控的汽车来说，这样的情况发生的很少，因为充高了当时就能看出来。

⑥ 螺栓未拧紧——咣当，声音是车辆一走一停的瞬间有"咣当"、"咣当"的声音，加减速转向也有明显的响声。松得很了，还能感到行驶时车身扭摆，难以驾驭。解决的办法是重新紧固螺栓，但建议尽快去维修厂检查一下，螺栓或轮辋上的螺栓孔是否损坏，如损坏最好更换。

（4）通用及互换　更换同尺寸零部件。

2．制动器

（1）特点及要求　轿车的普通制动系统有行车制动和驻车制动两套制动系统。行车制动系为发动机真空助力、前后车轮双管路并呈"X"形布置的液压带感载比例阀制动系。

（2）种类及材料　行车制动系主要由两个前轮盘式制动器、两个后轮鼓式制动器或盘式制动器、真空助力器、液压制动总泵、分泵及制动压力调节装置组成。其各组成部件的布置如图 3.47 所示。

① 前轮浮动卡钳盘式制动器，如图 3.48 所示。它主要由实心制动盘 2、制动卡钳 1、

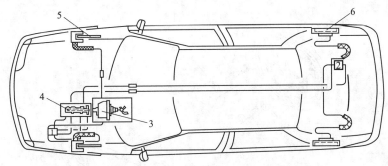

图 3.47 行车制动系的布置
1—ABS 执行器及计算机；2—感载比例阀；3—制动助力器；
4—制动总泵；5—盘式制动器；6—鼓式制动器

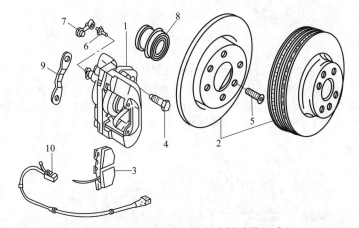

图 3.48 前轮浮动卡钳盘式制动器组成
1—制动卡钳；2—实心制动盘（通风制动盘）；3—制动块；4—卡钳紧固螺栓；5—沉头螺栓；
6—放气螺栓；7—放气螺栓罩；8—制动分泵组件；9—止动板；10—制动块磨损检测电线束

制动块 3、制动分泵组件 8 组成。

② 后轮鼓式制动器，其组成如图 3.49 所示。两制动蹄上端靠在制动分泵 5 的活塞支承座上，两制动蹄下端支承在位于制动底板 1 的支承座上，两端由制动蹄回位弹簧 6 共同拉紧贴在间隙自动调整杠杆组件 4 上。两制动蹄通过限位销钉及其弹簧组件 3，使其压靠在制动底板的六个定位支撑点上。为了保证制动蹄片和制动鼓的良好接触，制动底板上的六个定位支撑点必须保持在同一平面内。

③ 制动总泵一般用串联式双腔制动总泵，以实现对 "X" 形双制动管路的控制。其制动总泵的结构如图 3.50 所示。其右边与真空助力器推杆连接，上部与储液罐连接，侧面两孔分别与两条对角管路连能。它把整个制动系统分成两个独立的系统，这样可防止部分制动管路或元件偶然发生故障时造成整个制动系统的功能丧失，从而使汽车具有双重安全性。

④ 真空助力器主要由活塞、膜片、回位弹簧、推杆与操纵杆、止回阀、空气阀及柱塞真空阀等组成。

⑤ 制动压力调节装置（制动比例阀、感载比例阀）是为保证汽车制动时方向的稳定性，对前后车轮制动力要求有正确的分配。加装 ABS 系统的轿车在后桥上均安装有感载比例阀。该阀根据后轴的载荷以及制动时前后轴载荷的变化，自动调节前后轮制动分泵的压力及其比

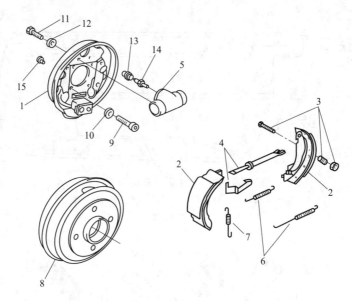

图 3.49 后轮鼓式制动器结构

1—制动底板；2—制动蹄；3—限位销钉及其弹簧组件；4—间隙自动调整杠杆组件；
5—制动分泵；6—制动蹄回位弹簧；7—间隙拨动杠杆弹簧；8—制动鼓；9—底板紧固螺栓；
10—垫圈；11—六角头螺栓；12—齿形垫圈；13—放气螺钉罩；14—放气螺钉；15—塞子

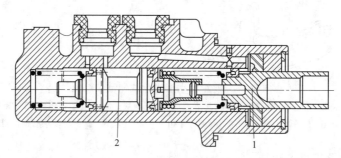

图 3.50 制动总泵结构简图

1—活塞 P（控制左前轮和右后轮制动压力）；2—活塞 S（控制右前轮和左后轮制动压力）

例，保证在 ABS 系统不工作时，在各种载荷下延迟或防止后轮制动抱死。

防抱死制动系统主要由车轮转速传感器、ABS 执行器、ABS 计算机及故障指示灯等组成。

（3）损坏及更换

刹车偏软：汽车行驶中制动时，制动减速度小，制动距离长，液压制动系统产生制动效能不良的原因，一般可根据制动踏板行程、踏制动踏板时的软硬感觉、踏下制动踏板后的稳定性来判断。维持制动时，踏板的高度若缓慢下降，说明制动管路某处破裂、接头密闭不良、总泵或分泵活塞密封不良、回油阀及出油阀不良。可首先踏下制动踏板，观察有无制动液渗漏部位。若外部正常，则应检查分泵或总泵故障。连续几脚制动时踏板高度稍有增高，并有弹性感，说明制动管路中渗入了空气。

刹车突然失灵：汽车在行驶中，一脚或连续几脚刹车，刹车均被踏到底，刹车突然失灵。原因：制动总泵或分泵漏油严重；制动总泵或分泵活塞密封圈破损，或刹车油路中有过多的空气。如发生此情况,司机应迅速连续两脚刹车。发生制动失灵的故障,应立即停车检查。首先观察制动液罐中的制动液有无亏损,然后观察制动总泵、分泵、油管有无泄漏制动液处。

刹车跑偏:刹车时,方向跑偏,特别是没有装 ABS 刹车防抱死装置的汽车,方向控制不了,其原因为刹车磨损不均、总泵一个活塞油封膨胀、一个分泵漏油所致。

刹车抖动:刹车时摆振,方向盘弹手。原因为刹车盘摆差超限,刹车钳变形,刹车片磨成锥形。发生此类情况必须进厂检修。

刹车吱吱响:一般为刹车盘、片或制动鼓、蹄片磨损不平所致。

刹车不回:踏下制动踏板时感到既高又硬或没有自由行程,汽车起步困难或行驶费力。故障现象:踩刹车踏板,踏板不升高,无阻力。需判断制动液是否缺失;制动分泵、管路及接头处是否漏油;总泵、分泵零部件是否损坏。

(4) 通用及互换 更换同尺寸零部件。

3.3.6 主组 8:车身

1. 汽车车身

(1) 特点及要求 汽车车身是驾驶员的工作场所,也是容纳乘客和货物的场所。

汽车车身结构应包括车身壳体、车前板制件、内部覆饰件、车身附件、座椅以及通风、暖气。货车和专用汽车上,还包括货箱和其他设备,如车窗、车身外部装饰件、空气调节装置等。

车身壳体通常是指纵、横梁和立柱等主要承力元件以及与它们连接的板件共同组成的刚性空间结构。客车车身多数具有明显的骨架,而轿车车身和货车驾驶室则没有明显的骨架;车身壳体通常还包括在其上敷设的隔声、隔热、防振、防腐、密封等材料及涂层。

(2) 种类及材料 车身壳体按照受力情况可分为非承载式、半承载式和承载式(或称全承载式)三种。

非承载式车身通过弹簧或橡胶垫与车架作柔性连接。半承载式车身用螺栓连接、铆接或焊接等方式与车架作刚性连接。承载式车身的特点是汽车没有车架,车身就作为安装汽车各个总成和承载各种载荷的基体。

大多数轿车和部分客车通常采用承载式车身结构,以充分利用车身壳体构件的承载作用,减小整车质量。

图 3.51 所示为捷达轿车车身壳体。纵向承力构件有:前纵梁 24、门槛 17、地板通道 20、后纵梁 13、上边梁 7 和前挡泥板加强撑 22。横向承力构件有:前座椅横梁 21、地板后纵梁 14、前风窗框上横梁 4、前风窗框下横梁 3、后风窗框上横梁 6、后窗台板 8 和后围板 9。垂直承力构件有:前立柱(A 柱)18、中立柱(B 柱)16、后立柱(C 柱)10 等。车身主要板件有:前挡泥板 23、前地板 19、后地板 15、前围板 2、顶盖 5、后轮罩 12 和后翼板 11 等。上述构件和板件经过周密筹划后,利用搭接、翻边连接等方式按预定先后点焊组装,最后由后地板总成,左、右侧围总成,前地板与前围总成,顶盖等拼装焊合成完整的空间结构。

现代轿车的承载式车身壳体前部都有副车架 25(图 3.51)。在副车架上安装发动机、传动系、前悬架和前轮,组合成便于装配和维修的整体。副车架与承载式车身壳体前部底面用弹性橡胶垫连接,以隔离振动和冲击,提高车身的舒适性。

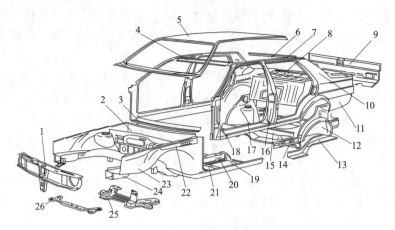

图 3.51　捷达轿车车身壳体

1—散热器框架；2—前围板；3—前风窗框下横梁；4—前风窗框上横梁；5—顶盖；6—后风窗框上横梁；7—上边梁；
8—后窗台板；9—后围板；10—后立柱（C柱）；11—后翼板；12—后轮罩；13—后纵梁；14—地板后纵梁；
15—后地板；16—中立柱（B柱）；17—门槛；18—前立柱（A柱）；19—前地板；20—地板通道；
21—前座椅横梁；22—前挡泥板加强撑；23—前挡泥板；24—前纵梁；25—副车架；26—前横梁

车门是车身上重要的部件之一，通常按开启方法分为：顺开式、逆开式、水平滑移式、折叠式、上掀式、外摆式、旋翼式等类型。

图 3.52 所示为广泛应用于轿车和货车驾驶室的车门。门内板 13 是门的支承基体，在其上装有：三角通风窗 4、升降玻璃 5 及其导轨、玻璃升降器手柄 7、门锁 9 及其内手柄 11、门铰链及开度限位器 6，还有门外板 12 及门锁外手柄 8 等。

车门前部借助于两个门铰链及开度限位器 6 安装在车身上。现代汽车广泛采用隐入车身内部的暗铰链，还装有开度限位器。车门的后部有门锁，使门关闭时能承受横向力和纵向力。门锁上还有导向榫，使门的后部在垂直方向正确定位。

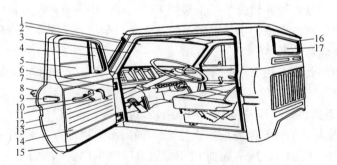

图 3.52　解放 CA1092 型货车驾驶室的车门及车窗

1—前风窗玻璃；2—前风窗玻璃密封条；3—车门密封条；4—三角通风窗；5—升降玻璃；6—门铰链及开度限位器；
7—玻璃升降器手柄；8—门锁外手柄；9—门锁；10—扶手；11—门锁内手柄；12—门外板；13—门内板；
14—内护板；15—下部密封条；16—后窗密封条；17—后窗

（3）损坏及更换　汽车车身易损件包括纵梁、蒸发器壳体、驾驶室、翼子板、装饰条以及保险杠等等，此类易损件一经碰撞、擦伤、挤压等现象就会导致受损变形，影响美观还可能会失效。

车身易损件常见故障如下。

① 纵梁：弯曲变形和产生裂缝。
② 蒸发器及壳体：发生碰撞严重弯曲或破裂。
③ 驾驶室：钣金蒙皮锈蚀、碰撞变形、车门碰撞变形、玻璃破碎、玻璃升降器损坏、门锁损坏等。
④ 翼子板、托架、前后轮挡泥板：泥水腐蚀、擦伤损坏、振动裂缝。
⑤ 保险杠、牌照板、车外后视镜：常因碰撞而损坏。
⑥ 装饰条、车门槛嵌条、立柱饰板：擦伤、碰撞、环境因素产生损坏。

(4) 通用及互换　更换同尺寸零部件。

2. 通风及暖气装置

(1) 特点及要求　在汽车行驶时必须保证室内通风，即对汽车室内不断充入新鲜空气，驱排混有尘埃、二氧化碳及来自发动机的有害气体。在寒冷的冬季，还应对新鲜空气加热，以保证车内温度适宜。

(2) 种类及材料　不依靠风机而利用汽车行驶的迎面气流进行车内空气交换的办法，称为自然通风。

图 3.53 所示为北京 BJ2020 型轻型越野汽车的通风及暖气联合装置。车外空气经过前围通风孔 10 被风机 18 送入室内进行强制通风。在寒冷季节，则可将热水开关 11（装在发动机气缸盖上）开启，使热水导入暖气散热器 21 对空气加热，然后将加热的空气经由暖气出口 19 导入室内或经由软管 22 和 16 及喷嘴 24 和 14 导向风窗玻璃进行除霜。强制通风方法比自然通风更有效，并可用过滤办法保证空气更加洁净。

大型客车的独立燃烧式通风与暖气联合装置，一般有加热器、燃油箱和暖风管等。

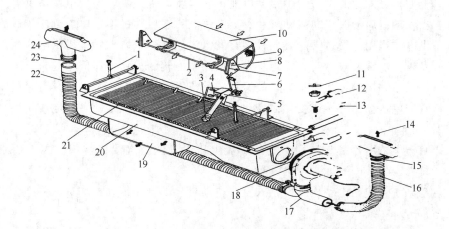

图 3.53　北京 BJ2020 型轻型越野汽车的通风及暖气联合装置
1—固定杆；2—通风孔盖链；3—手柄；4—支架（装在车身上）；5—传动杆；6—拉杆；
7—夹板衬垫；8—铰链夹板；9—通风滤网；10—前围通风孔；11—热水开关；12—进水管；
13—出水管；14—右除霜喷嘴；15—卡箍；16—右除霜软管；17—电动机；18—风机；
19—暖气出口；20—散热器外罩；21—暖气散热器；22—左除霜软管；23—卡箍；24—左除霜喷嘴

(3) 损坏及更换
① 若鼓风机不工作或风量不足时，首先应检查线路有无断路，插头连接器接触是否发虚，然后再检查鼓风机本身是否存在问题。

② 若暖气水箱堵塞或破裂时，同样能引起温度不足，此时可在发动机工作时观察水温表的状态。若水温很高，但车内暖气不足或根本不热，可先用手试暖气出风口的风量是否正常。若风量正常但只有微温或根本没有温暖的感觉，应先检查操作是否恰当。如操作正常，再检查暖气水箱进出水管道的温度。如进水管发热，出水管不热，即可基本确定是暖气水箱堵塞。这时可用温热水加少量纯碱浸泡，也可用一定压力的压缩空气反复吹通，再用清水冲洗。若暖气水箱破裂，可以焊修。

③ 暖气循环水控制开关损坏或工作不良时，大多是由于长期没有使用，有污物和锈蚀而引起的，清除污物和锈蚀后即可使用。

④ 控制板开关失灵时，主要检查控制板及风道转换板上遥控装置的钢丝是否脱掉或折断。若是钢丝脱掉，要重新装好；若是不灵活，可在转动部分加少量润滑油；若是折断，要重新换上同规格的钢丝；若为电控或真空控制式控制板故障，应检查排除电路故障或检查真空管是否堵塞。如果真空管金属管的某一段堵塞，通常用钢丝是钻不通的。遇到类似情况，用气焊适当加温，即可用钢丝逐渐钻通了。确认畅通后，再用压缩空气吹净即可使用。

(4) 通用及互换　更换同尺寸零部件。

3.3.7　主组9：电气装置

1. 汽车电器主要组成部分

(1) 电源系统　包括蓄电池、交流发电机、调节器。其中发电机为主电源，发电机正常工作时，由发电机向全车用电设备供电，同时给蓄电池充电。调节器的作用是使发电机的输出电压保持恒定。

在汽车上使用最广泛的是启动用铅蓄电池，它与发动机并联，向用电设备供电。蓄电池的作用是：当发动机启动时，向启动机和点火系供电；在启动机不发电或电压较低的情况下向用电设备供电；当用电设备同时接入较多，发电机超载时，协助发电机供电；当蓄电池存电不足，而发电机负载又较少时，它可将发电机的电能转变为化学能储存起来。

交流发电机是利用硅二极管整流，故又称硅整流发电机。交流发电机具有限制输出电流的能力，但它的电压仍是随转速变化而变化的，所以为了得到恒定的直流电压，还必须装有电压调节器。

汽车用直流电，电器都是按照一定的直流电压设计的，汽油机常用12V，柴油机常用24V。

(2) 启动系统　包括电动机（串励式直流电动机）部分、传动机构（或称啮合机构）和启动开关三部分。

启动机由电动机、驱动机构和操纵机构等组成。它通过的电流量很大，达到几百安培。驱动机构有的采用减速齿轮结构，可以增大扭矩；操纵机构采用电磁磁吸方式。

电动机由磁场（定子）、电枢（转子）和整流子组成，常见有4个磁场。

(3) 点火系统　现代汽油发动机中，气缸内燃料和空气的混合气大多采用高压电火花点火。点火系统一般包括点火开关、点火线圈、分电器总成、火花塞等。

点火装置按电能的来源不同，可分为蓄电池点火和磁电机点火两大类。汽车多用蓄电池点火系。

(4) 照明系统　为了保证汽车行驶安全和工作可靠，在现代汽车上装有各种照明装置，用以照明道路，照明车厢内部及仪表指示和夜间检修等。包括汽车内、外各种照明灯及其控制装置。一般有前照灯（前大灯、前小灯）、雾灯、尾灯、牌照灯、棚灯。

① 装在车身外部的照明装置有大灯（前照灯），是保障汽车安全运行的重要部件之一，它有两种功能，一种是照明，一种是装饰。在现代轿车上多用卤素前照灯。

前大灯是汽车在夜间行驶时照明前方道路的灯具，它能发出远光和近光两种光束。前大灯可分为二灯式和四灯式两种。前者是在汽车前端左右各装一个前大灯；而后者是在汽车前端左右各装两个前大灯。解放 CA1091 型汽车前大灯为四灯式前大灯。

前大灯主要由灯泡组件、反光罩和透光玻璃组成。灯泡组件是将电能转变为光能的装置。现代汽车的前大灯都采用双丝灯泡。反光罩的形状是一旋转抛物面，其作用是将灯泡远光灯丝发出的光线聚合成平行光束，并使光度增大几百倍。透光玻璃是许多透镜和棱镜的组合体，其上有皱纹和棱格。光线通过时，透镜和棱镜的折射作用使一部分光束折射并分散到汽车的两侧和车前路面上，以照亮驾驶员的视线范围。

前小灯主要用以在夜间会车行驶时，使对方能判断本画的外廓宽度，故又称示宽灯。前小灯也可供近距离照明用。很多公共汽车在车身顶部装有一个或两个标高灯，若有两个，则同时兼起示宽作用。

雾灯分为前雾灯及后雾灯。

尾灯的玻璃是红色的，便于后车驾驶员判断前车的位置而与之保持一定距离，以免当前车突然制动时发生碰撞。后灯一般兼作照明汽车牌照的牌照灯，有的汽车牌照灯是单装的。

② 装在车身内部的照明装置包括驾驶室顶灯、车厢照明灯和轿车中的车门灯和行李厢灯等。要求造型美观、光线柔和悦目。

为了便于夜间检修发动机，还设有发动机罩下灯。为满足夜间在路上检修汽车的需要，车上还应备有带足够长灯线的工作灯，使用时临时将其插头接入专用的插座中。

驾驶室的仪表板上有仪表板照明灯。

(5) 信号系统　为了保证汽车行驶安全和工作可靠，在现代汽车上装有各种信号装置，包括喇叭、蜂鸣器、闪光器及各种行车信号标识灯。用来保证车辆运行时的人车安全。

① 转向信号灯分装在车身前端和后端的左右两侧。由驾驶员在转向之前，根据将向左转弯或向右转弯，相应地开亮左侧或右侧的转向信号灯，以通知交通警察、行人和其他汽车上的驾驶员。在转向信号灯电路中装有转向信号闪光器，借以使转向信号灯光发生闪烁。闪烁式转向信号灯可以单独设置，也可以与前小灯合成一体，在后一种情况下，一般用双丝灯泡。也有的后转向信号灯和后灯合成一体。

为了在白天能引人注目，转向信号灯的亮度很强。

② 制动灯（刹车灯），装在车尾两边，当驾车人踩下制动踏板时，制动灯即亮起，并发出红色光，提醒后面的车辆注意，不要追尾。当驾车人松开制动踏板时制动灯即熄灭。

高位制动灯也称为第三制动灯，它一般装在车尾上部，以便后方车辆能及早发现前方车辆而实施制动，防止发生汽车追尾事故。由于汽车已有左右两个制动灯，因此人们习惯上也把装在车尾上部的高位制动灯称为第三制动灯。

③ 刹车灯（包括第三刹车灯）和示宽灯用红色，但是在亮度方面仍有差异，刹车灯较亮。转向灯以及警示灯用黄色。白色灯号则用于照明。倒车灯起照明兼警示作用。

(6) 仪表系统　汽车仪表的作用是帮助驾驶员随时掌握汽车主要部分的工作情况，及时发现和排除可能出现的故障和不安全因素，以保证良好的行驶状态。包括各种电器仪表（电流表、充电指示灯或电压表、机油压力表、温度表、燃油表、车速及里程表、发动机转速表等)。用来显示发动机和汽车行驶中有关装置的工作状况。

① 电流表串联在充电电路中,是用来指示蓄电池充、发电状态的仪表,按结构形式可分为电磁式、动磁式和光电指示灯式。最常用的是电磁式电流表,它具有结构简单、耐振等特点。

② 机油压力表(油压表)可用来指示发动机机油压力的大小和发动机润滑系工作是否正常。它由装在仪表板上的油压指示表和装在发动机主油道中或粗滤器上的传感器两部分组成。

③ 水温表用来指示发动机冷却水的工作温度是否正常。它由装在仪表板上的水温指示表和装在发动机气缸盖水泵上的水温传感器两部分组成,两者用导线相通。常用水温指示表为双金属式电磁式,传感器有双金属式和热敏电阻式两种。

④ 燃油表用来指示燃油箱内储存燃油量的多少。它由装在仪表板上的燃油指示表和装在燃料箱内的传感器两部分组成。燃油指示表有电磁式和双金属式两种,传感器均为可变电阻式。

⑤ 车速里程表指示汽车行驶速度和累计汽车行驶里程数。它由车速表和里程表两部分组成。

(7) 辅助电器系统　随着汽车工业的发展和现代化技术在汽车方面的应用,现代汽车装用的辅助电气设备很多,除了汽车用音响设备、通信器材和汽车电视等服务性装置外,都是一些与汽车本身使用性能有关的电气设备,如电动刮水器、电动洗窗器、电动玻璃升降器、暖风通风装置、电动座位移动机构、发动机冷却系电动风扇、电动燃料泵、冷气压缩机用电磁离合等等。这些辅助电气设备大体可分为三类:电机类、电磁离合器类和电动泵类。包括电动刮水器、空调器、低温启动预热装置、收录机、点烟器、玻璃升降器等。

① 双速电动式刮水器。一般是由一个直流并励(或复励)电动机和一套减速传动机构组成。

② 风窗玻璃防冰霜设备。冬季风窗玻璃上易结冰霜,用刮水器是无法清除的,有效的办法是将玻璃加热。在空调设备的汽车上,将热风吹向风窗玻璃,就可以避免结冰。在无空调设备的汽车上,风窗玻璃可利用电阻丝来加热,在风窗玻璃的内面贴有三根镍铬丝,通过加热,就可防止冰霜,这种装置耗电量为30~50W,效果很好。国外有些高级轿车上采用电子加热器,通过三极管的控制,使电阻丝通电加热。

③ 电热塞。冬季由于进入柴油机内的空气温度较低,压缩混合空气达不到着火的温度,因此,启动比较困难。为了使柴油机冬季易启动,在柴油机燃烧室内装用了电热塞,用来提高气缸内的空气温度。

④ 晶体管电动汽油泵。已用电动汽油泵代替膜片式汽油泵。

⑤ 电磁离合器。具有工作可靠、容易实现远距离控制等特点。在汽车上,它常被用做冷气压缩机驱动离合器和发动机冷却系风扇离合器。

2. 汽车的传感器

汽车传感器将有关汽车运行的变化量传递到有关的仪表或者控制器,根据传感器的作用,可以分为测量温度、压力、流量、位置、气体浓度、速度、光亮度、干湿度、距离等功能的传感器。

汽车传感器用于发动机、底盘、车身和灯光电气系统。

(1) 用在电控燃油喷射发动机上的传感器如下。

进气压力传感器：反映进气歧管内的绝对压力大小的变化，是向 ECU（发动机电控单元）提供计算喷油持续时间的基准信号。

空气流量传感器：测量发动机吸入的空气量，提供给 ECU 作为喷油时间的基准信号。

节气门位置传感器：测量节气门打开的角度，提供给 ECU 作为断油、控制燃油/空气比、点火提前角修正的基准信号。

曲轴角度传感器：检测曲轴及发动机转速，提供给 ECU 作为确定点火正时及工作顺序的基准信号。

氧传感器：检测排气中的氧浓度，提供给 ECU 作为控制燃油/空气比在最佳值（理论值）附近的基准信号。

进气温度传感器：检测进气温度，提供给 ECU 作为计算空气密度的依据。

水温传感器：检测冷却液的温度，向 ECU 提供发动机温度信息。

爆燃传感器：安装在缸体上专门检测发动机的爆燃状况，提供给 ECU 根据信号调整点火提前角。

(2) 用在底盘控制方面的传感器（主要应用在变速器、方向器、悬架和 ABS）如下。

变速器：有车速传感器、温度传感器、轴转速传感器、压力传感器等，方向器有转角传感器、转矩传感器、液压传感器。

悬架：有车速传感器、加速度传感器、车身高度传感器、侧倾角传感器、转角传感器等。

ABS：有车轮速度传感器。

(3) 车身的传感器与安全性能息息相关，主要有安全气囊传感器、侧面防碰传感器、测距传感器等。

(4) 灯光及电气系统的传感器主要有光亮检测传感器、雨滴量传感器、空调温度传感器、座椅位置传感器等。

3. 汽车电路的特点

汽车电路从总体上看是单线制的并联电路，但在局部电路仍然有串联、并联与混联电路。全车电路其实都是由各种电路叠加而成的，每种电路都可以独立分列出来，化复杂为简单。全车电路按照基本用途可以划分为灯光、信号、仪表、启动、点火、充电、辅助等电路。每条电路有自己的负载导线与控制开关或保险丝盒相连接。

灯光照明电路是指控制组合开关、前大灯和小灯的电路系统；信号电路是指控制组合开关、转弯灯和报警灯的电路系统；仪表电路是指点火开关、仪表板和传感器电路系统；启动电路是指点火开关、继电器、启动机电路系统；充电电路是指调节器、发电机和蓄电池电路系统；辅助电路是指控制雨刮器、音响、电动座椅、电动门窗、电动天窗等。随着汽车用电装备的增加，各种辅助电路越来越多。

4. 汽车仪表报警及防盗装置

(1) 汽车仪表报警装置　为了使驾驶员能够随时掌握汽车及各系统的工作情况，在汽车驾驶室的仪表板上装有各种指示仪表及各种报警装置。

① 车速里程表及速度报警装置　车速里程表是由指示汽车行驶速度的车速表和记录汽车所行驶过距离的里程计组成的，二者装在共同的壳体中，并由同一根轴驱动。

车速报警装置是为了保证行车安全而在车速表内装设的速度音响报警系统。如果汽车行驶速度达到或超过某一限定车速（例如100km/h）时，则车速表内速度开关使蜂鸣器电路接通，发出声音报警。

② 机油压力表及机油低压报警装置　机油压力表是在发动机工作时指示发动机润滑系主油道中机油压力大小的仪表。它包括油压指示表和油压传感器两部分。

机油低压报警装置在发动机润滑系主油道中的机油压力低于正常值时，对驾驶员发出警报信号。机油低压报警装置由装在仪表板上的机油低压报警灯和装在发动机主油道上的油压传感器组成。

③ 燃油表及燃油低油面报警装置　燃油表用以指示汽车燃油箱内的存油量。燃油表由带稳压器的燃油面指示表和油面高度传感器组成。燃油低油面报警装置的作用是在燃油箱内的燃油量少于某一规定值时立即发亮报警，以引起驾驶员的注意。

④ 水温表及水温报警灯　水温表的功用是指示发动机气缸盖水套内冷却液的工作温度。水温报警灯能在冷却液温度升高到极限点时发亮，以引起驾驶员的注意。

（2）汽车防盗装置　为防止驾驶员离开汽车后，汽车被盗窃，许多汽车设置了防盗装置。常用的防盗装置有转向锁和电子防盗装置。

① 转向锁　转向锁主要由锁杆、凸轮轴、锁止器挡块、开锁杠杆和开锁按钮等组成。当驾驶员从钥匙筒拔出钥匙后，转向柱便被锁杆锁住。

② 电子防盗装置　机械防盗装置是预防汽车被盗的装置，但这种装置不能防止他人进入驾驶室、车内、打开行李厢，发动机罩或启动发动机等。而电子防盗装置不仅能可靠地防止汽车被盗，而且能防止他人拆卸某些汽车零件和进入车内。

5. 电动门及电动玻璃升降器

汽车车门是个十分重要的总成，它是车身的出入口，直接关系到整车的安全、乘员的上下车方便以及空气动力学特性和车内噪声，对整车造型也有较大影响。车门的重要作用决定了对它的性能和可靠性都有很高的要求。

车门按开启驱动机构的动力可分为手动式、电动式、液压式。

车门附件主要包括车门玻璃升降器、门锁、内外手柄、门锁操纵机构、门铰链及门限位器等。在中高级轿车上大部分用电动式玻璃升降器，并逐步扩展到各种车型上。其主要目的是为了提高舒适性和安全性。

电动玻璃升降器按其机械升降机构可分为以下三类。

绳轮式：电动机驱动卷丝筒转动，带动钢丝绳并拉动玻璃托架在导轨中上下运动。

交叉臂式：电动机驱动小齿轮带动齿扇转动，通过交叉臂带动玻璃托架上下运动，完成玻璃在导槽中的上下移动。

软轴式：电动机驱动小齿轮旋转，并带动软轴在轴套内滑动，从而使玻璃托架在导轨上运动，完成玻璃升降之目的。

电动玻璃升降器与传统手摇式升降器相比，具有运行平稳、调节方便、遥控自如等特点。随着越来越多的智能系统在汽车中应用，智能型电动玻璃升降器开始出现。它既能保持升降器具有足够的动力，又可以消除在运行过程中头手不小心被夹住的危险，这对于儿童特别重要。智能玻璃升降器的功能，就是当玻璃在上升过程中遇到足够大的阻力就会自动停止，并下降一定的距离。另一个功能是当天气突然变化雨雪来临时，车窗会自动关闭。这些功能都是依靠安装在玻璃升降器电机中的电子模块来完成的，还可以将它们连接到汽车内部主体网络上，促进整车的智能化程度。

6. 轿车灯光技术

（1）前灯介绍　轿车灯光主要指前照灯总成和后灯总成，它们既是保证汽车安全运行的功能部件，也是一件必不可少的装饰品。

汽车的灯具已经成为汽车造型不可缺少的装饰物，前照灯就像人的眼睛，起到画龙点睛的作用，往往一个大灯的改形就可令新车增色不少。目前轿车流行整体式前灯组合，将前照灯、转弯指示灯、雾灯（或单个列出）等组合在一起；或整体式后灯组合，将尾灯、制动灯、倒车灯、后转向灯、雾灯（或单个列出）等组合在一起。前灯流行不等边四边形、菱形、眉形和花生形等，后灯形状也花式多样。如图3.54～图3.58所示。

图3.54　前灯样式（一）

图3.55　前灯样式（二）

图3.56　前灯样式（三）

图3.57　前灯样式（四）

目前车速普遍提高，要求改善前照灯的亮度和色温，由于氙灯的功率小，只有35W左右，亮度却比普通卤素灯高50%，色温达到6000K，接近日光的光色，寿命又远比卤素灯长，因此已经有不少中高级轿车用氙灯代替卤素灯。

尾灯、牌照灯灯泡一般是5～8W，制动灯、转向灯、后雾灯多是21W，卤素大灯近光50W、远光70W、前雾灯50W等。

图3.58　前灯样式（五）

氙气灯全名为高强气体放电灯，简称为HID，由启动器和灯泡组成。

氙气灯由飞利浦公司花费5年时间研制成功，最初的氙气灯还是通过在原有的卤素灯泡内注入氙气而成，现在氙气灯已发展到无灯丝高压放电，散发出如太阳般的光，投射范围既远又广。氙气灯与卤素灯的主要区别在于，前者通过气体电离发光，后者通过加热钨丝发光。虽然氙气灯的发光电弧与卤素灯的钨丝长度直径一样，但发光效率和亮度提高了3倍。

由于不用钨丝，没有了卤素灯钨丝易脆断的缺陷，寿命提高了近10倍。

氙气灯有几大优点：使用同样瓦数的HID，亮度是卤素灯的2～3倍；效率是卤素灯的3～5倍；节约近一半电能；寿命长；最大的优点是安全性提高。因为HID灯带来的多重光束和强度会比卤素灯更远更宽，近光设置更有效，在黑夜里特别是车辆行驶在郊区，氙气大灯能大幅提高车前方的照明，照亮路边的标志和岔路。

氙气灯采用新世纪高科技，突破传统钨丝灯灯泡技术，采用高科技在石英泡内充入5～8个大气压（1个大气压=101325Pa）氙气（Xenon），利用精密的Ballast（镇流器）瞬间产生交流23kV以上高压电，激发球泡内的氙气氙电子游离、激发，使其电离并在灯球两端电极产生电弧，电弧产生后使球泡内的金属卤化物及汞汽化，产生的压力使金属卤化物产生原子能级跃迁发光。然后电压稳定到8000V，维持气体放电状态。

(2) 自动感应式头灯　可让驾驶者不必记得头灯的开关，它可以透过车外的光线明暗感知器，自动地侦测外界的光线，当外界变暗了，如天色变暗或进入山洞时，达到预先需要打开头灯的光线时，自动感应式头灯会自动将头灯打开，而当在光线变亮时则自动关闭，可增加行车的安全。

7. 后视镜

(1) 自动防眩后视镜　夜晚开车时后方车辆灯光透过后视镜照射到眼睛，而影响驾驶者的视线，传统的防眩后视镜必须以手动的方式，调整室内后视镜的镜面角度来产生防眩作用，而自动防眩后视镜可随后方来光反射的刺眼程度，调整后视镜的镜面反射率，其调整的方式并不是调整镜面角度，而是透过后视镜内的电解液的电子回路，借由不同的后方光线的照度，来调整镜面的反射率，但白天不刺眼的情形下，通常镜面反射率会固定于约75%的固定反射率，使得白天时仍能维持好的后方视野，但到了晚上则会随着眼睛的刺眼程度大小，随时调整最适合的反射率，愈刺眼则反射率愈低，反之则反射率较高，可大大地增加夜间行车的视野安全性。

(2) 广角室外后视镜　在镜面的外缘设置了曲率半径逐渐变小的非球状辅助镜，可以使车子的侧方视野加大许多，提高行车安全性。

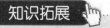

备件号的查找

汽车配件编码的查询必须有原厂授权的配件查询资料才能进行配件的查询。查询时要注意如下内容：

1. 有关参数

(1) 车型、款式、规格

(2) 明确的配件名称

(3) 底盘号

(4) 发动机型号/输出功率/发动机字母标记

(5) 发动机/变速箱规格

(6) 制造厂家代码及生产日期

(7) 选装件，内部装备材料及基本色调

(8) 车体外部颜色

2. 查找备件号的步骤

(1) 须知的最基本参数

(2) 确定零件所在的大类

(3) 确定零件所在的小类

(4) 确定显示备件的图号

(5) 根据备件名称找到插图，确认备件号

(6) 根据车辆参数确定备件号并记录下来

3. 车辆标牌、发动机、底盘号的位置

(1) 车辆标牌：位于发动机舱右围板处或储气室右侧

(2) 发动机号：位于缸体和缸盖结合处的缸体的前端

(3) 车辆识别号（底盘号）：在发动机机舱前端围板处，通过排水槽盖上的小窗口即可看到底盘号

(4) 整车数据不干胶标签：一般贴在行李舱后围板左侧，其上有生产管理号、车辆识别号、车型代号、车型说明、发动机和变速箱代码、油漆号/内饰代码、选装件号等数据

如何提供车身附件和发动机附件通用互换咨询

汽车上的车身附件主要有：各胎架、保险杠、车门锁、车门铰链、各种密封件、玻璃升降器、风窗雨刮器、风窗洗涤器、遮阳板、后视镜、座椅、安全带、扶手、护板、内饰等。

汽车发动机附件主要有：散热器及节温器、机油冷却器、机油泵、机油滤清器、空气滤清器、排气消声器等。

汽车车身附件和发动机附件为典型的可通用互换配件。一般情况下，同一厂家生产的同一系列车型该类配件基本可以通用。即使是不同厂家生产的同类型汽车，该类配件也具有较大的互换可能。具体咨询时，可查阅相关的该类配件的通用互换手册。

思考与练习

1. 解释。

零件　　合件　　总成件　　纯正部品　　单元件

2. 试述 VIN 代码的内容。

3. 简述气缸体的特点及要求。其损坏形式及更换要求是什么？

4. 简述气缸垫的功用及种类。

5. 简述发动机支承的方法及特点。

6. 如何保证曲轴工作的可靠性？

7. 飞轮与曲轴装配后如何保证平衡？

8. 简述斜切口连杆常用的定位方法。

9. 试述活塞的工作环境特点及常见的损坏形式。

10. 试述润滑系统的特点及要求。

11. 试述轮辋的结构形式。
12. 简述蓄电池的作用。
13. 试述常见的汽车传感器。
14. 试述氙气灯的优点。
15. 试述查找配件号的步骤。
16. 试述车辆上车辆标牌、发动机号、底盘号及整车数据的显示位置。

Chapter 02

第②篇 汽车配件管理实务

第4章 汽车配件采购管理

学习目标

明确配件采购管理的概念和基本职能；了解采购管理的程序；掌握企业采购过程控制方法。

案例导入

在上海市嘉定区上汽大众汽车厂区方圆2.5公里之内，分布着数十个或大或小的仓库。这些仓库绝大部分并不是上汽大众所有，而是属于上汽大众众多零配件供应商的。整车制造商为实现"零库存"，一般会要求零配件商在其工厂的周边设立配套厂，或者至少租一个仓库。在一汽、二汽、上汽通用厂区的周边，零配件供应商的仓库无不鳞次栉比。但这一现象导致了由零配件供应商的大量库存为牺牲代价的所谓整车制造商的"零库存"。

配件采购是汽车配件销售的第一个阶段，采购的配件价格高低、质量好坏以及是否适销对路直接关系到企业的生存与发展。作为一名合格的配件销售人员必须了解配件采购的渠道，掌握配件采购的基本技能。

汽车配件企业购进业务的程序，主要是按照进货业务计划安排组织进货，有时也要组织计划外进货或临时进货，以应付市场的新情况和补充进货业务计划的不足。一般程序（见图4.1）如下：

（1）制定经营配件目录

汽车配件商店经营配件的目录，包括"经营配件目录"和"必备配件目录"两种。是配件种类构成的进一步具体化和规范化，是汽车配件商店业务经营活动的一项重要内容，更是

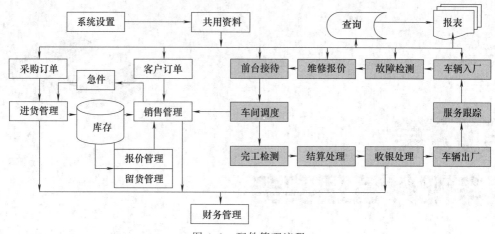

图 4.1 配件管理流程

进货业务的前提。

经营配件目录，就是企业根据经营范围制定的应该经营的全部配件种类目录，它是商店应该经营的全部配件。必备配件目录，是企业为满足广大消费者基本需要而必须备齐的易耗配件品种限额的目录。

（2）编制进货计划

为了完成配件进货业务，不管采取哪种进货方式，哪种进货形式，都必须提出要货计划（即进货计划），它是保证进货质量的先决条件。

要货计划是由营业组提出的，它是在市场变化、货源情况、销售动态等方面，做了充分调查和集体研究的基础上，参考计划期初库存量及各种变化因素，在资金占用合理的情况下，定期提出的。要货计划按时间分年度、半年、季度和月计划四种，一般以季度为主。

（3）坚持看样选购

各专、兼职采购人员，一要坚持按批准的进货计划，二要坚持看样选购，选购适销对路配件，做到"人无我有，人有我全，人全我优，优中求特"，保证进货质量。切实避免只看目录、货单，不看样品，"隔山买牛"，货、单不一致的现象。

（4）合理组织外地进货

组织外地进货时，除要严格执行进货计划外，应注意掌握以下两点要求：

① 要贯彻"五进、四不进、三坚持"的原则。"五进"即所进配件要符合"优、廉、新、缺、特"。"四不进"，是指凡属下列情况之一者，均不符合进货要求：一是进货成本加上费用、税金后，价格高于本地零售价的不进；二是倒流的配件不进；三是搭配配件、质次价高或滞销而大量积压的配件不进；四是本地批发企业同时向同地大批量购进的配件不进。"三坚持"即坚持看样选购、坚持签订购销合同，坚持验收后支付货款的原则。

② 要提高外采效益。外采费用开支较大，要注意出差费用的节约，注意工作效益。

（5）坚持合同制度，签订进货合同

（6）及时提货，认真验收

采购员办完进货手续后，就要及时组织提货、尽量减少环节、使汽车配件尽快同消费者见面。

4.1　汽车配件市场调研

为了解汽车配件的销售状况，预测销售前景，从而指导企业制定正确的营销方向和营销策略，就必须将长期有效的市场调查贯彻到日常工作中去，要求所有销售员要时刻注意对市场信息的采集，保持对市场状况的敏感性。

市场信息的来源很广，如媒体、出版物、展会等。需要强调的是，在配件销售行业，我们的客户和竞争对手才是最好的信息来源。

配件销售信息采集特殊之处在于要多听取一线销售人员的意见，如销售员会告诉你前一段时间什么配件卖得比较好；汽车设计、维修人员会提醒你某些车型的某些配件故障率高，某些车型快到故障高发期了，需要尽快准备哪些配件；配件经理会说车主喜欢要哪些牌子的产品，日常维修中哪些配件消耗比较大，而近期技术部又提出了某些新的配件采购计划了。

当然这些信息都是一些定性的说法，要加以鉴别区分，可以作为配件采购的重要参考。如果你与某些维修企业有良好的业务关系或者自己就拥有一家维修企业，那么，你获得的第一手定量的数据信息就显得十分准确有效了，完全可以用来指导配件采购工作。

有这样一个例子，某销售员在与客户的维修工程师洽谈时了解到：某车型的点火线圈在行驶 8000 公里左右就会发生不正常损坏，而且该配件还需从国外进货，周期很长。销售员在其他企业的维修技师处也获得了同样的信息，他还了解到该车型在上半年已经卖出了将近两万部，估计部分车辆的点火线圈就快到损坏期了。他马上向公司提交报告，紧急向国外厂商订购了大批该车型改进后的点火线圈。果不其然，一个多月后该车型的点火线圈损坏大范围出现，各家维修企业门前排起了长队，而生产厂家和其他配件商并无大量存货，因此价格飞涨，十分紧俏，该配件经销商就在这个"点火线圈"上大赚了一笔。这就是敏锐的感觉，配件采购绝不能想当然，要实实在在而且具有预见性地进行调查研究，要充分发动和利用各种渠道获得准确有效的第一手资料，只有以最快的流通速度和最小的商品积压才能让配件经销商获得最大的利益，换句话说，就是必须在最大程度上经营"适销对路、有利可图"的商品。

4.1.1 汽车配件市场调研的类型及内容

1. 市场调研的类型

对市场调研分类的方法有很多种，下面主要介绍两种分类方法：

（1）按调研方法分类

① 定性调研。定性调研是对被调查事务的性质的描述，它获取资料的途径都是以行为科学为基础的，在调查动机、态度、信仰、倾向等方面特别有用。

② 定量调研。定量调查是基于数量分析的一种调查方式，它通过获取样本的定量资料得出样本的某些数字特征，并据此推断总体的数字特征。

（2）按调研性质分类

① 探测性调研。探测性调研主要用于帮助澄清或辨明一个问题，而不是寻求问题的解决方法。它往往是在大规模的正式调研之前开展的小规模定性研究。

② 描述性调研。描述性调研是通过详细的调研和分析，对市场营销活动的某个特定方面进行客观的描述，以说明它的性质与特征。

③ 因果性调研。因果性调研的目的是为了证明一种变量的变化能够引起另一种变量发生变化。

④ 预测性调研。预测性调研是为了预测所需要的有关未来的信息而进行的调研活动。

2. 市场调研的内容

市场营销调研的内容十分广泛，但每次市场调研的内容只能根据市场调研的目的，有选择、有区别地进行选择，为市场预测与经营决策提供资料。市场营销调研的内容具体包括：

（1）环境调研　环境调研包括政治环境、经济环境和社会文化环境三个方面的调研。其中政治环境调研是指对政府有关的政策、法令的调研。经济环境调研主要包括国民生产总值、人均国民收入、人口总数、家庭收入、个人收入、能源资源状况、交通运输调价等方面的调研。社会文化环境调研主要包括国民教育程度、文化水平、职业构成、民族分布、宗教信仰、风俗习惯、审美观念等方面的调研。

（2）技术发展水平调研　技术发展水平的调研主要是指各个时期新技术、新工艺、新材料、新能源的状况，技术的先进水平，新产品开发速度与发展趋势等。

（3）需求容量调研　需求容量的调研主要包括商品市场最大、最小、最可能的需求数量，潜在的需求数量，现有与潜在的购买人数，现有与潜在的供应数量，不同产品的市场规模与特征，以及不同地域的销售机遇，本企业产品的市场占有率，相关企业同类产品的市场竞争态势等。

（4）消费者及其消费行为调研　消费者调研主要是指消费者个人的年龄、性别、职业、民族、文化水平、居住地、消费水平、消费习惯等方面的调研。

（5）商品调研　商品调研的内容主要有：商品的效用调研，包括商品的形态、性能、重量、色彩、美观程度、使用方便性、耐久性、可靠性以及安全性等。

（6）价格调研　商品价格调研包括老产品调研、新产品定价、本企业与竞争企业同类商品的价格差距等方面的调研。

（7）销售方式和服务调研　商品销售方式和服务调研包括人员促销与非人员促销（广告、折扣、电视）哪种方式好，广告设计的内容及效果如何，怎样搞好销售服务咨询，怎样搞好售后服务等方面的调研。

（8）销售渠道调研　企业销售渠道调研包括：企业采用直接销售还是中间商（批发商与零售商）销售，中间商服务的顾客是否是企业希望的销售对象，中间商能否提供商品的技术指导、维修服务与运输储藏，顾客对中间商的印象如何，等等。

（9）竞争对手调研　竞争对手调研内容，主要包括两个方面的内容：一是竞争单位的调研，一是竞争产品的调研。

4.1.2　汽车配件市场调研的步骤

汽车配件市场调研的全过程大体上分为预备调研、正式调研与提出报告三个相对独立又彼此衔接的工作阶段。

1. 预备调研阶段

预备调研阶段主要包括以下几个方面的内容：明确调研目的、提出问题、初步调研（试调研）、确定收集资料的来源与方法、确定市场调研的边界范围。

2. 正式调研阶段

正式调研阶段主要包括以下几个方面的内容：调研项目的选择与安排、调研方法的选择、调研人员的组织、调研费用的估算、编制调研计划。

3. 提出报告阶段

提出报告阶段主要包括以下几个方面的内容：整理调研资料、编写调研报告、调研结论的追踪反馈等。

4.1.3　汽车配件市场调研方法

1. 确定调研对象的方法

在开展调研活动时，可以对调研对象进行普查，也可以采用抽样调研的方法。

（1）普查法　所谓普查法是指去调查研究对象总体中每一个个体的信息。市场营销调研中并不经常用到普查，因为大规模的进行普查在成本和时间上的耗费是巨大的。

（2）抽样调研　抽样调研是常被用于确定调研对象的方法。通过精心选择的样本来准确地反映出总体特征，而且在调研技术成本上也是可以接受的。

2. 收集资料的调研方法

（1）访问法　访问法是指调研人员通过各种方式促使被访问者回答他们所提出的问题，并据此收集所需信息的一种方法，此种方法又可细分为以下几种类型：

① 人员访问。调研人员通过上门拜访或街头拦截等方式直接与被访者对话，从他们对所提问题的答案中获得信息的一种调研方法。

② 电话访问。通过电话与受访者交流以获取所需信息可以在一定程度上减少调研的成本，能在较短时间内从较大的范围收集到信息。

③ 邮寄访问。在进行邮寄访问时，调研人员将事先设计好的问卷寄给受访者，请他们按照要求填写后再寄回给调研人员。

④ 网络访问。网络访问不仅具备了电话及邮寄访问的所有优点，而且还通过提供独特的音效视觉效果，使受访者对回答问题产生更大的兴趣。

（2）观察法　观察法是调研人员直接或利用设备去观察人、物体或事件的行为过程，并系统地加以记录的调研方法。

（3）实验法　实验法是指在一定的控制条件下对所研究的客观体的一个或多个因素进行操纵，以测定这些因素之间的因果关系的一种调研方法。

例：新世纪公司的主要产品为冰淇淋，在没有进行包装改进之前，通过实验测量其6个月销售量增长率为5%，在采用新包装6个月后，测量结果得出，其销售增长率为15%。因此，该公司采用新包装有利于销售增长率的提高，其6个月销售量的增长率提高了10个百分点。

（4）定性调研中的常用方法

① 焦点座谈会法。它一般由8～12人组成，在一名主持人的引导下对某一主题或观念进行深入的讨论，通过观察参与者对主题的充分和详尽的讨论，调研人员可以了解他们内心的想法以及产生这种想法的原因。

② 深度访问。它是一对一问答式的访谈，其访问中的问题并不一定是事先设计好的，它们可能会随着会谈的深入而逐步展开，由受访者的回答引出很多新的问题。

企业要做好经营决策，必须在做好市场调研的基础上进行市场预测。这是十分重要的。只有这样才能避免和减少经营决策中的失误，使企业持续、稳定、协调地发展。

丰田进军美国

丰田1958年进入美国的第一种试验型客车存在着严重的缺陷：引擎的轰鸣像载重卡车，车内装饰粗糙又不舒服，车灯太暗，不符合美国人的标准，块状的外形极为难看。并且该车与其竞争对手"大众甲壳虫"车1600美元的价格相比，它的2300美元的定价吸引不了顾客。结果，只有5个代理商愿意经销其产品，年度只售出288辆。

面对困境，丰田公司不得不重新考虑怎样才能成功地打进美国市场。他们制定了一系列的营销战略。其中最重要的一步就是进行大规模的汽车市场调查工作，以把握美国市场机会。

调查工作在两条线上展开：
（1）丰田公司对美国的代理商及顾客需要什么等问题进行彻底的研究；
（2）研究外国汽车制造商在美国的业务活动，以便找到缺口，从而制定出更好的销售和服务战略。

调查表明，美国人对汽车的观念已由地位象征变为交通工具。美国人喜欢有伸脚空间、易于驾驶和行驶平稳的汽车，但希望在购车、节能、耐用性和易保养等方面所花的代价大大降低。丰田公司还发现顾客对日益严重的交通堵塞状况的反感，以及对便于停放和比较灵活的小型汽车的需求。

调查还表明，"大众甲壳虫"的成功归于它所建立的提供优良服务的机构。由于向购车者提供了可以信赖的维修服务，大众公司得以消除顾客所存有的对买外国车花费大，而且一旦需要时却经常买不到零配件的忧虑。

根据调查结果，丰田公司的工程师开发了一种新产品——皇冠牌（Corona）汽车，一种小型的在驾驶和维修上更经济实惠的美国式汽车。

经过不懈努力，到 1980 年，丰田汽车在美国的销售量已经达到 58000 辆，占美国所进口的汽车总额的 25%。

4.2 配件采购渠道及手续

通过详细周密的市场调查，配件经销商就会了解与掌握汽车维修市场需要哪些配件了，但是其他配件经销商同样也了解这些信息，那么怎样才能最大获利呢？把好进货关就是其中的关键。

4.2.1 进货渠道

市场上常见的配件（汽车用品如油料、辅料不在其列）一般有以下几个来源。

原厂件：俗称 OEM 零件，使用整车生产厂家的原厂商标，质量好、服务体系完善、价格高，一般由原厂售后服务部门进行区域调配，也对外销售。国内的汽车生产厂家强烈建议自己的特约维修站采用原厂件，以保证车辆的正常运行。

配套厂外销件：作为整车生产厂家的零部件配套厂也可在整车生产厂家许可的情况下，对外销售配套件，但不允许使用整车生产厂家的 OEM 标识和品牌，这些零部件均采用配套厂自己的品牌。其质量与原厂零部件没什么区别，价格相对原厂件来说会低一些。

许可生产件：经整车生产厂家许可，生产和销售汽车零配件，配件质量必须经过整车生产厂家的认证，价格较原厂件和配套厂外销件便宜。

其他来源的零件：由某些厂家采用原厂零部件图纸或实物，自行生产的零配件，俗称"副厂件"，一般价格低廉，质量也参差不齐。随着技术的进步和工艺的改进，其整体质量到今天已大为改观，而且很多都不再是"三无"产品。但这类零部件在给用户带来实惠的同时，在一定程度上也侵害了整车制造厂的利益，其合法性至今仍受到汽车制造厂家的普遍质疑。

另外，拆车件和翻新件在国内也逐渐兴起，主要集中在高档车的贵重零件上，但目前还没有一个权威机构对这类配件的质量进行鉴定和认证，因此，质量上还存在一定的风险，价格比较混乱，经营中一定要小小谨慎。

不同的客户对配件的需求不同，我们可根据针对客户的调查结果选择合理的进货渠道，以获得最大的顾客满意度和经营收益。

4.2.2 进货方式与进货量

汽车配件经销商一般都会根据自身的经营特点，选择合理的进货方式，常用的进货方式有以下几种。

1. 集中进货

由专职的采购人员汇总所有销售需求后，向配件生产厂家或上游配件商进货，然后按照销售预期分配给各销售点（或连锁店）进行销售。由于采用集团整体进货的方式，优势十分明显，通过大批量可以获得较好的价格和售后服务，在信息不畅的情况下，灵活性相对会差一些，但是随着计算机技术在配件营销行业的广泛应用，这种劣势已经不复存在。譬如说蓝霸（NAPA）配件，它在全球的所有配件连锁店都是联网的，任何一个连锁店卖出一件商品，在世界任何一个角落都能马上通过网络了解到这笔交易的信息，信息沟通的快捷准确完全弥补了集中进货的缺陷，配合日益完善的物流体系，集中进货正向我们展示着蓬勃的生命力。

2. 分散进货

将配件订购的权限下放到每个营销单位，使其直接面对市场，采购适销对路的产品。这种管理形式在配件经销商中很少见到，一般仅限于部分货源比较紧张的商品，用来消除由于临时断货或缺货等情况所带来的影响。

3. 联合采购

为节约成本，降低费用，以获得更好的价格折扣和售后服务，一些中小配件经销商可以联合起来，共同向配件生产厂家或大批发商进货。这也是中小配件经销商的获利之道。由于它涉及多家配件经销商的具体利益，故而组织工作相对较为复杂。

对于进货量，需要综合考虑企业资金状况、销售状况，衡量采购和库存成本之后才能确定。要从如何在现有资金情况下，遵循市场供求规律，订购最经济的批量，获得最佳的利润回报方面去考虑问题。

配件经销商常用的是采用经济批量法确定进货量，其目的之一就是在一定时期内进货总量不变的前提下，计算出每批次进货多少才能使进货费用和库存费用之和降至最低。

4.2.3 进货业务程序和相关手续

汽车配件经销商的规模有大有小，经营范围各具特色，管理模式更是各不相同，其进货程序之间必然存在一些细微的差异，但是其基本流程一般都遵循以下规律：

① 盘点库存。了解库房配件存货状况。

② 拟定进货计划。主要根据销售需求及销售预期，结合市场调查结果，考虑库房存量，拟定该次订货的计划。

③ 配件询价、看样。将完成的配件订购计划发送到供货商，索取各家的配件报价单，并查看样品，货比三家，保证商品质量，降低采购成本。

④ 确认订单，签订合同。对商品供货达成协议后，双方确认订单并签订配件购销合同，

其后一切均应遵照合同履行义务。

⑤ 提货验收。及时组织采购和库管人员提货验收，并依据合同处理好与供货方的交接和结算问题。以上只是正常情况下的进货流程，在日常配件经营中，市场状况瞬息万变，特别是在紧俏件和加急件的经营上，不可墨守成规。但是有一点必须注意：一定要坚持合同制度，签订完善的配件进货合同，明确各方的责、权、利。

在进货业务中，配件订单是十分重要的一份单据，它是双方交流的专业语言，是进货的基本依据，因此一定要准确明了。如图 4.2 所示，这就是一张典型的配件订单。

序号	零部件编码	零部件名称	品牌	车型	数量	单价	总额	备注
1	8E0698451A	一套盘式制动器	TEXTAR	AD	10	128.0000	1280.00	
2	4B0698151	一套盘式制动器	TEXTAR	AD	10	235.0000	2350.00	

销售员：苏南

车型说明：A：C5A6 1.8/1.8T/2.4/2.8　B：B4（95-97）　C：AUDI 200 C3V6/1.8T　D：B5（98-01）　E：AUDI100 2.6E　F：A6（95-97）　G：AUDI C3（2.2E 4CLY）　H：A8　I：A4（B6）2001-　J：JETTA　K：A4（B5）95-2001　V：V8　L：CITY GOLF　M：TT　P：NET BEETLE　S：SANTAN2000　O：TRANSPORTER　Q：TYPE2　R：FBDA6 98-2001　U：A80，A4USA89-92　X：SHARIN　T：通用　Z：FBUGOLF　Y：POLO　Z：CADDY!：SCIROCCO CORRADO　2：B3

图 4.2　配件订单

在配件订单中，一定要有适用车型和零部件编号，二者结合才能让供货商找到准确的配件。配件的品牌（或产地）也是必需的，它关系到配件的品质和服务，至于配件名称在配件订货中也起着重要的参考作用。

4.3　配件鉴别与验收

4.3.1　根据运输包装规范检查汽车配件包装

汽车配件运输包装标志是指在运输包装外部制作的特定记号或说明。主要作用有：一是识别货物，便于对货物的收发管理；二是明示物流中应采取的防护措施；三是识别危险货物，明示应采用的防护措施，以保证物流安全。

汽车配件运输包装标志按其内容和作用，分为两类：一为收发货标志，或叫包装识别标志；二为储运图示标志。

运输包装标志按表示形式，可分为文字标志和图形标志两类。文字、符号、图形都有标准规定。

1. 包装储运图示标志

包装储运标志是根据汽车配件的某些特性（如怕热、怕震、怕湿、怕冻等）而确定的标志。其目的是为了在汽车配件运输、装卸和储存过程中，引起作业人员的注意。这种标志主要包括：小心轻放、禁用手钩、向上、怕热、由此吊起、怕湿、重心点、禁止滚翻、堆码极限、温度极限等文字和图形标志。

标志的图形、颜色以及标志的形式、位置尺寸等，在国家标准中，均有明确规定（见图4.3～图4.9）。

（1）小心轻放标志（见图 4.3）　用于货物的外包装上。表示包装内货物易碎，不能承受冲击和震动，也不能承受大的压力，如灯泡、电表、钟、电视机、瓷器、玻璃器皿等，要求搬运装卸时必须小心轻放。见国家标准 GB 190—90（1）。

（2）向上标志（见图 4.4） 用于货物外包装上。表示包装内货物不得倾倒、倒置。例如，墨水、洗净剂、电冰箱等产品在倾倒的情况下会受损以致影响使用，要求在搬运和放置货物时注意其向上的方向。见国家标准 GB 191—90（3）。

（白纸印黑色）
图 4.3 小心轻放标志

（白纸印黑色）
图 4.4 向上标志

（白纸印黑色）
图 4.5 由此吊起标志

（3）由此吊起标志（见图 4.5） 用于货物外包装上。表示吊运货物时挂链条或绳索的位置。可在图形符号近处找到方便起吊的起吊钩、孔、槽等。避免在装卸中发生破箱等损坏现象，也有利于提高装卸效率。见国家标准 GB 191—90（6）。

（4）重心点标志（见图 4.6） 用于货物重心所在平面及货物外包装上，指示货物重心所在处。在移动、拖运、起吊、堆垛等操作时，避免发生倒箱等损坏现象。见国家标准 GB 191—90（8）。

（5）重心偏斜标志（见图 4.7） 用于货物重心所在平面及货物外包装上，表示货物重心向右偏离货物的几何中心，货物容易倾倒或翻转。如符号变为其镜像，则表明重心容易向左偏移。见日本一般货物运输指示标志 JISZ 0150—1966（6）。

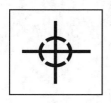
（白纸印黑色）
图 4.6 重心点标志

（白纸印黑色）
图 4.7 重心偏斜标志

（6）易于翻倒标志（见图 4.8） 货物易于倾倒，在搬运放置时要注意安全。见日本一般货物运输指示标志 JISZ 0150—1966（7）。

（7）怕湿标志（见图 4.9）

（白纸印黑色）
图 4.8 易于翻倒标志

（白纸印黑色）
图 4.9 怕湿标志

在使用包装储运图示标志时，粘贴标志要注意位置：箱状包装应贴在包装两端或两侧的明显处；袋捆包装应贴在包装明显的一面；桶形包装应贴在桶盖或桶身明显处。对涂打的标志，可用油漆、油墨或墨汁，以镂模、印模等方式，按上述粘贴的位置涂打或者书写。对钉附的标志，应用涂打有标志的金属板或木板，钉在包装的两端或两侧明显处。对于"由此吊起"和"重心点"两种标志，要粘贴、涂打或钉附在货物外包装的实际位置。

标志的文字书写应与底边平行。粘贴的标志应保证在货物储运期间内不脱落。

2. 运输包装收发货标志

运输包装收发货标志是外包装上的汽车配件分类图示标志及其他标志和其他文字说明排列格式的总称，是为在物流过程中辨认货物而采用的。它对收发货、入库以及装车配船等环节管理起着特别重要的作用。

运输包装收发货标志包括分类标志、供货号、货号、品名规格、数量、重量、生产日期、有效期限、生产厂名、体积、收货地点和单位、发货单位、运输号码、发运件数等。

分类标志（代号F.L）：是表明汽车配件类别的特定符号，按照国家统计目录汽车配件分类，用几何图形和简单的文字来表明汽车配件类别，作为收发货之间据以识别的特定符号。

供货号（G.H.H）：是标明供应该批货物的供货清单号码（出口汽车配件用合同号码）。

货号（H.H）：是标明汽车配件顺序编号，以便出入库、收发货登记和核定汽车配件价格。

品名规格（P.G）：品名是标明汽车配件的名称或代号；规格是标明单一汽车配件的规格、型号、尺寸和品种等。

数量（S.L）：是标明包装容器内所含汽车配件的数量。

重量（Z.I）：是标明包装件的重量（kg），包括毛重和净重。

生产日期（S.C.O）：是标明产品生产的年、月、日。

有效期限（Y.X.O）：是标明汽车配件的有效期限至×年×月。

生产厂名（S.C.C）：是标明生产该汽车配件的工厂名称。

运输号码（Y.H）：是标明运输单的号码。

发运件数（I.S）：是标明发运该批货物的件数。

4.3.2 配件验收

在收到所定配件后，首先要做的就是和库房管理人员一起（最好对方销售人员也在场）对配件进行鉴别验收，处理有争议的问题，然后将配件入库。

配件验收工作主要分两个方面进行：一是品种、型号以及数量的验收；二是对配件质量的验收。

在第一方面，主要验收依据是进货的发票，另外进货合同、发货单和装箱单等都是重要的参考。在验收时，要保证所有配件的品种、型号及数量均与发票上的项目准确对应，不允许存在货单与货物不符的情况，同时要检查有无由于运输造成配件损毁的情况。

对于第二方面需要特别注意，不仅要检查其相关证明材料（如：合格证、保修卡、使用说明等）是否齐全准确，还要仔细检查配件质量是否合乎要求。检查方法一般依据感官作初步判断，有条件的企业可以借助工具和仪器对配件进行抽检甚至全部复检。

1. 感官鉴别法

借助感官判断鉴别配件质量常用的方法有以下几种。

（1）表面质量观察法　配件产品的包装、外观、附件等都能给人十分直接的印象。这里关键的是仔细观察配件产品的表面质量。

对采用铸造生产工艺的金属零件，如各种壳体、缸体、箱体等，要检查是否有铸造缺陷。常见的铸造缺陷有以下几种。

- 孔洞，包括气孔、缩孔、砂眼、渣气孔等；
- 表面缺陷，如粘砂、夹砂等；
- 形状尺寸不合格；
- 裂纹，包括冷裂和热裂。

对于有些采用焊接生产工艺的金属零件，要检查焊接质量，查看有无焊接变形和焊接缺陷。常见的焊接变形有缩短变形、角变形、弯曲变形、扭曲变形和波浪变形等。为了矫正变形，生产厂家会采取一些强制整修措施，但一定会在零件上留下痕迹。

由于材料选择和工艺方面的原因，焊接还容易产生以下缺陷：焊缝尺寸及形状不符合要求、咬边、焊瘤、未焊透、夹渣、气孔和裂纹等。在外观检查时，可借助放大镜、标准样板或量规，至于检验焊接强度和内部缺陷就需借助无损探伤和水压试验了。

对于采用了其他生产工艺的金属零件，主要检查其表面是否有损伤，如：飞边、毛刺、沟槽、缺口、裂纹、磨损、变形、腐蚀、锈蚀等，确定是否可以修复或者直接退换。

对于非金属零件，如塑料、橡胶零件，除了观察有无表面缺陷外，还要注意是否有老化、变质的迹象，玻璃元件必须洁净、通透等。

对于日常经营的油品，难以开瓶（罐）直接检查，建议此类商品一定与供货商达成完善的退换协议。

采用观察法检验零件时，最好找一件标准的零件与之对照，仔细比较，就能初步直观地鉴别零件的质量状况。

（2）敲击法　这也是检验零件的一种常用方法，有些裂纹或者配合松动通过肉眼难以发现，可以采用小锤轻轻敲击，仔细辨别发出的响声，如果发出的金属声音清脆，说明零件状况良好，如果声音沉闷沙哑，则说明零件有裂纹或者配合松动。

另外，浸油锤击法也是一种检查隐形裂纹的好办法。检验时，将零件浸在柴油中一段时间，取出后擦干表面，撒上白粉，再用小锤轻轻敲击，查看是否有油渗出，以此鉴别零件是否存在裂纹。

2. 工具和仪器鉴别法

通过感官鉴别法一般只能观察到零件的一些表面的瑕疵，对零件质量只能有一个感性的认识，要准确鉴定配件质量状况，只有借助一些专业的工具和仪器。常用的手段主要有以下几类。

（1）量器具测量鉴别法　采用各种量器具检查零件的配合尺寸、间隙、表面形状和位置偏差等，这是一种比较精确的鉴别方法。常用的量器具包括直尺、钢带尺、卡钳、厚薄规、游标卡尺、百分尺、百分表等，对于电子元件的检验，万用表也是必备的工具。这种鉴定方法简单可行，成本不高，方便快捷，在实际采购工作中应用较多。

（2）样板检查鉴别法　按技术要求制作（或购买）标准样板，在进行鉴别时，只要将被鉴别零件与样板进行比较，看其偏差是否在允许范围内即可做出判断。这种方法简单实用，在生产厂家的检验部门应用最广,一些较大的配件经销商也有配备样板,但缺点是针对性太强,一件一用,占用成本太高。

(3) 专用仪器检查鉴别法 如用磁力探伤仪检查零件内部的裂纹或空洞;用水压试验器检查容器密封性能;用弹簧弹力试验仪检查弹簧弹力状态;用静或动平衡试验台检查转动件平衡状态等。检测方法一般需要专业的设备和人员,应用成本太高,难以在配件经销商中普遍推广。

上述所有的检验都是为了把好配件质量关,但最好的办法还是从源头上做起,选择品质优良而且具有良好售后服务体系的配件生产厂家(或经销商)的配件,签订完善的采购合同,明确配件质量争议的处理原则和办法,才能真正做到防患于未然。之所以强调这种意见与做法,还因为汽车配件经销商经营的宗旨是服务车主,获取利益,而不是充当厂家的质检员。

4.3.3 处理货损货差

1. 事故记录

记载汽车配件运输事故的记录分为两种:一种是货运记录,另一种是普通记录。

(1) 货运记录。货运记录(又称商务记录),是按照铁路、交通运输部门在承运汽车配件的过程中,发生损失、差错事故,并确定其责任属于承运单位时,所编写的书面凭证。它是审核和收(发)货方向铁路、交通运输部门提出索赔的主要依据。因此,凡遇到下列情况时,都应当于站(港)交接发现事故的当日要求铁路、交通运输部门编制货运记录。

• 汽车配件的种类、件数、重量与货物运单上记载的内容不符时;
• 承运的全部汽车配件或部分汽车配件发现丢失、损坏(包括存破损、湿损、污损、腐坏等)或被盗窃时;
• 汽车配件无运送票据或有运送票据而无汽车配件时;
• 收货单位认为超过运输期限可能发生货物丢失,而向到站(港)提出索赔要求时;
• 其他属于承运部门的责任时。

货运记录应按每份运送票据编写一份,收货单位应于发现事故的当日,携带运送票据(运单、原铅封等)和有关资料到站(港)办理。

(2) 普通记录。普通记录是指铁路、交通运输部门在承运汽车配件的过程中,发现有属于其责任范围以外的运输事故而编写的书面凭证。它是作为分析收、发货单位之间运输事故责任的一般文件,不是向铁路、交通运输部门索赔的依据,通常发生以下的情况,由经办的铁路、交通运输部门在发现事故的当时编写。

• 发、收货单位自行组织装车的铁路整车汽车配件,或发货单位自装由承运单位负责卸货(收货单位监卸)的铁路整车汽车配件,在车体完整、发站铅封完好或篷布苫盖捆扎良好的情况下,全部汽车配件或部分汽车配件有损坏现象或汽车配件与货物运单上所记载的品名、件数或重量不符时;
• 发货单位自行派人押运的汽车配件发生短少或损坏时;
• 随货同行的有关单据丢失时。

2. 汽车配件运输货损货差处理

(1) 运输索赔手续。索赔一般是向到站(港)提出,但确属发站(港)的责任事故,如发站(港)装车(船)前负责保管的汽车配件发生丢失、损坏等,要通过到达的车站或港口，向发站（港）提出。

要求索赔时，应先向到站（港）索取赔偿要求书，赔偿要求书填写后，应连同货运记录、货物运单和其他有关货票、汽车配件价格证件等，在铁路、交通运输部门所规定的索赔期限内送交到站（港）的管理部门；同时取回赔偿要求书的收据，等待承运部门赔偿的通知；当承运部门承认赔偿后，也必须在规定的期限内，及时前往领取赔偿款项。

（2）查询。收货单位或中转单位，发现运到的汽车配件有短溢、串错、损坏及单货不符、单货不同行等情况，除已判明属于承运部门的责任，应该就地编制货运记录提出索赔外，如果属于企业之间的责任事故，则应向发货单位进行查询，以便查明原因，判明责任。

查询一般用查询公函（有些单位用"差错查询单"）。查询函件一般应在收货后十天内发出。查询函件的主要内容，应包括发运日期、发站（港）、到站（港）、车号（船名）、批次（航次）、应收件数、实收件数、溢短件数、品名、重量、汽车配件残损、错串情况以及卸车（船）时的现场详细情况和向铁路、交通运输部门交涉的经过等。同时，要附上必要的证件，如承运部门的记录、货物标签及装箱单等有关资料，供对方作为分析处理的依据。

经过中转的汽车配件，收货单位应先向中转单位查询；经中转单位查明如果属于发货单位责任的，则由中转单位向发货单位进行查询；如果经过多次转运，则应该层层追查，不要超越环节查询，以免纠缠不清。

知识拓展

常用量器具的使用——游标卡尺

在实际使用中，游标卡尺是较为常用的测量工具，它是利用游标原理对两个测量面相对移动分隔的距离进行读数的测量器具。游标卡尺可以用来测量零部件的内径、外径和长度、宽度、深度尺寸。它的测量精度不高，属于中等精度的测量器具。

常见的游标卡尺种类很多，分类方法也不尽相同，按照读数方式不同可以分为普通游标卡尺、带表游标卡尺、数显游标卡尺等；按照用途的不同可以分为普通游标卡尺、高度游标卡尺、深度游标卡尺等。按照精度不同又可以分为10等分、20等分、50等分游标卡尺。

这里就以20等分的普通游标卡尺为例，介绍游标卡尺的构造、原理和读数方法等。

1. 构造

普通游标卡尺的结构如图4.10所示。

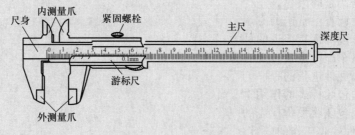

图4.10　游标卡尺结构

2. 原理

20等分游标卡尺，是指采用20分度的游标的游标卡尺，当主尺的最小分度值为1mm时，游标可读出的最小读数为0.05mm。

3. 读数方法

使用游标卡尺读取测量数据的步骤如下。

（1）先读整数　看游标上的零刻度标线位于主尺的位置，如图4.11所示，游标零刻度线位于主尺的8和9之间，因此整数部分读数为8mm。

（2）再读小数　看游标上的刻线，数出游标第几条刻线与主尺的刻线相对齐，如图4.11所示，游标上第7条刻线与主尺的刻线相对齐，因此小数部分为0.05mm×7＝0.35mm。

图4.11　游标卡尺的读数方法

（3）得出测量尺寸　将整数部分和小数部分相加，就是游标卡尺测出的被测物体的所测尺寸：

$$8+0.35=8.35mm$$

4. 注意事项

在读数时，使视线尽可能与卡尺刻线面垂直，要看准游标上的哪条刻线与主尺上的刻线正好对齐，如果游标上的刻线没有和主尺的刻线完全对齐时，就找游标上对得比较齐的那条刻线。

在使用游标卡尺时，要特别注意保护量爪。测量时，只要把物体轻轻卡住即可，尤其不允许把夹紧的物体乱摇动，以免损坏量刃。

使用完毕后用油揩净，将两尺零刻线对齐，检查零点误差有无变化，再放在盒子里盖好，保存在干燥的地方。

思考与练习

1. 简述汽车配件购进业务的程序。
2. 按调查性质分，有哪几种汽车配件市场调查类型？
3. 试述市场调查的内容。
4. 试述定性调查中常用的方法。
5. 试述汽车配件进货渠道的种类。
6. 常用的汽车配件进货方式有哪几种？
7. 试述汽车配件进货的程序。
8. 试述运输包装标志的作用。
9. 试述运输包装收发货标志的内容。
10. 试述配件验收工作的内容。
11. 试述常用的感官鉴别法。
12. 试述运输事故记录的种类和内容。
13. 如何处理汽车配件运输货损货差？

第 5 章　汽车配件库存管理

学习目标

明确配件入库管理的概念和基本流程；了解采购管理的职责；掌握库房分区管理的方法，掌握配件存放和养护的方法，掌握位置码编制的原则和方法，掌握库存控制的原理和方法。

案例导入

每一辆汽车都是由数以万计汽车零配件组成，面对如此庞大的配件数量，就不难理解做好汽车配件的库房管理，是配件供应与经销中至关重要的环节。它的管理是否科学、合理、完善，将直接关系到汽车配件企业的经营效益。假如一位客户前来购买配件，然而我们却不知道配件在库房的存放位置，为了查找一个配件花费大半天的时间，让客户感觉到企业的管理体制非常混乱，那么企业提供的配件质量又怎么能有保证呢？

如何做好汽车配件的入库、出库工作？入库、出库需要做哪些方面的工作？如何进行配件的存入、管理、养护、盘存？所有这些都是汽车配件销售员必须掌握的知识。

5.1　配件入库和出库管理

汽车配件的出、入库是汽车配件库房管理的第一个环节和最后一个环节。汽车配件只有在办理了配件入库手续以后才能进入配件的库房管理阶段。在没有办理库房出库手续前，就必须严格执行汽车配件的库房管理制度，以保证汽车配件的品质不发生变化或将品质变化降低到最低程度。为了保证汽车配件的品质，首先必须掌握配件在入库以前的品质状态，如果没有办理入库手续，那么就根本无法保证配件是优质正品。因此必须严格把关，做好配件的入库工作。在将配件交给客户时，同样也必须做好配件的出库手续，这也是为了掌握配件出库的品质状态，把好质量关，防止以后可能因为配件品质问题与客户发生不必要的争执。

5.1.1　配件入库

配件入库，是指仓库管理人员在接到配件入库通知单后，办理提货、搬运、检查验收、入库等一系列工作的过程。

配件入库前需要办理一套完整的入库手续，配件入库是汽车配件企业运营的第一个环节。汽车配件到货后，配件仓库管理人员根据配件入库程序必须进行验单、检查随配件同时到达的货物清单，按照配件清单所开列的收货单位、配件名称、规格、数量以及交货日期等各项内容，与配件的各项标志逐项进行核对。在验单的过程中必须首先核对配件名称和配件编号，如果发现配件发错，应当拒收退回。在配件入库的工作过程中，配件验收是其中最重要的也是最关键的环节，只有经过验收后的配件才能入库保管。这里就针对配件验收作一个详细介绍。

1. 配件验收概述

配件验收，是指按照验收业务作业流程，根据配件入库清单，对入库配件的质量、数量等项目进行一系列检验的一项技术工作，它涉及多项作业技术。

所有配件在入库前，必须经过验收，只有验收合格的配件才能办理入库手续，正式入库。这是因为：一是配件的来源复杂、运送渠道繁多（如经过公路、铁路、水路、航空等渠道），在整个运送过程中可能受到各种外界因素影响（如多次储存、经历风吹雨淋等），配件的质量、数量都有可能发生变化；二是配件在出厂前虽然经过了检验，但是厂家可能出现某些失误，造成漏检或错检，可能将一些不合格配件按照合格配件交货；三是在配件到货之前，不能排除人为因素以次充好、以假充真，将假冒伪劣的配件交货。

进行配件验收有以下几个方面的作用：

(1) 验收配件是仓库做好配件保管保养的基础　配件在入库前可能经历了长时间、长距离的运输，就有可能经过风吹、日晒、雨淋等自然因素的影响和搬运、装卸等人为因素的破坏，配件的包装可能损坏、丢失，配件的质量、数量就可能发生了变化，因此必须在配件入库前检查配件的品种、规格、质量等是否符合相关技术条件，在充分掌握配件的实际状况后，才便于采取相应的措施对其进行保管、保养。

(2) 验收记录是企业向厂家或供货商提出退货、换货和索赔的依据　配件只有经过验收，才能发现配件的数量是否准确、规格是否相符、质量是否合格。对配件做好详细的验收记录，才有根据向厂家或供货商提出换货、退货甚至索赔等要求。只有对配件进行了严格的验收，将符合合同规定的配件入库，将不合格的配件进行换货、退货或索赔处理，对数量不足的配件要求补偿，才能减少企业不必要的经济损失。

配件验收工作是一项细致而烦琐的工作，必须做到及时、准确、严格。及时对未入库的配件按照入库程序进行严格验收，出具准确的验收报告，是保障配件营销企业合法权益的重要工作，也是维护配件生产厂家、供货商的合法利益的客观依据。

2. 配件验收流程

配件验收包括验收准备、核对凭证和实物验收三个操作环节。

(1) 验收准备　仓库在接到配件入库通知后，应当根据配件的性质、重量、数量等做好验收前的人员、资料、器具、货位、设备等准备工作，如针对配件的数量、重量等，准备好相关的装卸搬运工具。

(2) 核对凭证　配件验收的第一项工作就是检查核对配件的相关凭证。配件入库前要提供入库通知单、发货明细表以及供货单位提供的一切凭证，对于大宗订货还必须提供订货合同副本，而经过运输的配件还需提供货物承运单位的运单，并且对所有凭证进行一一核对后，才能进行下一步的工作。

(3) 实物验收　配件验收的最后一项工作，也是最关键性的工作就是配件的实物验收工作。实物验收包括两个方面的内容：数量验收和质量验收。数量验收是保证配件数量准确不可缺少的重要步骤，库房管理人员须按照商品性质和包装情况认真地验收配件的数量，在汽车配件的数量验收工作中，计件是主要的验收方式。汽车配件的质量验收主要是进行外观检验，外观检验其中又是主要检查配件包装是否破损，配件表面是否有损伤，如变形、破碎，配件是否生锈、潮湿等。

配件经过认真的验收工作等一系列入库手续以后就可以登记入库。

5.1.2 配件出库

配件出库，是指库房根据企业的销售业务部门开出的配件出库凭证（如配件提货单），按凭证所列的配件编号、名称、规格、型号、数量等项目，组织配件出库的一系列工作。

配件出库是配件库房储存的终止，是配件库房管理的最后一个环节。配件出库后可能直接面对使用单位（如汽车维修企业），为确保所出库的配件准确、及时、保质保量发给客户，就必须严格按照库房管理的要求办理一系列的出库手续。

配件出库时要求库房做到未接到出库凭证不翻账、不备货、不出库，只有在认真核实了出库凭证、核对库房配件账卡、核对配件实物后才能办理配件出库手续，配件出库需要认真进行配件的品名检查、规格检查、包装检查、件数检查。具体地说，配件出库需要经过以下几个步骤。

1. 核单备料

库房保管员在接到配件出库凭证后，应该仔细核查凭证的合法性、真实性，核对配件名称、型号、规格、单价、数量等，只有在保证出库凭证的有效性、配件的准确性后才能开始备料。

2. 复核

在配件准备妥当以后，还应根据出库凭证，对已经备好的配件进行复查，保证出库的配件品种数量准确、质量完好。

3. 点交

配件经过复核后，将配件和相关单据当面点清，交给提货人，办理配件交接出库手续。

4. 包装

配件经过复核、点交后，库房管理员应该根据配件外形特征，选用合适的包装材料，根据配件的材质、重量及尺寸进行包装，保证配件在运输过程中便于装卸、搬运，与此同时，还需要在包装后标明配件的名称、数量、收货单位、发货单位等信息。

5. 登账

配件经过点交、包装后，库房管理员应在出库单上填写配件的实发数、出库日期等，并签上自己的姓名，然后将出库单连同相关凭证及时交给客户。在配件的整个出库手续中，复核和点交是最为关键的两个环节，复核可以防止库房管理员的差错与失误，点交则可以划清企业与客户之间的责任。

5.2 配件保管

配件在入库之后、出库之前处于库房的保管阶段。配件的保管是配件库管理的中心环节。

配件保管，就是指在一定的仓库设施和设备条件下，为保持配件的使用价值而进行的生产活动。在配件储存期间，为了保证配件的使用性能不丧失，必须存放在与其性能特点相一致的环境；而在存放期间，外界的温度、湿度等因素每时每刻都在发生变化，这些变化都对保持配件使用性能不利，如库房过于潮湿非常容易引起钢铁制品的配件生锈。因此为了减少库房的配件损耗，就必须对存放的配件进行妥善的保管和养护。

配件保管主要包括库房的布置、配件的存放、配件的养护、配件的盘存等内容。

汽车配件经过验收入库，进入了储存阶段。配件保管保养包含两个方面的内容：一是配件的存放和管理；二是配件养护。

5.2.1 配件存放和管理

配件存放和管理，就是根据各种不同的配件的性能特点、材料材质，结合配件库房的布置条件，将配件存放在合理的场所和位置，为在库配件提供适宜的保管环境。

作为一个大中型的汽车配件经营企业，必然要在配件库房存放几万甚至几十万种汽车配件，涉及的配件数量就可能达到上百万。如此巨大数目，如果没有一个科学的、合理的配件存放管理体制，势必会影响到配件出入库的速度，配件也得不到良好的保管和养护。库房对储存的配件进行科学合理的管理和存放的最重要的方法就是对配件实行分区、分类和定位存放。

1. 配件的分类和库房的分区

因汽车配件的种类、材质、用途各不相同，存放所要求的温度、湿度、光照条件等也均不相同，在进行存放时必须对配件进行分类，将不同类别的配件存放在不同的位置，这样也有利于进行保管和养护。

配件分类方式较多，按照材料材质分类可分为金属、非金属配件；按照其在车辆的功能总成分类可分为发动机、变速器、传动系、悬架/转向、电子电器、空调/暖风及车身、附件及油料等。配件存放分类应结合配件的使用性能、配件的材质以及根据在车辆上是否经常更换进行分类，如首先将配件分为易耗易损配件、不易损坏配件、油料和辅料四大类，再将前两类的配件根据其在车辆的使用功能的总成划分为发动机、变速器、传动系、悬架/转向、电子电器、空调/暖风及车身、附件等；由于油料和辅料不能单独属于汽车总成，如齿轮油，它可用于汽车的各个齿轮箱中——变速器、主减速器等，因此油料和辅料可以根据其本身属性分类，如将油料分为发动机机油、齿轮油、自动变速器油、方向机油、润滑脂、制动液等。

2. 库房分区、货位规划和货位编号

根据配件的分类和配件的储存量等情况，结合库房的建筑形式、面积大小等情况，还须将库房划分为若干分区域，确定每类配件的储存位置。其应该遵循以下几项原则。

(1) 考虑配件的性质和存放要求　性质相同或所要求存放条件相近的配件应该存放在一个区域内，并结合库房的实际条件选择这个区域。如所有油类制品都应该存放在一个区域内，根据油类易燃易爆的特点，应该存放在库房通风良好的区域，根据这个特点，其他易燃易爆的配件均应存放在油类区域附近的区域。

(2) 考虑配件出入库的频率　根据配件出入库的频率和要求选择合理的区域和货位，出入库频率高的配件应安排在靠近出入口的位置，如机油滤清器、汽油滤清器、空气滤清器等；体大笨重的配件应考虑装卸机构作业是否方便，如发动机总成、变速器总成、驱动桥体等；易损坏的配件应安排在人员及装载机械不易碰到的区域，如玻璃制品等。

(3) 考虑配件的储存量　根据配件储存量的多少，比较准确地估算各种配件所占的区域大小和货位数量。

(4) 考虑机动货位　在划分库房区域和货位数量时，一定预留机动货位，以保证配件大量出入库时起到调剂作用，以避免打乱其他货位的安排。

(5) 货位编号　货位编号，是指配件存放场所按照位置的排列，采用统一的标识编上顺序号码，并作出明显标志。货位编号采用的方法很多，应结合库房的结构特点与大小，企业经营配件的种类与规模，根据具体使用情况加以选择。编号规则确定以后就应按照统一的规则和方法进行货位编号，以便于查找和防止混乱。另外，为了方便库房管理，货位编号和货位规划可以制成一个平面布置图，通过平面布置图就可以方便地了解和掌握库房的配件存放分布情况，还可以实时掌握配件存放动态信息。

5.2.2 汽车特殊配件的存放

1. 减振器

减振器在车上是承受垂直载荷的，若长时间水平旋转会使减振器失效，因此存放减振器时要将其竖直放置。水平放置的减振器在装上汽车之前要在垂直方向上进行几次手动抽吸。

2. 塑料油箱

为减轻整车装备质量，越来越多的车型采用塑料油箱。塑料油箱在存放过程中有两个方面值得注意：第一是因为塑料易变形，应将有塑料螺纹的安装孔（例如燃油浮子的安装孔）的塑料盖子盖上并拧好，防止长时间库存发生变形后盖子拧不上或者拧上后密封不好而发生燃油泄漏事故；第二是所有孔中都得盖上防尘盖，以防灰尘杂质进入油箱。因为塑料油箱上没有放油螺塞，一旦带有灰尘杂质的油箱装上车后，如要将杂质排出来，只有将油箱拆下来才能清洗。

3. 爆震传感器

爆震传感器受到重击或从高处跌落后就会损坏，为防止取放配件时失手跌落而损坏爆震传感器，这种配件不应放在货架或货柜的上层，而应放在底层，且应分格存放，每格一个，下面还要铺上海绵等软物。

4. 不能沾油的零件

轮胎、水管接头、V带等橡胶制品怕沾柴油、黄油、机油，尤其怕沾汽油。若经常与这些油接触，会使零件很快老化，质地膨胀，加速损坏。

干式纸质空气滤清器滤芯不能沾油。否则尘砂黏附在上面会将滤芯糊住，增大气缸进气阻力，使气缸充气不足，影响发动机功率的发挥。

发电机、启动机的炭刷和转子若粘有黄油、机油，会造成电路断路，使之工作不能正常甚至汽车不能启动。

风扇皮带、发电机皮带若沾上油，就会引起打滑，影响冷却和发电。

干式离合器的各个摩擦片应保持清洁干燥，若沾油就会打滑。同样，制动器的制动蹄片如沾上油，则会影响制动效果。

散热器沾上机油、黄油后，尘砂黏附在上不易脱落，会影响散热效果。

5.2.3 备件的位置码管理系统

1. 位置码简介

位置码就是表明备件存放位置的代码。任何一组字母（a，b，c）总可以找到唯一的一点与它对应，即相当于说明该件的位置为：过道/架号，列，层。

2. 位置码编制的原则

① 根据修理项目进行编组；

② 配件的存放位置便于取放；

③ 流动量的大的配件应放在前排货架，方便配件人员查找和取用；流动量小的配件应放在后排货架。

3. 位置码编制步骤

① 首先按区（库）分类。根据维修车辆的类型或企业的具体情况，不同车型的配件应存放在不同的库房或同一库房的不同区。用 1 号库、2 号库或一区、二区表示。

② 然后按过道（货架号）编排。用 A，B，C 表示。

③ 其次按列编排。用 1，2，3 表示。编排顺序一般有从左到右、环形、蛇形等。

④ 再按层编排 Z 轴表示第几层。用 A，B，C 表示。一般为从上至下法/从下至上法。

⑤ 打印，张贴位置码标牌于货架上，标牌的内容如下：

备 件 号	备 件 名 称
位 置 码	包 装 数 量

⑥ 位置码中的数字一定要通过英文字母分开书写。

⑦ 备件的存放，要根据备件销售频率、体积、重量的大小及备件好的大类、小类的先后顺序存放，即最前面的是各种车型/型号的号码，然后是主组、子组的号码。

⑧ 备件存放在货架上，要考虑预留空货位，它可作为备件号的更改及品种增加时的补充，这些预留货位可以直线排列、对角排列或间隔排列。

⑨ 货架的布置可"背靠背"，也可单排摆放，以方便实用为原则。

5.2.4 库存汽车配件数量管理

对库存汽车配件进行记载统计，准确计算和按期清点，核实数量等一系列的工作，称为库存汽车配件数量管理。

1. 库存汽车配件实物标量

汽车配件堆放时要实行分批堆垛、层批清楚。货垛标量常见的有以下几种方法：

（1）分层标量法。对于垛型规则，层次清楚、各层件数相等的货垛，在完成堆码后，即可分层标量。这种标量法可以达到过目知数，分层出库后便于核对结存数，盘点对账，也非常方便。

（2）分批标量法。在分层标量的基础上，为了使货垛标量适应出拆垛的需要，可采取大垛分小批的排码方法，分别以小批为单位进行标量，这就是分批标量法。例如，有某汽车配件 210 件，堆 7 层高，需要打 30 个底，则可将 30 个底在同一个货位内分成 3 个小批垛，每批 10 个底，垛码好后，再行分批标量。这样就缩小了计数范围，清点也方便。在分批出库后不必调整标量数，盘点时，以未出库的小批垛为基数，再加上已出库的小批垛的余数，即得总件数。

（3）托盘堆码标量法。托盘堆码应实行逐盘定额装载，标量时应以托盘为单位，从下到上、由里向外逐盘累加标量，边堆码边标量。

2. 汽车配件保管卡

（1）汽车配件保管卡的种类　汽车配件保管卡是根据各仓库的业务需要而制定的。常见的有两种形式：①多栏式保管卡。这种保管卡适用于同一种汽车配件分别存放在好几个地方时使用的卡片。②货垛卡片。

（2）汽车配件保管卡的管理　汽车配件保管卡的管理，有集中管理与分散管理两种。前一种的优点是：保管员能随时掌握汽车配件全面情况，做到心中有数，便于记账，节省时间；避免卡片丢失、漏记、借记。其缺点是汽车配件货架上缺乏标志，容易发生收发货差错。后一种的优点是：发货时单、卡、货核对方便，便于动碰复核和盘点。其缺点是：容易丢失，记卡不便，容易漏记、错记。

3. 汽车配件保管账

内容包括：品名、编号、规格、等级、出入库日期、数量、结存数、计量单位等。保管账设置有的以保管组，有的以仓间为单位建账，也设专人记账。记账时，严格以凭证为依据，按顺序记录库存汽车配件的进出存情况；按规定记账，坚持日账日清，注销提单，按日分户装订，分清账页，定期或按月分户排列，装订成册，汽车配件账册注意保密，非经正式手续，外来人员不准翻阅；各类单证销毁，需先报经批准。为保证账货相符，在管理中必须注意：一个仓库内，并垛数量不宜过大，分垛不宜太多；分垛汽车配件不宜跨仓跨场；汽车配件移仓，应及时记录，尤其是跨仓间的移仓汽车配件，应通知账务员办好转账手续，抽移账页。

5.2.5 汽车配件条形码管理

要维持一个仓库的正常功能，就要处理物料入库、出库、统计、盘点、收集订单、交货、验货、填写发货单、签发收据等事宜。这些都要求反复涉及库存货物、进货货物的品名、规格型号、产地、单价、批发价等参数。如果货物上都标注上条形码标签，则可避免仓库管理人员反复抄写上述项目。进货、发货时，工作人员只需利用便携式条形码阅读器光笔读入货物包装上的条形码信息，然后，通过条形码命令数据卡输入相应数值和进货或发货命令，计算机就可打印出相应单据。通过与主计算机联系，主计算机还可自动结算货款、自动盘货。

1. 条形码的结构

条形码由黑色条符和白色条符根据特定的规则组成。黑白条符不同排列方法构成不同的图案，从而代表不同的字母、数字和其他人们熟悉的各种符号。

一个完整的条形码信息由多个条形代码组成。由于整条信息中的黑白条符交替整齐地排列成栅栏状，人的眼睛不易区别其中单一字符的条形代码，要利用电子技术来识别。

2. 条形码信息的阅读

在仓库汽车配件条码管理中，一般采用便携式条形码阅读汽车配件条形码信息。便携式条形阅读器一般配接光笔式或轻便的枪型条形码扫描器。便携式条形码阅读器本身就是一台专用计算机，有的甚至就是一部通用微型计算机。这种阅读器本身具有对条形码扫描信号的译解能力。条形码内容译解后，可直接存入机器内存或机内磁带存储器的磁带中。阅读器本身具有与计算机主机通信的能力。通常，它本身带有显示屏、键盘、条形码识别结果声响指示及用户编程功能。使用时，这种阅读器可与计算机主机分别安装在两个地点，通过线路联成网络，也可脱机使用，利用电池供电。特别适用于流动性数据采集环境。收集到的数据可定时送到主机内存储。有些场合，标有条形码信息或代号的载体体积大，较笨重，不适合搬运到同一数据采集中心处理，这种情况下，使用便携式条形码阅读处理器十分方便。

5.2.6 配件养护

配件养护，是指配件在储存过程中，库房管理人员定期或不定期地对其进行保养和维护的工作。配件养护是防止配件质量变化的重要举措，是库房保管中一项经常性的工作。汽车零配件中的许多部件在储存过程中如果不注意养护工作，很难保证它良好的品质。比如，钢铁制品的配件在潮湿的环境非常容易生锈，必须定期检查，发现配件表面存在锈斑时应该及时采取适当的防锈措施。

1. 常见的汽车配件的储存质量问题

汽车配件绝大多数系金属制品。大量的储存质量问题表现为生锈和磕碰伤；少数的也表现为破损；橡胶制品则为橡胶老化和变形（失圆、翘曲）；铸件和玻璃制品为破损；毡呢制品为发霉虫蛀；电器配件表现为技术性能失准或失效等。归纳起来大致有下述类型：

(1) 生锈和磕碰伤，大量的事例常见于各种连接销和齿轮及轴类配件。如活塞销、转向节主销、气门、气门挺杆、推杆、摇臂轴、曲轴、凸轮轴等。特点是都有经过精加工的磨光配合工作面。如发现生锈、磕碰伤，轻微的可以用机械抛光或用"00"号砂纸轻轻打磨的办法予以去除，然后重新涂油防护。但严重而影响其使用质量的，其中有加大尺寸余量的可磨小一级予以修正，但已经是标准尺寸或已是最小维修尺寸的只能报废。有的则需要进行修复并降价处理。如曲轴和其他一般轴类可用喷焊或镀铬后再磨光。但在加工成本过高，货源又较充沛的情况下，不受用户欢迎，往往也只得报废。又如变速齿轮及具有花键的轴，如啮合工作面锈蚀严重，虽经除锈，但容易造成应力集中，在一定程度上削弱其使用质量和寿命，故生锈轻者可降价销售，重则需要报废，这往往要视影响质量程度及需求情况而定。

(2) 配件的铸锻毛坯面往往由于清砂或清洗不净，残留氧化皮或热处理残渣，虽然经过涂漆或蜡封，但在储存中仍旧极易生锈而且更为严重（大块剥蚀）。这种情况，必须彻底加以清除和清洗干净，然后重新涂漆或油封，且需视其外观质量及影响使用质量的程度，进行按质论价。

(3) 电器仪表配件往往由于振动、受潮，产生绝缘介电强度遭到破坏，触点氧化，气隙走动，接触电阻增大等故障。致使工作性能失控或失准，则必须进行烘干、擦洗（接触件），调整并进行重新校验，以保证其工作性能的恢复符合标准。某些电器仪表的锌合金构件，往往发生氧化变质因而造成早期损坏，则必须进行修理、校准，严重时也只得报废。

(4) 蓄电池和蓄电池阴阳极板往往由于包装不善或未注意防潮，短期内便造成极板的氧化发黄，较长期后则会造成极板的硫酸铅化，使其电化学性能明显下降，甚至无法挽回，故在储存中必须十分注意防护。

(5) 由铸铁或球铁制成的配件，如制动鼓、缸体、缸盖、气缸套筒、启动机、发电机端盖等配件，往往在搬运中磕碰而造成破裂或缺损，除端盖可以更换外，其他则无法修复终成废品。

(6) 玻璃制品的破损，橡胶配件的自硫老化，石棉制品的损伤裂缺，都无法进行修补。

综上所述，可见在保管工作中对储存汽车配件的经常检查和维护，贯彻"以防为主"的方针非常重要。配件养护必须采取"以防为主、防治结合"的方针，做到防得早、防得细，尽量做到配件不发生质量变化的问题；一旦发现配件质量出现问题，须及时采取恰当的防治措施，将损失降到最低程度；要尽量避免平时不防护，等到出现质量问题以后再采取措施，那时就有可能已经"为时已晚"。比如，发动机修理包中许多衬垫为纸质材料，一旦受潮就无法使用，因此一定要注意防潮。

作为一名合格的汽车配件销售员必须掌握必要的配件养护常识，以便能积极协助配件库房管理人员做好配件的保管工作。

2. 汽车配件养护的基本措施

（1）预防措施　根据配件的性能、材质等情况，应选择适当的储存地点。为了保证配件质量不发生变化，就应当根据配件的使用性能、材料，将性质上相互抵触的配件分开存放，避免配件本身相互沾染（如防冻液必须与金属配件分开存放）。

配件进入库房之前，在运输、搬运、装卸过程中可能受到雨淋、水浸、沾污或因震动、撞击，致使配件或包装受到损坏，入库时必须加强验收工作，防止已经损坏的配件进入库房。

配件储存必须根据其性质、包装条件、安全要求采用适当的堆垛方式，达到安全牢固、方便装卸以及节约库房空间的目的。例如：玻璃制品就不能进行直接堆积存放，而应该存放在玻璃架上。

各类商品的储存过程多数是因受到空气温度和湿度的影响，其质量会发生变化。因此商品在储存过程中必须控制在一个适宜的温湿度范围。这就要求掌握自然气候的变化规律，通过各种防护措施使库房的温度、湿度得到控制与调节，创造适合存放配件的温湿度条件。如在南方春、夏季雨水多，空气极度潮湿，必须做好有效的防潮措施，保证库房的湿度控制在适宜的范围。

坚持定期检查和不定期抽查，及时发现配件质量的变化。为了保证对配件进行及时保养与维护，就应该根据配件的性质、库房存放条件、配件存放的时间以及当地气候的变化情况制定养护计划，确定养护周期、检查内容等，防止配件受到损失。

（2）库房温湿度控制　每种配件的存放都有其自身适宜的温度范围，在配件库房保管中，做好库房环境温湿度的控制与调节，是库房管理员的重要职责。目前配件存放的温湿度的控制方法主要有以下几种。

① 采取密封的方法　密封措施是库房对配件进行温湿度控制和调节的基础。密封的方法有宏观和微观之分，宏观的密封方法就是对库房进行整体式密封储存，使库房的温湿度相对稳定，从而达到防潮、防热、防锈蚀等效果；微观的密封方法就是对单个零件或某类零件进行局部密封储存，从而使这个或这类零件达到防潮、防热、防锈蚀等效果。在实际应用中，经常采用的密封方法就是针对单个零件进行密封保存。

② 加强库房的通风　这是调节库房温湿度的最简便易行的有效方法。根据当地自然气候的变化，掌握库房温湿度的变化规律，结合库房存放配件的性质，运用机械或自然通风的手段，来调节库房的温湿度。

③ 采用吸潮的措施　如果库房的湿度过高时（如遇到南方的梅雨季节等情况），采用库房通风已经无法控制库房的湿度时，就需要对库房进行除湿处理。目前常见的除湿方法有两种：一是通过空气除湿器除湿；二是通过吸湿剂吸潮。库房常用的吸湿剂有生石灰、氯化钙和硅胶等。

（3）金属配件的防护　金属在大气中存放生锈是一种常见的自然现象，例如，存放在露天的金属制品遇雨就会生锈，长期不使用且缺乏保养的金属制品也会生锈。金属生锈不仅损坏了制品的外形，而且也导致其功能丧失。在汽车配件中，有大量的配件是采用金属加工而成的，因此防止或减缓金属制品的锈蚀，是库房配件养护的重要内容。

① 金属配件锈蚀的原因　金属配件的锈蚀主要是由于周围介质的化学作用和电化学作用而引起，有时还包含机械、物理或生物的作用。金属腐蚀有三种形式：一是化学腐蚀；二是电化学腐蚀；三是大气腐蚀。

大气腐蚀是最常见、最普通的金属腐蚀。它是在金属表面形成一层很薄的水膜下发生的。各地的大气腐蚀速度都不一样，在大气中含盐分较多的地区大气腐蚀比较严重，如沿海地区（含氯化物较多）、工业地区（含氯化物和硫酸盐较多）。大气腐蚀是物资存储过程中最常见的一种腐蚀现象，绝大部分汽车金属配件的腐蚀都是由于大气引起的，属于大气腐蚀。

② 金属配件的防锈　要做好金属配件的防锈，就必须从金属腐蚀产生的机理出发，严格防止或控制金属表面水膜形成，防止腐蚀的化学或电化学反应的发生。目前最根本的防锈途径就是设法隔离或阻止金属配件与外界空气接触。一般采用以下几个隔离方法。

a. 涂油防锈　这是一种应用非常广泛的防锈方法，通过涂油，利用油层将金属配件与外界隔离，从而达到防止锈蚀或减缓锈蚀，如活塞组件、变速器齿轮等汽车配件一般采用涂油防锈。防锈油一般由油脂和缓蚀剂组成，如凡士林、硬脂酸铝等。

b. 涂漆防锈　这也是一种非常常见的防锈方法，通过在金属表面涂上一层薄漆膜，干燥后即可防锈，如汽车车身的漆层，既有防锈作用，又起到了装饰作用。

c. 气相防锈　这是另外一种较为常见的防锈方法，它是在密封严格的金属制品包装内放入一些有挥发性的防锈药剂，利用挥发出的气体进行防锈。它一般有两种方法：一是气相缓蚀剂，它是直接把缓蚀剂制成粉末或压成片状放入塑料薄膜包装袋内，再放入配件包装中，常用于各种精密金属制件、仪器仪表，如汽车仪表总成的防锈；二是气相防锈纸，这是将不同的缓蚀剂溶于溶剂或水，涂刷在包装纸上，烘干后用来包装配件，起到防锈的作用，如发动机缸体的外包装纸。

d. 造膜防锈　造膜防锈的原理与涂油相同，都是通过密封的原理防锈。

汽车配件的养护是一项艰巨而长期的工作，要切实做好"以防为主、防治结合"，在养护过程中多种养护方法相互配合使用，从整体上全面做好汽车配件的库房养护工作。

5.2.7　配件盘存

1. 配件盘存概述

配件盘存，是指汽车配件在库房存放期间，库房管理人员定期对库房储存的配件的种类、数量进行盘点清算，填写盘赢盘亏表，掌握库房配件库存量和配件质量变化的一项工作。配件盘存是库房管理中非常重要的一项工作，盘存工作的好坏直接关系到配件企业制定的配件采购计划、配件的养护计划、库存配件的盈损情况，因此汽车配件经营企业必须对库房制定一套严密的库房盘存制度。

汽车配件销售员也必须清楚配件盘存的重要性，在配件营销过程中，经常与库房管理人员沟通，实时掌握配件库存量，将有助于做好配件的订购与销售工作。

2. 配件盘存的分类

配件盘存根据盘存期限可分为定期盘存和动态盘存。

定期盘存就是库房根据储存的配件制定一个长期的配件盘存计划，根据计划定期对存放配件进行盘点清算，它又可分为月份盘存、季度盘存、半年盘存和年度盘存，这几种盘存方法可以相互结合进行，这主要由汽车配件经营企业根据自身的经营规模和状况来决定采取哪几种定期盘存方式。

动态盘存是指库房对当天发生库存变化的商品进行的盘存。动态盘存相对于定期盘存来看，能够及时发现库房配件库存不足、配件质量变化等问题，但是人力、物力消耗较大，它常见于配件进出量大的库房。

配件盘存无论采取什么方式，必须保证盘存的项目基本相同，必须做到账账相符、账卡相符、账物相符。

3. 配件盘存的作用

（1）了解配件库存量，调整配件采购计划　无论采取什么样的配件盘存方式，都能掌握配件的库存量和进出库情况，分析配件的销售规律，及时调整配件的采购计划，处理降低库房的配件积压率，加速库房货物和资金的流转，从而提高企业的资金利用率和经济效益。

（2）及时发现库存配件质量变化，加强配件养护　采取定期盘存，需要将配件的实物与配件库房账目进行一一盘点清算。在核对配件实物时，同时就是进行配件质量的检查过程，掌握配件的质量情况，及早发现配件的质量问题，及时调整配件的养护周期，从而减少库存配件因保养养护不当而造成的损失。

4. 配件盘存的流程

① 登记配件日出入库账簿。根据配件出入库的日登记账簿，结算盘存数。配件的每次出入库都需要办理严格的入库、出库手续，登记出入库配件的名称、规格、数量、出入库时间。做好配件出入库账簿的登记是配件盘存的基础。

② 做好配件的日常账簿的统计。为了避免盘存的统计工作量，必须定期对日登记账簿的统计结算，尽量做到日结日清，周结周清，保证实时掌握配件库存量的变化。

③ 账物对账。做好配件的日常账簿统计，是配件账目清楚明了的保证，但是不能保证库房的配件与账簿完好相符，在进行配件盘存时，在确保账账相符的情况下，根据账簿进行实物盘点清算，做到账物相符。

④ 统计上报。根据盘点清算的结果，做好盘存盈亏报表，统计配件库存量，分析库房盈亏的原因，制定下一阶段的配件订购计划和配件养护计划。

5. 盘点的方法

（1）永续盘点：指保管员每天对有收发动态的配件盘点一次，以便及时发现和防止收发差错。

（2）循环盘点：指保管员对自己所分管物资分别按轻重缓急，作出月盘点计划，按计划逐日盘点。

（3）定期盘点：根据月、季、年度组织清仓盘点小组，全面进行清点盘查，并造出库存清册。

（4）重点盘点：指根据季节变化或工作需要，为某种特定目的而对仓库物资进行的盘点和检查。

5.3　库存控制与管理

5.3.1　库存概述

库存需要占用资金，会影响企业资金的周转；库存要花费成本，影响企业的经济效益。因此，加强库存管理，保持合理的库存水平，是提高企业经济效益的必要条件。

1. 库存的种类

库存是指将来按预定目的的使用而暂时处于闲置状态的物品或商品。库存可以从不同的角度划分种类，一般有以下几种分类方法：

（1）从生产过程的角度，可把库存划分为以下几类。

① 消耗品库存。消耗品是指企业在正常运营中消耗掉但不构成成品的物品。比如纸张、文具、各种设备维修用品等。保持消耗品的库存是任何组织都必需的，无论是以盈利为目的的企业，还是以服务为目的的机构。

② 原材料库存。原材料是指进到生产过程中将变形或转变为成品的物品。如汽车维修厂的汽车配件。只有制造企业才有原材料的库存。

③ 半成品库存。半成品是指仍处在生产过程中，但部分完工的物品。只有制造企业才有半成品的库存。

④ 成品的库存。成品是指已完工，可以用来销售的商品。制造企业、批发企业、零售企业都保持有成品的库存。

(2) 从经营过程的角度，可把库存划分为国家库存、周转库存、季节库存、在途库存四类。

国家库存是由国家投资建立的战略性库存。建立这种库存的目的是：防止战争和自然灾害对国家造成不利影响；支援国家的重点建设；扶持贫困山区；对关系国计民生的重要商品保障供应等。

周转库存是企业为了保证生产或经营的正常进行所必须保持的库存。周转库存由经常库存和安全库存构成。经常库存是企业在正常的经营环境下为满足日常的需要而建立的库存。在每一期初，周转库存处于最高水平，随着需求的发生，库存不断减少，直到库存水平降为零。在库存还没降到零之前，新的订货将被启动，于是在还没发生缺货之前就会完成补充。安全库存是为了防止不确定因素对库存的影响而建立的。在一个订货周期内，如果由于不确定因素的发生而导致更高的需求或导致更长的订货周期，安全库存将会发生作用。

季节库存是为了调节商品生产与商品销售在季节上的差异而建立的。

在途库存是企业已取得商品的所有权，但尚处于运输、检验、待运过程中的商品。在途库存也是企业的资产也要占压企业的资金。

2. 库存的功能

库存具有以下四项功能。

(1) 时间性功能。任何物品在到达最终消费者之前都要经过漫长的生产和流通过程。从原材料的采购，物品的生产到成品的流通都需要时间。而每一位消费者都不愿意等待如此长的时间。如果企业保持有库存，就可以缩短消费者等待的时间，满足需要。物品的生产周期越长，流通条件越差，库存保持的时间就越长。

(2) 分离功能。库存的分离功能是指库存可以把本来相互连接、相互依赖的各环节分离开来，使每一环节能以最经济的方式进行。原材料库存把供应商和制造企业分离；半成品库存把各个生产环节分离；成品库存把制造企业和采购商、供应商和消费者分离。

(3) 不确定因素的缓冲功能。安全库存的功能是用来吸收由于不确定因素的发生对企业正常运营的影响。不确定因素主要有两种类型：一是需求；二是前置时间。

(4) 经济性功能。经济性功能是指库存可使企业利用成本进行方案的选择。企业既不应库存投资过多，又不应库存投资过少，而应保持一个最优值。

3. 库存系统的构成

库存系统通常有以下四个构成部分。

(1) 需求。需求是任何一个库存系统的首要构成部分。正是由于有商品的需求，企业才有必要保持商品的库存。需求可根据其数量的变化分为不变需求和可变需求。当需求数量不变,且已知时,则该库存系统被称为确定性库存系统;当需求数量可变,但知道其概率分布时,则该库存系统被称为概率型库存系统。

需求又可分为相关需求和独立需求。当某种物品的需求与企业内其他物品的需求不相关,而是取决于企业以外的因素时,这种需求被称为独立需求。独立需求的数值是不确知的,必须靠预测。如成品、消耗品都属于独立需求的物品。由于独立需求的物品随时都可能发生需求,因此必须经常保持库存。当某种物品的需求与组织内的其他物品的需求相关时,这种需求被称为相关需求。相关需求的数值不需预测,只要确定了它的母项物品的需求,就可准确地计算出来。

(2) 补充。补充也是库存系统的一个构成部分。库存的补充可根据其数量、模式和前置时间进行分类。补充的数量是指订货的数量,补充的时间是指订货的间隔时间。根据库存管理系统的不同类型,订货的数量可分为不变的订货量和可变的订货量,订货的间隔时间也可分为不变和可变两种。订货量和订货时间是相互影响的关系。订货量不变的库存管理系统被称为固定订货数量系统;订货间隔时间不变的库存管理系统被称为固定订货间隔时间系统。所谓补充模式是指物品入库的方式。补充模式包括瞬时的、均衡的和分批的。

前置时间是由订货准备时间、发送订单时间、物品的生产和运输时间、物品的检验和搬运时间组成的。前置时间可以是不变的和可变的。前置时间不变且已知时,该库存模型是确定型模型;前置时间可变,但能确定它的概率分布时,该库存模型是概率模型。

(3) 约束。约束也是库存系统的一个构成部分。约束是指企业在库存系统上的限制条件。通常库存系统的约束有两方面:一是仓库容量的约束,它会限制库存商品的数量;二是组织资金的约束。它会限制库存的投资额。在存在库存约束的条件下,企业需要重新建立库存管理系统的优化策略。

(4) 成本。成本是任何库存系统的重要构成部分。是指企业在确定库存策略时,以追求库存总成本最低为目标。

5.3.2 库存问题的类型

(1) 根据订货的重复性,可把库存管理系统划分为一次性订货问题和重复性订货问题。一次性订货是指物品一次性订齐,不再重复订购。比如鲜花、圣诞树、报纸等物品的订货属于一次性订货。重复性订货是指一次又一次地订购同一物品,消耗的库存要不断得到补充。

(2) 根据物品的来源,可把库存管理系统划分为外购和自制。外购是指物品要从企业的外部购买。这种库存系统物品的入库补充是瞬时的。自制是指物品的来源是企业内部,这时的补充模式是均衡的或分批的。

(3) 根据影响库存的两个变量——需求量和前置时间的知晓程度,可把库存管理系统分为确定型和概率型。当需求量和前置时间不变且已知时,该库存系统是确定型库存系统。确定型库存系统的订货量和订货间隔时间都是确定的。当需求量和前置时间可变,但知道它的概率分布时,该库存系统是概率型库存系统。概率型库存系统的订货量和订货时间依据不同的管理系统可能相同也可能不相同。

(4) 库存管理系统有五种类型。通常把库存管理系统分为连续库存管理系统、双堆库存管理系统、周期库存管理系统、非强制补充库存管理系统和物料需求计划系统。连续库存管理系统、双堆库存管理系统、周期库存管理系统和非强制补充库存管理系统适合于独立需求的物品。物料需求计划系统适合于相关需求的物品。连续库存系统和双堆库存系统统称为固定订货量系统（以数量为基础的系统），是每当库存降到再订货点时就开始订货，每次订货的数量相同。定期库存系统和非强制补充库存系统统称为固定订货间隔期系统（以时间为基础的系统）。定期库存系统是每隔一段时间就订货，每次订货的数量不相同，但订货的间隔时间相同。非强制补充库存系统是每隔一段时间就检查库存，但当库存降到再订货点时才订货，每次的订货数量不同。物料需求计划系统是根据独立需求的物品的需求量和时间来确定相关需求物品的订货量和订货时间。

5.3.3　库存管理的重要方法——ABC库存分类管理法

1. ABC库存分类法的基本原理

ABC库存分类法的基本原理是：由于各种库存品的需求量和单价各不相同，其年耗用金额也各不相同。那些年耗用金额大的库存品，由于其占压企业的资金较大，对企业经营的影响也较大，因此需要进行特别的重视和管理。ABC库存分类法就是根据库存品的年耗用金额的大小，把库存品划分为A、B、C三类。A类库存品：其年耗用金额占总库存金额的75%～80%，其品种数却占总库存品种数的15%～20%。B类库存品：其年耗用金额占总库存金额的10%～15%，其品种数占总库存品种数的20%～25%。C类库存品：其年耗用金额占总库存金额的5%～10%，其品种数却占总库存品种数的60%～65%。

2. ABC库存分类法的实施步骤

ABC库存分类法的实施步骤主要包括以下几个方面：

（1）收集数据。在对库存进行分类之前，首先要收集有关库存品的年需求量、单价以及重要度的信息。

（2）处理数据。利用收集到的年需求量、单价，计算出各种库存品的年耗用金额。

（3）编制ABC分析表。根据已计算出的各种库存品的年耗用金额，把库存品按照年耗用金额从大到小进行排列，并计算累计百分比。

（4）确定分类。根据已计算的年耗用金额的累计百分比，按照ABC分类法的基本原理，对库存品进行分类。

（5）绘制ABC分析图。把已分类的库存品，在曲线图上表现出来。

例5.1：某汽车服务企业拥有十项库存品，各库存品的年需求量、单价如表5.1所示。为了加强库存品的管理，企业计划采用ABC库存分类法。假如企业决定按20%的A类物品，30%的B类物品，50%的C类物品来建立ABC库存分析系统。问该电子商务企业应如何进行ABC分类？

解：首先计算出各种库（见表5.2、表5.3）。

表5.1　某汽车服务企业库存需求情况

库存品代号	年需求量/件	单价/元
a	40000	5
b	190000	8
c	4000	7
d	100000	4
e	2000	9
f	250000	5
g	15000	6
h	80000	4
i	10000	5
j	5000	7

表5.2　计算数据

库存品代号	年耗用金额/元	次序
a	200000	5
b	1520000	1
c	28000	9
d	400000	3
e	18000	10
f	1250000	2
g	90000	6
h	320000	4
i	50000	7
j	35000	8

表 5.3　库存品的累积耗用金额和累积百分比

库存品代号	年耗用金额/元	累计耗用金额/元	累计百分比/%	分类
b	1520000	1520000	38.9	A
f	1250000	2770000	70.8	A
d	400000	3170000	81.1	B
h	320000	3490000	89.2	B
a	200000	3690000	94.3	B
g	90000	3780000	96.6	C
i	50000	3830000	97.9	C
j	35000	3865000	98.8	C
c	28000	3893000	99.5	C
e	18000	3911000	100.0	C

最后，按照题目的规定，把库存品划分为 A、B、C 三类，见表 5.4。

表 5.4　库存商品分类

分类	每类金额/元	库存品数百分比/%	耗用金额百分比/%	累计耗用金额百分比/%
A=b,f	2770000	20	70.8	70.8
B=d,h,a	920000	30	23.5	94.3
C=g,i,j,c,e	221000	50	5.7	100.0

ABC 库存分析图如图 5.1 所示。

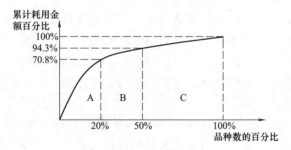

图 5.1　ABC 库存分析图

需注意的是：在进行 ABC 分类时耗用金额不是唯一的分类标准，还需结合企业经营和管理等其他影响因素。有时某项 C 类或 B 类物品的缺少会严重地影响整个生产，于是该项 C 类或 B 类物品必须进行严格的管理，会强制地划入 A 类。所以在分类时不但要依据物品的耗用金额，还要考虑物品的重要程度等其他因素。

3. ABC 库存管理法

A 类库存品：这类库存品品种虽然较少但其耗用的金额较大，对组织最重要，因此需要最严格的管理。组织必须对这类库存品保持完整的库存记录，严格控制库存水平，防止缺货。对 A 类库存品，通常采用连续库存管理系统。

B 类库存品：这类库存品属于一般的品种。对它的管理的严格程度也介于 A 类和 C 类之间。通常的做法是将若干物品合并一起订购。

C 类库存品：这类库存品数量虽多但其耗用的金额较小，对组织的重要性最低，对其的管理也最不严格。对这类库存品通常订购 6 个月或一年的需要量，期间不需要保持完整的库存记录。由于这类库存的投资较少，所以往往把它的服务水准定得很高。对 C 类库存品，双堆库存管理系统通常被采用。

ABC 分类管理的优点是减轻了库存管理的工作量。它把"重要的少数"与"不重要的多数"区别开来,使组织把管理的重点放在重要的少数上,从而既加强了管理又节约了成本。

5.3.4 库存控制的原则

① 不待料,不断料。
② 不呆料,不滞料。
③ 不囤料,不积料。

5.3.5 库存控制

(1) 库存控制的范围
① 生产经常用到的物料。
② 品种少,批量大,购备时间比较长的物料。
③ ABC 物料中的 C 类物料和部分 B 类物料。
(2) 库存控制的核心
① 最低存量,即维持多少存量是最合理的。
② 定购点,即何时补充存量是最适时的。
③ 订货量,即补充多少存量是最经济的。
(3) 安全存量的控制 安全存量即为防止生产发生待料停工现象,事先准备一定数量的存货。安全存量的多少根据购备时间与物料消耗量而定。

$$安全存量 = 每日消耗量 \times 紧急购备时间$$

还应考虑如下因素:浪费的存量、呆料、废料、其他因管理不善需要的存量。
(4) 库存基准设定
① 预估月用量。用量稳定的材料由主管人员依据去年的平均月用量,并参照预测今年的销售计划来预估月用量。季节性与特殊材料由材料人员于每年各季末以前,依前三个月及去年同期各月的耗用量,并参考市场状况设定预估月用量。
② 请购点设定。

$$请购点 = 购备时间 \times 预估每日耗用量 + 安全存量$$

$$采购需求量 = 本生产周期天数 \times 预估每日耗用量$$

$$安全存量 = 紧急购备时间 \times 平均每日耗用量$$

$$最高存量 = 采购需求量 + 安全存量$$

③ 物料购备时间:由采购人员依采购作业的各阶段所需日数设定。其作业流程及作业日数经主管核准,送相关部门作为请购需求日及采购数量而定参考。
④ 设定请购量。考虑项目:采购作业期间的长短,最小包装量及最小交通量及仓储容量。

$$请购量 = 最高存量 - 安全存量$$
$$= 本生产周期天数 \times 预估每天耗用量$$

⑤ 存量基准的建立。保管员将以上存量基准分别填入《存量基准设定表》呈主管核准并建档。
(5) 用料差异反应及处理 材料人员于每月 5 日前针对前月开立《用料差异反应表》,查明与制定基准差异原因,并拟订处理措施,确定是否修正"预估月用量",如需修订,应

与反应表"拟修订月用量"栏内修订，并经主管核准后，通知修改库存基准。
（6）库存控制流程　见图5.2。

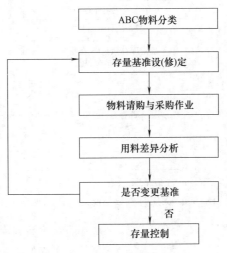

图5.2　库存控制流程

5.4　传统的库存控制与管理技术

5.4.1　固定订货数量制

1. 基本原理

固定订货数量制是以数量为基础的库存管理制度。

固定订货数量制是指以固定的订货量和再订货点为基础的库存管理制度。其基本原理如图5.3所示。

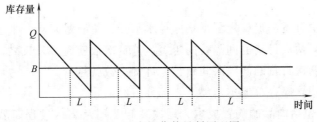

图5.3　固定订货数量制原理图

图5.3中，B为再订货点，当库存量降至再订货点时立即发出订单，补充库存，且每次订货量为Q。L为前置时间。

在固定订货数量制中，要求经常和连续地检查库存。当库存量降到B时，发出订单，补充库存。由于在固定订货数量制中每次都按固定的经济批量进货，所以每次的订货数量不变。但由于不同时期的商品的需求可能不同，库存量降到B的时间可能不同，两次订货之间的间隔时间可能是变化的。固定订货数量制的工作原理框图如图5.4所示。

2. 确定型库存模型

（1）不允许缺货　在固定订货数量制中，每次是以固定的订货批量订货的。订货批量的

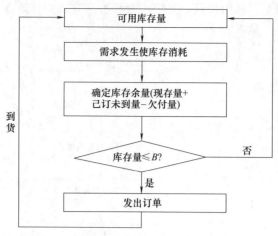

图 5.4　固定订货数量制的工作原理框图

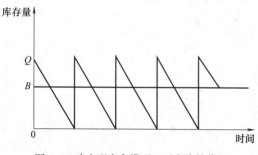

图 5.5　确定型库存模型（不允许缺货）

大小直接关系到库存的水平和库存总成本的高低。为了降低企业的库存总成本，企业通常按照经济批量（Economic Order Quantity，简称 EOQ）进行订货。

所谓经济批量是指使年库存总成本最低的订货量。可用图 5.5 说明。

在图 5.5 中，Q 表示订货量，当订货刚到达时，库存量为 Q。随着商品的不断销售，库存不断减少，当库存量降到 0 时，新的订货到达，库存量重新回到 Q（由于需求率和前置时间是固定不变的，所以可以恰好在前置时间处发出订货，当库存恰好用完时，新的订货到达）。库存不断被消耗，又不断得到补充。平均库存量为 $\dfrac{Q}{2}$。

由此可见，每次订货的量确定了平均库存水平。订货数量越小，平均库存水平越低。但由于年需求量一定，两次订货的间隔时间越短，订货次数就越多。反之，订货数量越大，平均库存水平越高，两次订货的间隔时间越长，订货次数就越少。

如果不允许缺货，库存总成本由以下三部分组成：

① 购进成本。包括商品的购置成本、运输装卸费用及装运过程商品的损耗等。购进成本与购进商品的品种、规格、购买地点、运输方式、运输路线等直接有关。在库存总成本中之所以要考虑购进成本，是因为它要占压企业的资金，要支付利息，要影响企业资金的周转。

② 订购成本。包括订购手续费、催货跟踪费、收货费等。订购成本与每次的订货量无关，只与订购的次数有关。

③ 储存成本。它是商品从入库到出库的整个期间所发生的成本。一般包括仓库保管费、库存品的保险费、库存品的损耗费等。储存成本与订货批量直接有关。

用公式表示如下：

$$年库存总成本＝购进成本＋订购成本＋储存成本$$

$$TC = RP + \frac{R}{Q}C + \frac{Q}{2}H$$

式中 TC——年库存总成本；
  R——年需求量；
  P——单位购进成本；
  C——每次的订购成本；
  Q——每次订货量；
  H——$H=PF$，单位商品每年的储存成本；
  F——年储存成本率。

为了获得年库存总成本最低的订货量 EOQ，需对上式求关于 Q 的一阶导数，并令其等于 0，得如下公式：

$$EOQ = \sqrt{\frac{2RC}{H}} = \sqrt{\frac{2RC}{PF}}$$

经济批量 EOQ 也可以用下面的图解方法求出。库存总成本、购进成本、订购成本、储存成本与订货量之间的关系可用图 5.6 表示。

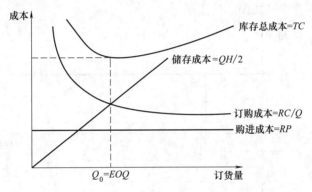

图 5.6 EOQ 与库存总成本、购进成本、订购成本、储存成本和订货量的关系

从图 5.6 可以看出，总库存成本最低的点 Q_0 正好是订购成本与储存成本相等的地方，即：

$$\frac{R}{Q_0}C = \frac{Q_0}{2}H$$

为了从该等式中求 Q_0，它可以变成

$$Q_0^2 = \frac{2RC}{H}$$

Q_0 就是经济订货批量 EOQ，所以，对上式开方得到

$$Q_0 = EOQ = \sqrt{\frac{2RC}{H}} = \sqrt{\frac{2RC}{PF}}$$

从经济批量公式可以得出结论：经济批量与商品的单位购进成本和商品的储存成本成反比，与商品的订购成本成正比。对于单位购进成本或储存成本相对订购成本较高的商品，经济批量倾向于较小，可降低商品的储存成本。相反，对于单位购进成本较低，储存成本相对订购成本较低的商品，经济批量倾向于较大，以减少订购次数，降低订购成本。

求出经济批量后，就可求出年订购次数 n 和订货间隔时间 T

$$n = \frac{R}{Q_0} = \sqrt{\frac{HR}{2C}}$$

$$T = \frac{1}{n} = \frac{Q_0}{R} = \sqrt{\frac{2C}{HR}}$$

再订货点 B 是通过在前置时间内发生的需求量来确定的。即

$$B = RL \quad (L \text{ 是前置时间})$$

例 5.2 某汽车服务企业每年需购进某种配件 10000 件。已知该配件的单位购进成本为 10 元，订购成本为 18 元，储存成本为 4 元，求经济批量、年库存总成本和年订购次数？

解：经济批量 $Q_0 = \sqrt{\dfrac{2RC}{H}} = \sqrt{\dfrac{2 \times 10000 \times 18}{4}} = 300$（件）

$$TC = RP + HQ_0 = 10000 \times 10 + 4 \times 300 = 101200 (\text{元})$$

$$n = \frac{R}{Q_0} = \frac{10000}{300} \approx 34 (\text{次})$$

（2）延期交货 在延期交货的情况下，企业不会损失销售，这些商品会在下一期交付给顾客。延期交货的策略往往是在商品有垄断地位，顾客非常忠实、有耐心的情况下适用。

延期交货时的库存模型如图 5.7 所示。

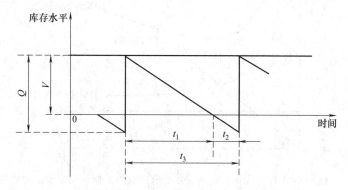

图 5.7 延期交货时的库存模型
Q—订货量；V—最高库存量；$Q-V$—缺货量

在延期交货的情况下，库存总成本由以下四部分组成。即：
年库存总成本＝购进成本＋订购成本＋储存成本＋延期交货成本

$$Q_0 = \sqrt{\frac{2RC}{H}} \times \sqrt{\frac{H+K}{K}}; \quad V_0 = \sqrt{\frac{2RC}{H}} \times \sqrt{\frac{K}{H+K}}$$

其中，K 为延期交货成本。

从上述公式可以看出：当 $K \to \infty$ 时，$\sqrt{\dfrac{H+K}{K}} \to 1$，$Q = \sqrt{\dfrac{2RC}{H}}$，与前面标准经济批量公式相当。此时 $V = Q$，也就是不允许缺货；当 $K = 0$ 时，$\sqrt{\dfrac{K}{H+K}} \to 0$，$V = 0$，此时，企业将不保持库存，所有的订货都延迟交货。

例 5.3 在上例中，如果允许延期交货，并且每单位每年的延期交货成本为 1 元，问经济批量是多少？

解：根据上例中的资料，可得出：

$$Q_0 = \sqrt{\frac{2RC}{H}} \times \sqrt{\frac{H+K}{K}} = 300 \times \sqrt{\frac{4+1}{1}} \approx 670(件)$$

$$V_0 = \sqrt{\frac{2RC}{H}} \times \sqrt{\frac{K}{H+K}} = 300 \times \sqrt{\frac{1}{4+1}} \approx 134(件)$$

$$n = \frac{R}{Q} = \frac{10000}{670} \approx 15(次)$$

$$TC = 100537(元)$$

从上面的计算可知，经济批量由原来的 300 件增加到现在的 670 件，但最高库存量却由原来的 300 件减少到现在的 134 件，同时库存总成本却从原来的 101200 元降低到现在的 100537 元。

(3) 价格折扣　在商品的交易活动中，供应商为了吸引顾客一次购买更多的商品，往往规定对于购买数量达到或超过某一数量标准时给予价格上的优惠，这个事先规定的数量标准称为折扣点。当企业的订购量超过折扣点时，折扣将自动获得。但如果企业的订购量没有达到折扣点，企业就需决策，决定是否增加订购量以获得此折扣。因为增加订购量的优点是：可享受较低的价格，减少了企业的购进成本。同时由于订货量增大，使订货次数减少，从而也降低了订购成本。但是订货量的增加会提高库存水平，增加储存成本。在此种情况下，企业的目标仍然是求总库存成本最低的订货量。

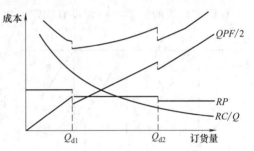

图 5.8　价格折扣情况下的库存模型

图 5.8 表明在存在价格折扣的情况下各项成本和总库存成本的变化。从图 5.8 可以看出，在存在价格折扣时，各项成本是不连续的，尽管目标函数仍然是极小库存总成本，但由于总成本曲线是不连续的，最小总成本无法通过求导得到。

在存在价格折扣的情况下，最低库存总成本的订货量有三种可能：

① 订货量大于折扣点，可以获得折扣，是一新的订货量。
② 订货量等于折扣点，可以获得折扣，是最理想的情况。
③ 订货量小于折扣点，不能获得折扣，还是原来的订货量。

在存在价格折扣的情况下，通常采用以下步骤确定最小库存总成本的订货量：

首先，计算以不同价格折扣点的数量进行订货的年库存总成本。

其次，按不同价格分别计算经济批量，并计算以每一有效经济批量订货的年库存总成本。有效经济批量指大于相应价格起点的经济订货量，对于最高单价（即无折扣的情况），起点数量为零。

最后，比较以上计算出的各项年库存总成本，选取年库存总成本最小的订货量。

例 5.4　某汽车服务企业每年购进某种商品 10000 件，供应商规定的价格是：400 件以下，每件 10 元；400 件或 400 件以上，每件 9 元。若订购成本为 18 元，储存成本率 40%，求经济订货量？

解： 首先，以价格折扣点 400 件订货的年库存总成本为

$$TC_1 = RP + \frac{R}{Q}C + \frac{Q}{2}PF = 10000 \times 9 + \frac{10000}{400} \times 18 + \frac{400}{2} \times 9 \times 0.4 = 91170(元)$$

其次，分别计算单价 10 元和 9 元的经济批量

$$Q_1 = \sqrt{\frac{2RC}{P_1 F}} = \sqrt{\frac{2 \times 10000 \times 18}{10 \times 0.4}} = 300 \text{（件）}$$

$$Q_2 = \sqrt{\frac{2RC}{P_2 F}} = \sqrt{\frac{2 \times 10000 \times 18}{9 \times 0.4}} = 316 \text{（件）}$$

由于在 400 件以下不存在 9 元的价格，所以按 9 元计算的 Q_2 无效。按 10 元计算的 Q_1 有效，按 Q_1 订货的年库存总成本为：

$$TC_2 = RP + HQ_1 = 10000 \times 10 + 10 \times 0.4 \times 300 = 101200 \text{（元）}$$

最后，比较以上各项库存成本，可知最低库存成本订货量为 400 件。

5.4.2 固定订货间隔制

1. 基本原理

固定订货间隔制是指以固定的订货间隔时间和最高库存量为基础的库存管理系统。

在固定订货间隔系统中，没有固定的再订货点，每次订货的数量也不相同。而是按固定的订货周期，定期检查库存，以每次实际盘存的库存量与预定的最高库存量之差，作为每次的订货量。因此，固定订货间隔制的两个重要参数是检查周期和最高库存量。固定订货间隔制的工作原理用曲线图表示，如图 5.9 所示。

在图 5.9 中，T 为检查周期，E 为最高库存量。每经过 T 时间检查库存，发出订货，订货量为：

$$Q = \text{最高库存量} - \text{现有库存量}$$

固定订货间隔制工作流程框图如图 5.10 所示。

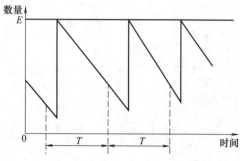

图 5.9 固定订货间隔制模型工作原理

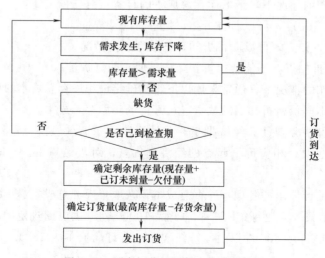

图 5.10 固定订货间隔制工作流程框图

2. 确定型库存模型

确定型库存模型假设需求量和前置时间已知且固定不变。

(1) 经济订货间隔时间的确定——单项商品

确定固定订货间隔制的两个参数是固定的检查周期和最高库存量。下面先来讨论订购单项商品时这两个参数的确定。

经济的订货间隔时间（Economic Order Interval，简称 EOI）是使年库存总成本最小的订货间隔时间。假如不允许缺货，则年库存总成本可用下式表示：

年库存总成本＝购进成本＋订购成本＋储存成本

$$TC = RP + mC + \frac{RPF}{2m} = RP + \frac{C}{T} + \frac{RTPF}{2}$$

式中　$m = \frac{1}{T}$——每年的订货次数；

　　　$T = \frac{1}{m}$——订货间隔时间；

　　　$\frac{R}{2m} = \frac{RT}{2}$——平均库存量。

为了求使年库存总成本最低的订货间隔时间 T，求 TC 关于 T 的导数，并令其等于 0

$$-\frac{C}{T^2} + \frac{RPF}{2} = 0$$

$$T_0 = \sqrt{\frac{2C}{RPF}} = \sqrt{\frac{2C}{RH}}$$

$$m_0 = \frac{1}{T_0}$$

最高库存水平　　　　　$E = RT + RL = R(T+L) = Q + B$

年库存总成本　　　　　$TC_0 = RP + RHT_0$

例 5.5　某汽车服务企业每年以单价 10 元购进某种配件 10000 件。每次订货的订购成本为 18 元，每单位每年的储存成本为 4 元。如果前置时间为 9 天，问经济订货间隔时间、最高库存水平和年库存总成本各为多少？（一年按 365 天计）

解：　$T_0 = \sqrt{\frac{2C}{RH}} = \sqrt{\frac{2 \times 18}{10000 \times 4}} = 0.03$（年）$\approx 11$ 天

$E = R(T+L) = 10000 \times (0.03 + 9/365) = 547.9 \approx 548$（件）

$TC_0 = RP + RHT_0 = 10000 \times 10 + 10000 \times 4 \times 0.03 = 101200$（元）

所以，每隔 11 天检查一次库存并发出订单，最高库存量为 548 件，最低库存总成本为 101200 元。

(2) 经济订货间隔时间的确定——多项商品

在企业的实际工作中，为了减少工作量，往往把多种商品的检查周期统一起来。并且如果是从一个供应商处订货，还可以采取联合订货的方式，以减少企业的运输成本。

库存总成本＝购进成本＋订购成本＋储存成本

$$TC = \sum_{i=1}^{n} R_i P_i + \frac{(C+nc)}{T} + \frac{1}{2} TF \sum_{i=1}^{n} R_i P_i$$

式中　R_i——i 种商品的年需求量；

　　　P_i——i 种商品的单位购进成本；

　　　C——联合订货的订购成本；

c —— 与每一项商品有关的订购成本；
T —— 订货时间间隔；
F —— 年储存成本率。

经济订货间隔期 $$T_0 = \sqrt{\frac{2(C+nc)}{F\sum_{i=1}^{n}R_iP_i}}$$

每项商品的最高库存水平 $E_i = R_i(T+L) = Q_i + B_i$

例 5.6 某企业从同一供应商处订购五种配件，每种配件的单价和年需求量如表 5.5 所示：假如订购成本为每份订单 2 元，对于每一品种为 0.4 元，储存成本率为 40%，如果前置时间为 7 天，求经济订货时间间隔和每种商品的最高库存量？

表 5.5 某企业配需求情况

品种	年需求量	单价/元	购进成本/元
A	200	1.00	200
B	400	0.50	200
C	150	2.00	300
D	100	4.00	400
E	70	5.00	350
合计	920		1450

解： 根据公式有：

$$T_0 = \sqrt{\frac{2(C+nc)}{F\sum_{i=1}^{n}R_iP_i}} = T_0 = \sqrt{\frac{2\times(2+5\times 0.4)}{0.4\times 1450}} = 0.11 \text{（年）} \approx 43 \text{ 天}$$

$$E_i = R_i(T+L) = R_i \times \frac{43+7}{365} = 0.14R_i$$

品种	最高库存量 E_i	品种	最高库存量 E_i
A	28	D	14
B	56	E	10
C	21		

5.5 现代库存控制与管理技术

上一节讨论了固定订货数量系统、固定订货间隔时间系统和一次性订货系统。这些库存管理方法都是建立在"推动系统"的基础上，是从单个企业的角度来考虑企业库存的合理性。而随着企业经营环境的变化，市场的竞争已不再是单个企业之间的竞争，而是整个供应链之间的竞争。在一个供应链中的企业需要更多的合作和协调，以达到降低企业库存水平，提高顾客服务水平的目的。因此，需要新的思路和新的方法来解决库存问题，实现库存管理的目标。

随着库存管理概念的变化和通信信息技术的发展，出现了许多能降低库存水平，提高顾客服务标准的管理方法和管理技术。在此主要讨论对电子商务企业影响较大的 JIT 技术、QR 技术、DRP 技术和 VMI 技术。

5.5.1 JIT 技术

JIT 是 Just-In-Time 的缩写。意思是及时管理。及时管理方式与传统库存管理概念不同。传统库存管理认为库存是保证企业经营能够正常进行的保障，是企业的一种资产；而及时管理方式认为库存是一种浪费，应尽量实现"零库存"。

1. JIT 技术的基本概念

JIT 技术是由日本丰田汽车公司开发出来的看板管理方式，又称为及时管理方式。及时管理方式的基本思想是库存就是浪费，消除库存就是消除浪费。为此，及时管理方式强调商品应该在需要的时候保持。为了达到此目的，及时管理方式要求供应链的上一环节的商品的数量、品种和时间由下一环节的商品的数量、品种和时间决定。即在需要的时间及时供应需求的数量，也就是在供应链的每一环节不会出现商品的库存。所以，及时管理方式又称零库存管理方式。但在实际经营过程中，绝对的零库存是不可能的，但及时管理方式强调的及时、服务，高质量的商品以及通过消除浪费把库存降到最低的基本思想具有重要的意义。

及时管理方式认为库存掩盖了企业存在的问题。正如充满石头的小溪一样。溪中的水代表库存流，而石头则代表了企业所存在的问题，比如：延期付货，商品的质量低下，组织松散、销售链过长、不了解顾客的需求等等。当小溪中的水很多时，它掩盖了企业存在的问题，企业可以正常经营，而不需担心会碰到石头。也就是库存掩盖了企业存在的问题。因此，只有降低库存，才能使企业存在的问题暴露出来。及时管理方式就是通过消减库存，发现问题，问题解决之后，再进一步消减库存发现新问题，并设法加以解决的不断循环进行的过程。最后，库存和问题都完全不存在了。

2. JIT 技术实施的条件

及时管理方式的最终目标是在整个供应链中实现零库存，而不仅仅局限在一个公司中。因此，它的成功实施需要具备以下几项条件：

（1）需求拉动的思想。及时管理方式强调需求拉动，以最终需求为起点，由供应链的下一环节的需求决定上一环节的商品的需求。并且要求对最终需求以准确预测为基础。只有这样才能达到降低库存水平的目的。

（2）与供应商建立战略伙伴关系。及时管理方式要求与供应商建立战略伙伴关系。这是因为实施及时管理方式要求供应商做到在需要的时间提供需要数量的商品，并且要求供应商提供的商品的品质优良、稳定，省去企业对商品检验的时间。同时，及时管理方式还要求供应商能够对企业订货的变化作出及时、迅速的反应。为了达到以上目的，企业必须寻找几个优秀的供应商，并与它们建立战略伙伴关系，共享信息资料，共同面对顾客的需求。

（3）小批量的配送。及时管理方式要求对顾客的需求作出及时、迅速的反应。只有实行小批量的配送，才能适应不断变化的顾客需求，也才不会造成商品的滞销，从而达到降低库存，提高顾客服务水准的目的。

（4）先进的物流条件。及时管理方式要求供应商及时、迅速、小批量地配送商品。而拥有先进的物流设施和设备是实现及时配送的必备条件。同时，小批量配送会提高商品的运输成本，为了降低运输成本，需要各供应商的相互配合、联合配送。因此，采用先进的通信信息技术也是必不可少的。

（5）全员参与。及时管理方式的实施要求企业的全体员工认真地参与。首先，企业的高层管理者必须认真研究及时管理方式，特别是从一些优秀的已成功实施及时管理方式的企业吸取经验，并不断与本企业相比较，以发现自己的长处和短处；其次，及时管理方式的实施必须自上而下地进行。要向员工表明最高管理层推行及时管理方式的决心；最后，必须调动企业员工实施及时管理方式的积极性和主动性。要使员工的目标与企业的目标保持一致，才能真正调动员工的积极性和主动性。为此,必须了解员工的需要,并针对不同员工的不同需要实施不同的激励方式。管理者与员工要相互信任。同时还要意识到实现及时管理方式是对本企业文化的巨大改变,从组织结构上改变管理者之间、管理者与被管理者之间原有的关系。改变选拔管理人员的标准,改变工作的评估尺度,改变每年的绩效评估标准,改变交流的方式,对目的和目标进行评估,把重点从控制型活动转移到改进型活动上。

5.5.2 DRP(配送需求计划)技术

DRP（Distribution Requirements Planning）是 MRP（Manufacturing Requirements Planning,物料需求计划)的延伸。但这两种技术存在着根本的差异。MRP 技术是由制造企业制定和控制的生产计划、产品结构和各零件的库存水平确定的。而 DRP 技术则是由顾客需求确定的,企业无法控制。MRP 技术通常适用于相关需求的物品,DRP 技术则是对独立需求的商品而言的。因此,MRP 技术是在制造企业内部发挥作用,而 DRP 技术是在流通领域发挥作用。

1. DRP 技术的基本输入

DRP 技术的主要输入是市场需求、销售网络结构、订货的前置时间和库存报表。如果没有这些输入,DRP 技术便不能发挥作用。DRP 技术的输入流程如图 5.11 所示。

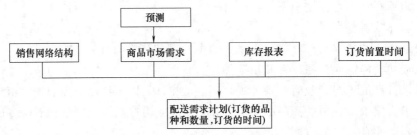

图 5.11 DRP 技术的输入流程

DRP 技术的输入包括以下几项内容:

(1) 顾客需求量。电子商务企业在实施 DRP 技术时,需要对每一个配送中心的每一种商品的市场需求作出准确的预测。该预测数是供应链订货的基础。由于商品的市场需求是随机的变量,无法通过计算获得,只能依靠预测来得出。因此,该预测数的准确性是非常重要的。如果预测存在误差,将会对整个供应链产生影响。所以,在对商品的市场需求进行预测时,应避免出现三种错误:预测本身的错误;在错误的地点对需求作了预测;在错误的时间对需求作了预测。

(2) 准确的前置时间。电子商务企业实施 DRP 技术的核心是确定每一种商品的订货数量和订货时间。因此,必须了解每一种商品准确的前置时间,以便在恰当的时间发出订货。但由于运输条件和其他因素的干扰,前置时间的变化是必然的。而前置时间的变化又会影响到 DRP 技术的应用效果。为此,企业可采取保险储备的方法,以缓解由于前置时间的波动对企业库存系统产生的影响。

(3) 销售网络结构。电子商务企业在实施 DRP 技术时,必须对企业的整个销售网络的结构进行充分的了解并划分层次。一般采用图 5.12 所示的形式。

(4) 库存报表。库存报表是指全部商品的库存状况。所有的库存商品都需单独记录每一笔的进、销、存情况,以及每种商品的订货批量、前置时间和其他有关该种商品特点的资料。DRP 技术要根据商品的需求量、商品销售网络结构以及库存报表所记载的可用库存量（即现存量加已订未到量）来确定每一层次的订货量。计划周期开始时的库存量是可供使用的，称为"现存"的商品数量。"已订未到量"是指已发出订单但还未到达的商品。

2. DRP 技术的输出

DRP 技术通过对商品市场需求的预测，并按照销售网络结构来确定每一层次的商品的需求量。然后根据库存报表，在扣除可用库存量后就可得到净需求量。与此同时，还需确定商品的需求时间，需求时间是通过移动每种商品的前置时间来确定的。因此，DRP 技术的输出是每种商品的订货数量和订货时间。

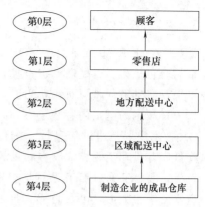

图 5.12 电子商务企业的销售网络层次

在实行 DRP 技术的电子商务企业中，销售网络中的不同位置（比如地方配送中心、区域配送中心等）的 DRP 技术相关计划数据呈现紧密的联系，比如一个电子商务公司在两个不同的地方配送中心和一个区域配送中心之间的订货数量、订货时间等 DRP 技术输出之间的数据如表 5.6～表 5.8 所示，读者可以分析它们之间的关系。

表5.6 地方配送中心 1 的相关数据

现有库存:345	前置时间:2 周		保险储备:50			订货批量:400		
时期（周）	1	2	3	4	5	6	7	8
总需求量	50	50	60	70	80	60	50	70
预计到达量								
预计现存量	295	245	185	115	435	375	325	255
净需求量								
计划订货到达量					400			
计划订货量			400					

（注：现有库存345列在"预计现存量"行的最前）

表5.7 地方配送中心 2 的相关数据

现有库存:200	前置时间:2 周		保险储备:120			订货批量:700		
时期（周）	1	2	3	4	5	6	7	8
总需求量	120	120	130	130	135	135	130	125
预计到达量	700							
预计现存量	780	660	530	400	265	130	700	575
净需求量								
计划订货到达量							700	
计划订货量					700			

表5.8 区域配送中心的相关数据

现有库存:800	前置时间:3 周		保险储备:210			订货批量:1200		
时期（周）	1	2	3	4	5	6	7	8
总需求量			400		700			
预计到达量								
预计现存量	800	800	400	400	900	900	900	900
净需求量								
计划订货到达量					1200			
计划订货量		1200						

5.5.3 QR（快速反应）技术

QR（Quick Response，简称 QR）技术是 20 世纪 80 年代首先在美国的纺织服装行业发展起来的。它是为了提高整个纺织服装行业的市场竞争力，降低企业的库存量，提高顾客的服务水平，减少经营风险而建立的。

1. QR 技术的基本内容

QR 技术主要是通过信息技术的应用，增强企业对市场的反应能力，以达到增加销售额、降低库存量和企业经营成本的目的。QR 技术的一般做法如下：

首先，零售商通过 EDI 系统把企业的销售数据传送给商品的供应商，供应商根据零售商传送来的销售数据，可及时了解商品销售情况，掌握商品的需求状况，并及时调整商品的订货或生产计划。

其次，供应商利用 EDI 系统在发货之前向零售商传送预先发货清单（Advanced Shipping Notice，简称 ASN）。零售商在接到预先发货清单之后，马上做好进货准备工作。

再次，零售商在接收商品时，用扫描器读取商品包装上的物流条码，并把读取的信息与预先储存在计算机中的进货清单进行核对，以判断商品与发货清单上所列的项目是否一致，从而简化了检验作业，提高了商品检验作业的效率。

最后，零售商利用电子支付手段向供应商支付货款。同时零售商只要把 ASN 数据与商品销售数据进行比较，就可迅速了解商品库存的信息。

2. QR 技术成功实施的条件

电子商务企业实施 QR 技术，必须具备以下几项条件：

① 企业必须与供应链各方建立战略伙伴关系。企业应积极寻找优秀的企业，使之成为本企业的战略伙伴，并与之建立分工和协作关系，以达到降低各企业库存水平，增加商品销售额的目的。

② 企业必须改变传统的对企业商业信息保密的做法，把企业的商品销售数据、库存信息、成本资料等与合作方共享，双方共同分析问题，寻找解决问题的方法。

③ 企业必须采用先进的信息处理技术。QR 技术的实施，需要依靠商品条码技术、物流条码技术、电子订货系统（EOS）、POS 数据读取系统、EDI 系统、ASN 系统、电子支付系统（EFT）等现代信息技术的应用。

④ 供应商必须进行多频度小批量的配送，以降低零售商的库存水平。

总之，QR 技术是一个零售商与供应商建立战略伙伴关系，运用先进的信息技术，进行销售时点的信息交换以及订货补充等，用多频度小批量配送方式连续补充库存，以实现缩短交货时间，降低库存水平，提高顾客服务水平和企业竞争力为目的的管理技术。

5.5.4 VMI（供应商管理库存）

一直以来，流通领域的各企业都是各自管理自己的库存，供应链的各环节也都有各自的库存策略。其结果不但各个企业的库存水平比较高，而且整个供应链的库存很大。这是由于需求的放大作用造成的，通常称为"牛鞭效应"。如零售商根据商品的需求数据，向供应商订货，而供应商由于没有商品的需求数据，只能根据零售商的订单进行预测，再向上一供应商发出订货。同时由于需求的波动、前置时间的变化以及零售商采取批量订货等因素的影响，都会造成零售商订单的波动。供应商为了保持与零售商同样的服务水平，必须持有比零售商更多的安全库存，或者保持比零售商更高的能力。这就是"牛鞭效应"。为了提高企业的竞争能力，增强企业的快速反应能力，降低库存水平，近年来，在国外出现了一种新的库存管理技术——供应商管理库存（Vendor Managed Inventory，简称 VMI）。

1. VMI 的基本思想

在"供应商管理库存（VMI）"系统中，供应商决定每一种商品的恰当库存水平，以及维持这些库存水平的恰当策略。在实施的最初阶段，必须得到零售商的认可。但"供应商管理库存"的最终目标是彻底消除零售商对每一订单的监督。而完全由供应商根据销售数据决定一切。

2. VMI 成功实施的条件

企业在实施 VMI 时，必须具备以下条件：

① 供应商和零售商必须建立先进的信息系统。零售商通过电子数据交换（EDI）将销售点的信息传送给供应商，而供应商则通过 EDI 将配送信息传送给零售商。同时采用条码技术和扫描技术来确保数据的准确性。此外，如库存管理、计划系统等都必须运用有效的信息处理技术。如果供应商或者零售商的任何一方没有建立完善的信息系统，VMI 就不能实施。

② 供应商和零售商必须建立战略伙伴关系。双方必须发展一定的信任度。VMI 的实施需要供应商掌握零售商的销售信息、库存信息等许多机密信息，零售商必须确认这些机密信息不会被竞争者所了解。而供应商也必须确认由于这种合作使零售商的店面库存减少而增加的有效空间不会用来使竞争者受益。

③ 企业最高管理层的支持是非常重要的。因为原来可能只有最高管理层才有资格了解的机密信息，现在不得不与供应商和客户共享。而且这种战略伙伴关系也可能对企业内部的权力分配产生影响。如实施"供应商管理库存"后，经常与零售商接触的不再是营销人员而是物流人员。这种权力转移可能会影响部门之间的协作和配合。因此需要企业最高管理层的参与和支持。

④ 供应商和零售商必须签订合同，并就合同中的各项条款双方达成一致。这些条款主要包括商品所有权的转移时间，信用条件，订货责任，绩效指标（包括财务指标和非财务指标）等。

知识拓展

库存管理有两个方面的内容，一个是 1.5 倍原则，另一个是存货周转，以下分别阐述。

1. 1.5 倍原则

1.5 倍原则是库存管理的主要内容之一，是经过很多公司的销售实践总结出来的安全存货原则，具体数据是建立在上期客户的销量基础上本期建议客户订单的依据。1.5 倍原则备货是销售人员必须掌握的工作职责之一，是主动争取客户订货量并时刻掌握客户销售情况的营销策略。它是建立在提高客户销量和利益基础之上，因而能赢得客户信任，客户容易采纳。

1.5 倍原则也是一个科学依据。但是，正如很多营销规律一样，必须灵活掌握和应用，避免生搬硬套。比如，如果遇到特殊情况应适当变化（如天气、节假日等），否则会影响生意。

1.5 倍原则用好了以后，可以保证客户有充足的存货，减少断货、脱销的可能性，保证客户随时都能买得到所需产品，帮助客户不漏掉每次成交的机会。

2. 存货周转

存货周转是对客户进行库存管理的一项主要内容，也是公司销售人员的重要工作职责之一。销售到客户处的商品不是一下子就可以卖完，必定会持续一段时间，并且存货总是存在的，对于食品来说，更加复杂的是它存在一个保质期的问题。由此可见，存货必须被科学有效地管理。

存货管理的主要内容是存货周转。什么是存货周转呢？它包括两种类型：前线存货和后备存货的周转。前线存货是指陈列在货架或者零售商购物环境处的散装商品；后备存货指的是存放在仓库内的用于补货的货物。它要求销售人员一方面应及时向客户的货架上补充货物，保证货架里面的产品陈列符合生动化标准；另一方面应遵循先进先出的原则进行存货周转，目的是保证客户提供给消费者的产品永远是新鲜的。实际上，所谓存货周转就是对暂时未卖出的货架上的产品依据先进先出的原则进行循环。

存货周转是销售人员在销售拜访时必须动手做的一项日常工作，保证客户提供给消费者的永远是最新生产日期的产品。存货周转不仅仅是销售人员的重要职责之一，而且要指导并影响客户做日常的存货周转。

销售人员必须使客户明白：

存货周转可以有效而且直接刺激销售。显然，如果陈列在货架上的货物卖完了没有及时补货，就会失去许多销售机会，而且，存放在仓库里的产品也无法卖出去，失去的销售机会将永不再来。

没有存货就没有利润。货架上没有的产品是无法卖出去的，合理的产品存货是保证有货可卖的最简单的方法。

促进进货并且帮助客户正确地准备商品库存。大多数的客户都是根据他们的存货情况来决定订货的品种和数量。如果仓库里的产品快没有或已经没有了，店主就会订货，所以如果销售人员帮助客户将他们库存的产品摆放到货架上，使他们的仓库空出来，自然会订货。

销售人员在日常拜访时帮助客户进行货架补货，这不仅能刺激销售，而且节约客户的时间，节约自己的时间。这个工作不仅是销售代表的工作职责，高级别的销售主管、经理在拜访零售商时也要帮助客户做存货周转，而且还要影响客户帮助做及时补货。

优秀的公司和销售人员明白：销售工作不只是将产品卖给客户就结束了，而是直到消费者购买到并开始实际消费新鲜的产品才算告一段落。为了保证消费者购买到的一定是新鲜的产品，按照先进先出的原则，这样就可能避免产品过期现象，避免客户退货的事情发生，更好地满足消费者的需求，最终会为客户赢得销量和利润。

思考与练习

1. 什么是配件入库？为何要进行配件验收？简述配件验收的流程。
2. 库房分区应遵循什么原则？
3. 试述特种配件存放的方法。
4. 如何编制位置码？
5. 如何对汽车配件实物进行标量？
6. 常见的汽车配件的储存质量问题有哪些？

7. 试述汽车配件养护的基本措施。
8. 试述配件盘存的功能。
9. 什么是库存？从生产的角度看，库存有哪几种？
10. 试述库存的功能。
11. 试述库存系统的组成。
12. 试述 ABC 库存分类法的实施步骤。如何对 ABC 三类库存品进行管理？
13. 如何设置库存基准？
14. 试述经济批量采购法的原理。
15. 试述经济订货间隔时间的确定模型。
16. 什么是 JIT 技术？
17. 什么是 VMI 技术？
18. 试述配件出库流程。

第 6 章　汽车配件质量管理

学习目标

了解质量管理体系的基本内容，掌握质量管理的基本原则；掌握全面质量管理的思想和方法；掌握配件质量管理的要求和方法。

案例导入

刘某自某汽车贸易有限公司保定分公司购买某客车有限公司生产的客车一辆。在使用该车营运仅仅 4 个多月后的一天，该车突然着火，经易县公安消防大队的扑救，将火熄灭。火灾导致该车及停放在一起刘某的另一辆冀 FMmmmmm 星王牌客车全部烧毁报废。经易县公安消防大队出具的火灾事故认定书认定该车起火原因为蓄电池电源线短路打火引起。刘某以产品质量损害赔偿为由起诉到人民法院要求某客车有限公司承担。

6.1 质量管理体系

6.1.1 ISO9000 质量管理体系标准

1. ISO9000 的由来

科学技术的进步和社会的发展，使顾客需要把自己的安全、健康、日常生活置于"质量大堤的保护之下"；企业为了避免因产品质量问题而出现巨额赔款，要建立质量保证体系来提高信誉和市场竞争力；世界贸易的发展迅速，不同国家、企业之间在技术合作、经验交流和贸易往来上要求有共同的语言、同一的认识和共同遵守的规范。现代企业内部协作的规模日益庞大，使程序化管理成为生产力发展本身的要求。这些原因使 ISO 9000 标准的产生成为必然。

1979 年，英国标准协会 BSI 向国际标准化组织（ISO）提交了一份建议，倡议研究质量保证技术和管理经验的国际标准化问题。同年 ISO 批准成立质量管理和质量保证技术委员会 TC176，专门负责制定质量管理和质量保证标准。TC176 主要参照了英国 BS5750 标准和加拿大 CASZ299 标准，从一开始就注意使其制定的标准与许多国家的标准相衔接。主要的标准包括：

① ISO8402-86：质量管理和质量保证—术语。
② ISO9000-87：质量管理和质量保证—选择和使用指南。
③ ISO9001-87：质量体系—设计、开发、生产、安装和服务的质量保证模式。
④ ISO9002-87：质量体系—生产、安装和服务的质量保证模式。
⑤ ISO9003-87：质量体系—最终检验和试验的质量保证模式。
⑥ ISO9004-87：质量管理和质量体系要素—指南。

在各国专家努力的基础上，国际标准化组织在1987年正式颁布了ISO9000系列标准（9000～9004）的第一版。ISO9000标准很快在工业界得到广泛的承认，被各国标准化机构所采用并成为ISO标准中在国际上销路最好的一个。到1994年底已被70多个国家一字不漏地采用。近几年，全国各地正在大力推行ISO9000族标准，开展以ISO9000族标准为基础的质量体系咨询和认证。国务院《质量振兴纲要》的颁布，更引起广大企业和质量工作者对ISO9000族标准的关心和重视。

2. ISO9000标准的发展

ISO9000国际标准族最初发布是在1987年，1994年发布了第二个版本即1994版，后来又在1994版的基础上经过修订成为目前的版本ISO9000：2000版。2000版是一次全面彻底的"重新规划"。整个被称为"ISO9000家族"的27个现行标准，已被完全重新规划，主要内容被集中在4个重要的标准中，即：

ISO9000 质量管理体系—基础与术语；

ISO9000 质量管理体系—要求；

ISO9000 质量管理体系—绩效改进指南；

ISO9000 质量和（或）环境管理体系—审核指南。

ISO9000：2000版的基本内容遵循"质量管理八项原则"，采用面向过程的体系原理，对已有的要求作了补充和加强，此外还特别考虑了与环境管理体系标准ISO14000的协调配合。ISO9000：2000版具有以下特色：

① ISO9001/2/3合并为单一标准ISO9001。

② ISO9001与ISO9004可参照使用。

③ 建立顾客导向为主的管理模式。

④ 强调PDCA流程管理模式。

⑤ 着重持续改善及预防在先的精神。

⑥ 强化系统、流程、工作的有效性。

⑦ 与ISO14000EMS系统的相容性。

⑧ 组织依其适用性及需求允许采取排除调款。

⑨ 适用于各种产业及各种组织规模。

3. 质量管理原则

ISO9000：2000版的八项质量管理原则是：

（1）以顾客为关注焦点　组织依存于其顾客。因此组织应理解顾客当前和未来的需求，满足顾客要求并争取超越顾客期望。

（2）领导作用　领导者确立本组织统一的宗旨和方向。他们应该创造并保持使员工能充分参与实现组织目标的内部环境。

（3）全员参与　各级人员是组织之本，只有他们的充分参与，才能使他们的才干为组织获益。

（4）过程方法　将相关的活动和资源作为过程进行管理，可以更高效地得到期望的结果。

（5）管理的系统方法　识别、理解和管理作为体系的相互关联的过程，有助于组织实现其目标的效率和有效性。

（6）持续改进　组织总体业绩的持续改进应是组织的一个永恒的目标。

（7）基于事实的决策方法　有效决策是建立在数据和信息分析基础上。

（8）互利的供方关系　组织与其供方是相互依存的，互利的关系可增强双方创造价值的能力。

这八项质量管理原则形成了 ISO9000 族质量管理体系标准的基础。

4. 企业推行 ISO9000 的作用

企业积极开展 ISO9000 认证，具有三方面的积极作用：

（1）提高产品质量　企业参与 ISO9000 认证的过程，就是质量管理持续改进的过程。通过 ISO9000 认证，企业可以有效提高产品质量。

（2）增强客户信心　负责 ISO9000 认证的机构是经过国家认可的权威机构，一旦通过 ISO9000 认证，企业就在客户心目中树立起品质过硬的形象，将增进客户对企业所生产的产品的信任度，有利于企业开拓市场。

（3）扩大产品出口　企业一旦通过了 ISO9000 认证，可以有效地消除非关税壁垒中的有关技术壁垒，有利于产品打入国际市场。

5. 企业开展 ISO9000 认证的程序

企业开展 ISO9000 认证，通常按照以下程序进行：

① 组建 ISO9000 推行组织；

② 对企业现有质量管理体系进行识别、诊断；

③ 制定目标及激励措施；

④ 对各级员工开展 ISO9000 标准的培训；

⑤ 编写质量管理体系文件，进行企业内部质量管理立法；

⑥ 对质量体系文件开展大范围的宣传、发布、试运行；

⑦ 在完成对内审员培训的基础上，开展内部质量体系审核；

⑧ 对内审发现问题的环节进行完善和改进；

⑨ 经过若干次内审并逐步纠正后，若认为质量管理体系已符合所选标准的要求，申请外部认证。

外部认证的流程如下：

① 企业要求认证机构提出报价单；

② 企业选择合适的认证机构并提出认证申请；

③ 认证机构为企业指定客户经理并审查文件，拟出审核计划；

④ 认证机构正式审核；

⑤ 认证机构提出不符合之处；

⑥ 企业对不符合之处按认证机构要求采取纠正措施；

⑦ 企业通过认证并获得认证证书；

⑧ 持续地监督审核与质量改进。

6.1.2　ISO9000 族的基本要求

产品质量是企业生存的关键。影响产品质量的因素很多，单纯依靠检验只不过是从生产的产品中挑出合格的产品。这就不可能以最佳成本持续稳定地生产合格品。

一个组织所建立和实施的质量体系，应能满足组织规定的质量目标。确保影响产品质量的技术、管理和人的因素处于受控状态。无论是硬件、软件、流程性材料还是服务，所有的

控制应针对减少、消除不合格,尤其是预防不合格。这是ISO9000族的基本指导思想,具体地体现在以下方面:

1. 质量方针

(1) 质量方针的内容

① 与组织的宗旨相适应。质量方针应与组织"提供顾客要求的产品和服务,达到顾客满意"的宗旨相适应。不同的组织由于其产品的类型不同、规模各异,质量方针也各不相同,但均应反映上述宗旨。

② 对满足要求的承诺。这种要求包括"明示的、通常隐含的或必须履行的需求或期望"。即这种要求可以来自顾客的规定,或顾客虽没有明示规定,但按照规定的用途或已知和预期用途所必需的要求,也包括来自于与组织提供的产品有关的法律法规要求,或组织对产品的要求。通常,组织会将上述要求转化为对产品、过程和体系的要求。

③ 对持续改进质量管理体系有效性的承诺。质量管理体系有效性是指组织通过对质量体系的策划、建立、实施和保持等活动而达到目标的程度。组织应在质量方针中对质量管理体系有效性的持续改进予以体现。

(2) 对质量方针的其他要求

① 质量方针是组织建立质量目标的框架和基础。质量方针指出了组织的质量方向,而质量目标是对这一方向的落实、展开。质量方针也是质量管理体系有效性的评价参照,不能空洞或不切实际。

② 为使质量方针得到实现,最高管理者应在组织内对质量方针予以沟通并使相关人员意识到所从事活动的重要性以及如何为实现本岗位的质量目标做出贡献。

③ 质量管理的八项原则可作为制定质量方针的基础。

④ 必要时,组织应对质量方针进行适宜性方面的评审和修订,以反映不断变化的内外部条件和环境。

2. 质量目标

① 质量目标应建立在质量方针的基础上,其内容应在满足要求、对质量管理体系有效性的持续改进的承诺方面与质量方针保持一致。

② 质量目标必须包括满足产品要求(即预期产品的质量目标和要求)所需的内容。若一个组织提出的质量目标不涉及满足预期产品要求的内容,则"满足顾客要求、达到顾客满意"的目标就不可能实现。

3. 控制所有过程的质量

ISO9000族标准是建立在"所有工作都是通过过程来完成的"这样一种认识基础上的,一个组织的质量管理就是通过对组织内部各种过程进行管理来实现的,这是ISO9000族关于质量管理的理论基础。当一个组织为了实施质量体系而进行质量体系策划时,首要的是结合本组织的具体情况确定应有哪些过程,然后分析每一个过程需要开展的质量活动,确定应采取的有效的控制措施和方法。其次,控制过程的出发点是预防不合格。

4. 质量管理的中心任务是建立并实施文件化的质量体系

ISO9000认为,质量体系是有影响的系统,具有很强的操作性和检查性。要求一个组织所建立的质量体系应形成文件并加以保持。典型质量体系文件的构成分为三个层次,即质量手册、质量体系程序和其他质量文件。

5. 进行持续的质量改进

质量改进是一个重要的质量体系要素，GB/T 19004.1 标准规定，当实施质量体系时，组织的管理者应确保其质量体系能够推动和促进持续的质量改进。质量改进包括产品质量改进和工作质量改进。

6. 一个有效的质量体系应满足顾客和组织内部双方的需要和利益

即对顾客而言，需要组织能具备交付期望的质量，并具有持续保持该质量的能力；对组织而言，在经营上以适宜的成本，达到并保持所期望的质量。

7. 定期评价质量体系

其目的是确保各项质量活动的实施及其结果符合计划安排，确保质量体系持续的适宜性和有效性。评价时，必须对每一个被评价的过程提出如下三个基本问题：

① 过程是否被确定？过程程序是否恰当地形成文件？
② 过程是否被充分展开并按文件要求贯彻实施？
③ 在提供预期结果方面，过程是否有效？

8. 搞好质量管理关键在领导

组织的最高管理者在质量管理方面应做好下面五件事：

① 确定质量方针。由负有执行职责的管理者规定质量方针，包括质量目标和对质量的承诺。
② 确定各岗位的职责和权限。
③ 配备资源。包括财力、物力（其中包括人力）。
④ 指定一名管理者代表负责质量体系。
⑤ 负责管理评审。达到确保质量体系持续的适应性和有效性。

6.1.3 汽车配件质量管理

质量就是指产品或工作的优劣程度。汽车配件质量包括配件的技术质量和服务质量两个方面。从技术角度讲，汽车配件质量是指汽车配件的技术状况和工作能力维持的程度；从服务角度讲，汽车配件质量是指向用户提供配件过程中的服务态度、水平、及时性、周到性以及收费等方面的满意程度。

汽车配件质量管理任务：

① 加强质量管理教育，提高全体员工的质量意识，牢固树立质量第一的观念，做到人人重视质量，处处保证质量。
② 制定企业的质量方针和目标，对企业质量管理活动进行策划，使企业质量管理工作有方向、有目标、有计划地进行。
③ 严格执行汽车配件质量检验制度，对配件从入库到出库的全过程，实施严格的质量监督和质量控制。
④ 积极推行全面质量管理等科学、先进的质量管理方法，建立健全汽车配件质量保证体系，从组织上、制度上和日常工作管理等方面，对汽车配件质量实施系统地管理和保证。

6.2 全面质量管理

6.2.1 全面质量管理的含义

全面质量管理，其英文表达为 Total Quality Management，简称 TQM。国际标准化组织在 ISO9000：2000 版标准中，将 TQM 定义为：一个组织以质量为中心，以全员参与为基础，目的在于通过让顾客满意和本组织所有成员及社会受益而达到长期成功的管理途径，如表 6.1 所示。

理解要点：

① 有时把"全面质量管理"（TQM）称为"公司范围内的质量管理"（CWQC）、"TQC"等。

② 全面质量管理是对一个组织进行管理的途径，除了这种途径之外，对于一个组织而言还可以有其他途径。

③ TQM 是一个体系或途径，其目的在于：最经济地生产顾客满意的产品，通过让顾客满意和本组织内所有成员及社会受益，实现企业的持续发展。

④ 全面质量管理的基本特点是：以全面质量为中心，全员参与为基础，通过对质量环的全过程进行管理，即"三全管理"，使顾客及其他相关方满意。

⑤ 全面质量管理取得成功的关键，是组织的最高管理者强有力和持续的领导，以及实施全员教育和培训。

表 6.1 TQM 的内涵

涵盖范围	所有活动,包括服务与行政
错误的处理	预先防范错误的发生
责任归属	每一成员均对质量负责
利益来源	持续改进各种工作质量,建立质量管理系统,减少工作的错误与浪费
对顾客的看法	对内在或外在顾客,均强调整体输出过程的顺利
质量改进	长时间的;公开导向;组织学习
问题解决的重心	团队满足并且解决顾客的问题
考核	重视与改善有关的事实,以事实为根据的绩效考评
员工的特性	员工为管理的顾客
组织文化	集体努力;跨部门合作;鼓励授权;公开满意;追求质量
沟通方式	下行、平行、斜向、多向沟通
意见表达与参与方式	正当程序、质量 QC 小组、态度调查
工作设计	质量、公开导向、革新、宽广的开支负担、自治化的工作范围、充分授权
培训项目	广泛技能知识,跨部门业务、诊断问题与解决问题的相关知识,生产与品质
绩效评估	团队目标,由顾客,其他平级部门以及领导三者共同考核,强调质量与服务
薪资制度	以团队为基础发放工资与奖金以及非金钱性质的表扬
卫生医疗与工作安全	安全问题、安全计划、保健计划、员工互助
考评升迁与生涯发展	由同部门员工考评、解决问题的能力、以团队表现决定升迁、不同部门的水平式生涯途径

6.2.2 全面质量管理的核心原则

1. 以顾客为导向

这是全面质量管理中一个十分重要的指导思想。从全面质量管理的定义可以看出，它的核心是满足顾客的需求。全面质量管理强调，企业为了取得真正的长期经济效益，质量管理工作必须始于识别顾客的质量要求，止于顾客对他手中的产品感到满意。在当今的经济活动中，任何一个组织都要依存于他们的顾客。组织或企业只有满足或超过了自己的顾客需求，才能获得继续生存下去的动力和源泉。全面质量管理以顾客为中心，要求不断通过进行持续的质量改进来满足顾客的需求。

2. 全员参与

授权与培训是必需的。既然整个企业的工作是以顾客为导向,那么离顾客最近的员工必然要受到额外的重视。管理者要给予员工充分的信任和权利,授权是必不可少的。为了保证员工有能力做出决策,首先要对员工进行必要的培训,使他具备足够的技能。创造合适的组织结构也是实现全员参与的重要手段。

3. 持续改进

持续改进是全面质量管理的核心思想,统计技术和计算机技术的应用正是为了更好地做好持续改进工作。改进每一项工作质量,然后对之持续改进,是全面质量管理的目标。顾客的需求迅速变化,企业必须要持续改进才能持续获得顾客的支持。另一方面,市场竞争激烈,使得企业的经营处于一种"逆水行舟,不进则退"的局面,要求企业以顾客需求为导向,不断改进自己的产品和服务质量才能生存(见表6.2)。

表6.2 TQM的三项核心原则的内涵及实施措施和应用技术

	顾客导向	持续改进	全员参与和团队协作
原则	企业所提供的产品与服务,必须符合顾客的需求,此为企业的首要任务,企业全体必须以顾客为主	只有不断改善产品与服务的创造过程,才能维持顾客的满意	通过企业、顾客与供应商三方通力合作,顾客导向与持续改进的目标才能充分达成
措施	①直接与顾客接触 ②收集有关顾客需求的信息 ③应用信息来设计,提供产品和服务	①过程分析 ②过程重建 ③问题解决 ④规划执行考评修正	①设计理想的团队类型,从而使参与企业过程的部门受益 ②建立不同类型的团队 ③团队技能训练
技术	①顾客调查及焦点团体 ②质量功能展开(将顾客的意见转化为产品的详细特征)	①流程图 ②帕累托分析 ③统计程序控制法 ④鱼刺图分析	①企业发展的方法,例如敏感度训练及名义团体技术 ②团体建立的方法,例如角色厘清及团队反馈

6.2.3 全面质量管理的基本原理

1. 体系管理原理

任何一个组织,只有依据其实际环境条件和情况,策划、建立和实施质量管理体系,实现体系管理原理时,才能实现其质量方针和质量目标。这就是质量管理的体系管理原理。

建立质量体系是开展质量管理工作的一种最有效的方法与手段。质量管理是企业管理的中心环节,其职能是质量方针、质量目标和质量职责的制定和实施,是对所有质量职能和活动的管理。全面质量管理的一切活动,都是以体系化的方式来运行的。质量体系使质量管理的组织、程序、资源等实现了系统化、标准化和规范化,它为质量管理活动提供了一种方法,是质量管理活动的核心和载体。

2. 过程监控原理

所有质量工作都是通过过程完成的,质量管理要通过对过程的监控来实现。任何一个组织都应该识别、组织、建立和管理质量活动过程网络及其接口,才能创造、改进和提供持续稳定的质量。这就是质量管理的过程监控原理。

按照全面质量管理的要求，对产品质量的控制要通过对组织中各个过程的控制来实现。对企业的各个组成部分进行过程监控，可以有效识别企业的冗余环节，保证了企业产品的质量，还可以预防质量问题的产生。对过程的监控，通常应从以下三个基本方面提出问题。

① 过程是否被确定？控制过程的程序是否形成了文件？
② 过程是否充分展开并按要求贯彻实施？
③ 过程是否受控？在提供预期的结果方面，过程是否有效？

3. 人本原理

质量管理以人为本，只有不断提高人的素质，才能不断提高活动或过程质量、产品质量、组织质量、体系质量及其组合的实体质量。这就是质量管理的人本原理。

人是质量管理要素中的第一要素。全面质量管理作为一门现代管理理论，它强调以人为本的自主管理。在影响产品质量的诸多要素中，对人这个因素的控制应该是最重要的，也是最见成效的。质量人才的培训与教育是贯穿质量管理的重要基础工作。提高人的质量，才能提高产品的质量。质量人才的形成绝不是天生的，也不是自然形成的，而是靠坚持不懈的质量培训与教育。从最高管理者到基层员工，都要进行质量观念与质量技术的教育，这才是提高企业质量水平的根本。

6.2.4 全面质量管理的基础工作

全面质量管理的基础工作主要包括质量教育培训工作、标准化工作、计量工作、质量信息管理工作和质量责任制等。

1. 质量教育培训工作

"始于教育，终于教育"是推行全面质量管理的一条成功经验。员工的质量意识和技能不是自发形成的，必须通过持续不断的学习和教育来获得。质量教育培训工作的内容，既包括对员工质量意识和质量管理基本知识的教育，又包括专业技术与技能的教育培训。对不同的对象，这里教育工作内容侧重点也有所不同。对于专业技术人员，着重于质量管理理论、方法及技术方面的教育；对于生产操作者，则应加强工艺技术、技能培训以及质量管理知识、方法应用方面的教育；对于企业管理者，还要加强质量管理基本理论及组织管理方法与技术业务等方面的教育。但是质量意识的教育，对各种层次的对象都是一项经常性、长期性的教育内容。

2. 标准化工作

标准是质量管理的基础和依据。标准化是企业管理一项不可缺少的综合性的基础工作，为实现各种管理职能提供了共同的准则，对全面提高企业经济的发展有重要意义。其基本任务是执行国家有关标准化的法律、法规，实施国家标准、行业标准和地方标准，制定和实施企业标准，并对标准的实施进行检查。

3. 计量工作

数据是质量管理的重要基础，而数据的及时、准确、一致就要靠计量工作。计量工作主要包括基础数据的采集、传递、保存、计量手段的研究和计量设备的管理等内容。统计技术是现代质量管理的核心工具，它的有效性是建立在高质量的数据基础之上的。

4. 质量信息管理工作

质量信息是指反映产品质量和各种生产环节工作质量的情报、数据等，质量信息有时也称质量情报，它是企业制定质量目标、政策和措施的依据。为了保证质量信息的及时、准确，企业要建立高效的信息收集、传递、分析和评价体系。质量信息管理的主要任务是：

① 为质量决策提供确切可靠、及时有效的信息。
② 保证质量信息流畅通无阻，确保质量管理工作正常、有序地进行。
③ 为内部考核和外部质量保证提供依据。
④ 建立质量档案，全面地积累质量数据、资料，以便随时利用。

5. 质量责任制

质量责任制，目的是确定组织中各部门和人员在质量管理活动中应承担的工作和任务，规定相应的权利和义务。将质量职责落实到每个员工身上，使每个人都有确定的质量任务和明确的责任，形成一个严密的质量管理工作责任网络，使企业的质量工作程序化、规范化，有利于质量方针与目标真正落到实处。

6.2.5 全面质量管理的工作程序

PDCA 模式。PDCA（计划—执行—检查—处理）是由休哈特（Walter Shewhart）在 20 世纪 30 年代构想，随后被戴明（Edwards Deming）采纳、宣传，获得普及，所以它经常也被称为"休哈特环"或者"戴明环"。此概念的提出是为了持续改善产品质量的，随着全面质量管理理念的深入，该循环在质量管理领域得到广泛使用，取得良好效果。

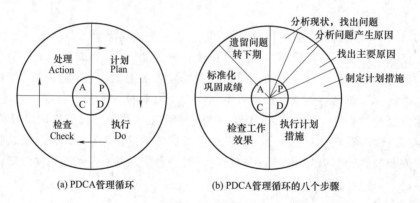

图 6.1 戴明环

PDCA 循环将一个过程抽象为计划、执行、检查、处理四个阶段，每个阶段都有阶段任务和目标（见图 6.1），四个阶段为一个循环，通过这样一个持续的循环，使过程的目标业绩持续改进（见图 6.2）。

由于 PDCA 持续改进循环把相关的资源和活动抽象为过程进行管理，而不是针对单独的管理要素开发单独的管理模式，所以这个循环具有广泛的通用性，现已被多个管理领域所采纳，例如质量管理体系（QMS）、环境管理体系（EMS）、职业健康安全管理体系（OHSMS）和信息安全管理体系等。每一项活动，不论多么简单或多么复杂，都适用这一持续改进循环。

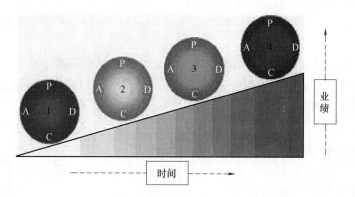

图 6.2　PDCA 循环持续改进示意图

PDCA 管理循环看似简单，其实质却包含着认识的三次飞跃以及实践的三次飞跃。从认识的三次飞跃以及实践的三次飞跃高度认识 PDCA 管理循环，对充分理解 PDCA 四阶段八步骤有重要意义。如图 6.3 所示。

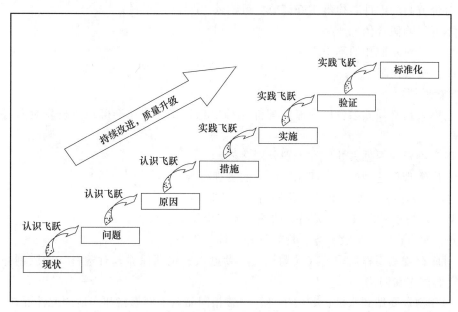

图 6.3　PDCA 的意义

（1）P—计划：根据顾客的要求和组织的方针，为提供结果建立必要的目标和过程。具体可分为以下四个步骤。

第一步：分析质量现状，找出问题，在分析时要强调用数据说话，运用统计分析表、排列图、直方图、控制图等统计工具来分析和发现质量问题。

第二步：分析产生质量问题的各种原因和影响因素，即人员、设备、材料、工艺方法、检测方法和环境等因素，需要运用排列图、因果图等工具。

第三步：在上一步的基础上，找出主要影响因素和原因。需要运用排列图、因果图、相关图等工具。

第四步：针对主要原因，制定措施计划。

（2）D—执行：实施过程，就是具体运作、实施计划中的内容。

（3）C—检查：根据方针、目标和产品要求，对过程和产品进行监视和测量，并报告结果。

（4）A—处理：采取措施，以持续改进过程业绩。包括以下两个步骤。

第一步：总结经验教训，对原有制度和标准进行修正，以防止同样问题的出现。

第二步：对于没有解决的问题，应提给下一个 PDCA 循环中去解决。

6.3 配件质量管理实务

1. 配件采购质量的控制

① 应有计划进行。

② 用途不明的不购，规格不清的不购。

③ 要保证质量。

④ 不得擅自改变计划。

⑤ 副厂件的采购需经技术和生产使用单位的同意，以免造成配件积压。

⑥ 对价值高的配件必须落实好订单方可购入。

⑦ 不可采购假冒伪劣产品。

⑧ 坚决反对吃回扣的不正之风。

2. 库存质量控制

仓库管理规定：

① 仓库人员必须熟悉备件仓库的配件品种信息，能够快速准确地进行发货及各种出库操作。

② 库存物资应根据其性质和类别分别存放。

③ 仓库管理要达到四洁、四无、四齐的管理标准。

四洁：库容清洁、物资清洁、货架清洁、料区清洁。

四无：无盈亏、无积压、无腐烂锈蚀、无安全质量事故。

四齐：库容整齐、堆放整齐、货架整齐、标签整齐。

④ 对库存物资要根据季节气候勤检查、勤盘点、定期保养。对塑料、橡胶制品的配件要做到定期核查和调位。

⑤ 库存物资要做到账机、账物相符，严禁相同品名不同规格和产地的配件混在一起。

⑥ 库内不容许有账外物品。

⑦ 配件发放要有利于生产，方便维修人员，做到深入现场，满足工人的合理要求。

⑧ 仓库管理人员做到四会、三懂、二掌握、二做到。

四会：会收发、会摆放、会计算机操作、会保养材料。

三懂：懂用途、懂性能、懂互换代用。

二掌握：掌握库存物资质量、掌握物资存放位置。

二做到：一做到见单能准确、快速发货，二做到日核对、月结、月盘点。

⑨ 危险品库管理要达到四洁、四无标准。

四洁：库区、库房、容器、加油设备整洁。

四无：无渗漏、无锈蚀、无油污、无事故隐患。

⑩ 严禁发出有质量问题的备件。

⑪ 因日常管理、保养不到位及工作失误造成物资报废或亏损的，应视其损失程度追究赔偿责任。

3. 呆废料管理

（1）呆废料的概念　是指物料存放量过多，耗用量极少，而库存周转率极低的物料，这种物料可能偶尔耗用少许，很可能不知何时才能动用甚至根本不再有动用的可能。

（2）处理的重要性

① 物尽其用。

② 减少资金积压。

③ 节省人力及费用。

④ 节约仓储空间。

（3）处理方法

① 调拨其他单位利用。

② 修改再利用。

③ 打折扣出售给原来的供应商。

④ 与其他公司用以物易物的方式相互交换处理。

（4）废料产生的原因、预防及处理

① 产生的原因　变质、锈蚀、变形、拆解的产品。

② 废料的预防　对易变质的物料，要注意保质期，同时要密封。对易锈蚀的物料，要防止酸碱的侵蚀、湿气的侵蚀。对易变形的物料，要注意放置方式，不可被其他物品积压。建立先进先出的物料收发制度。

③ 废料处理的方法　废料分解后有部分物料可用做他用。废料可分解为铜、铝、钢等，按不同类别、不同价格出售。

知识拓展

全面质量管理常用七种工具

所谓全面质量管理常用七种工具，就是在开展全面质量管理活动中，用于收集和分析质量数据，分析和确定质量问题，控制和改进质量水平的常用七种方法。这些方法不仅科学，而且实用，作为班组长应该首先学习和掌握它们，并带领工人应用到生产实际中。

1. 检查表

检查表又称调查表、统计分析表等。检查表是QC七大方法中最简单也是使用得最多的方法。但或许正因为其简单而不受重视，所以检查表使用的过程中存在的问题不少。

使用检查表的目的：系统地收集资料、积累信息、确认事实并可对数据进行粗略的整理和分析。也就是确认有与没有或者该做的是否完成（检查是否有遗漏）。

2. 排列图法

排列图法是找出影响产品质量主要因素的一种有效方法。

制作排列图的步骤：

① 收集数据，即在一定时期里收集有关产品质量问题的数据。如可收集1个月或3个月或半年等时期里的废品或不合格品的数据。

② 进行分层，列成数据表，即将收集到的数据资料，按不同的问题进行分层处理，每一层也可称为一个项目；然后统计一下各类问题（或每一项目）反复出现的次数（即频数）；按频数的大小次序，从大到小依次列成数据表，作为计算和作图时的基本依据。

③ 进行计算，即根据第（3）栏的数据，相应地计算出每类问题在总问题中的百分比，计入第（4）栏，然后计算出累计百分数，计入第（5）栏。

④ 作排列图。即根据上表数据进行作图。需要注意的是累计百分率应标在每一项目的右侧，然后从原点开始，点与点之间以直线连接，从而作出帕累托曲线。

3. 因果图法

因果图又叫特性要因图或鱼骨图。按其形状，有人又叫它为树枝图或鱼刺图。它是寻找质量问题产生原因的一种有效工具。

画因果分析图的注意事项：

① 影响产品质量的大原因，通常从五个大方面去分析，即人、机器、原材料、加工方法和工作环境。每个大原因再具体化成若干个中原因，中原因再具体化为小原因，越细越好，直到可以采取措施为止。

② 讨论时要充分发挥技术民主，集思广益。别人发言时，不准打断，不开展争论。各种意见都要记录下来。

4. 分层法

分层法又叫分类，是分析影响质量（或其他问题）原因的方法。我们知道，如果把很多性质不同的原因搅在一起，那是很难理出头绪来的。其办法是把收集来的数据按照不同的目的加以分类，把性质相同、在同一生产条件下收集的数据归在一起。这样，可使数据反映的事实更明显、更突出，便于找出问题，对症下药。

企业中处理数据常按以下原则分类。

① 按不同时间分：如按不同的班次、不同的日期进行分类。

② 按操作人员分：如按新、老工人，男工、女工，不同工龄分类。

③ 按使用设备分：如按不同的机床型号，不同的工夹具等进行分类。

④ 按操作方法分：如按不同的切削用量、温度、压力等工作条件进行分类。

⑤ 按原材料分：如按不同的供料单位、不同的进料时间、不同的材料成分等进行分类。

⑥ 按不同的检测手段分类。

⑦ 其他分类：如按不同的工厂、使用单位、使用条件、气候条件等进行分类。

总之，因为我们的目的是把不同质的问题分清楚，便于分析问题找出原因。所以，分类方法多种多样，并无任何硬性规定。

5. 直方图法

直方图（Histogram）是频数直方图的简称。它是用一系列宽度相等、高度不等的长方形表示数据的图。长方形的宽度表示数据范围的间隔，长方形的高度表示在给定间隔内的数据数。如图 6.4 所示。

直方图的作用：

① 显示质量波动的状态；

② 较直观地传递有关过程质量状况的信息；

③ 通过研究质量波动状况之后，就能掌握过程的状况，从而确定在什么地方集中力量进行质量改进工作。

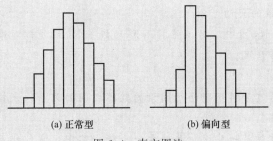

图 6.4　直方图法

6. 控制图法

控制图法（见图 6.5）是以控制图的形式，判断和预报生产过程中质量状况是否发生波动的一种常用的质量控制统计方法。它能直接监视生产过程中的过程质量动态，具有稳定生产、保证质量、积极预防的作用。

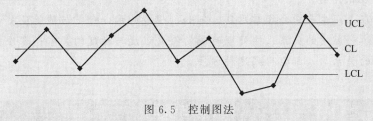

图 6.5　控制图法

(1) 控制图的种类

控制图在实践中，根据质量数据通常可分为两大类七种。

计量型数据的控制图：

Xbar-R 图（均值-极差图）；

Xbar-S 图（均值-标准差图）；

X-Rs 图（单值-移动极差图）；

X-Rs 控制图（中位数图）。

计数型数据的控制图：

P 图（不合格品率图）；

nP 图（不合格品数图）；

c 图（不合格数图）；

u 图（单位产品不合格数图）。

(2) 控制图的观察

如果点子落到控制界限之外，应判断工艺过程发生了异常变化。

如果点子虽未跳出控制界限，但其排列有下列情况，也判断工艺过程有异常变化：

① 点子在中心线的一侧连续出现 7 次以上；

② 连续 7 个以上的点子上升或下降；

③ 点子在中心线一侧多次出现，如连续 11 个点中，至少有 10 个点（可以不连续）在中心线的同一侧；

④ 连续3个点中，至少有2点（可以不连续）在上方或下方横线以外出现（即很接近控制界限）；

⑤ 点子呈现周期性的变动。

在 Xbar-R 图和 X-Rs 图中，对极差 R 和移动极差 Rs 的控制观察，一般只要点子未超出控制界限，就属正常情况。

7. 散布图法

散布图法，是指通过分析研究两种因素的数据之间的关系，来控制影响产品质量的相关因素的一种有效方法。

在生产实际中，往往是一些变量共处于一个统一体中，它们相互联系、相互制约，在一定条件下又相互转化。有些变量之间存在着确定性的关系，它们之间的关系可以用函数关系来表达，如圆的面积和它的半径关系：$S=\pi r^2$；有些变量之间却存在着相关关系，即这些变量之间既有关系，但又不能由一个变量的数值精确地求出另一个变量的数值。将这两种有关的数据列出，用点子打在坐标图上，然后观察这两种因素之间的关系。这种图就称为散布图或相关图。

散布图法在工厂生产中会经常用到，例如，棉纱的水分含量与伸长度之间的关系，喷漆时的室温与漆料黏度的关系；热处理时钢的淬火温度与硬度的关系；零件加工时切削用量与加工质量的关系等，都会用到这种方法。

思考与练习

1. 试述质量管理的原则。
2. 试述企业推销 ISO9000 的作用。
3. ISO9000 的基本指导思想体现在哪几方面？
4. 什么是汽车配件质量？汽车配件质量管理的任务是什么？
5. 什么是全面质量管理？
6. 试述全面质量管理的核心原则。
7. 试述全面质量管理三项核心原则的内涵和实施措施。
8. 试述全面质量管理的基础工作。
9. 试述全面质量管理的工作程序。
10. 如何控制配件采购质量？
11. 如何控制配件库存质量？
12. 如何进行呆废料管理？

第 7 章 汽车配件经营分析

学习目标

了解企业财务管理基本制度；掌握货币资金管理规定；了解收入、费用、利润的构成；了解会计报告的组成；掌握经营分析的方法。

案例导入

从图 7.1 可以看出，该企业受行业竞争增大、产业结构调整的影响，2005 年的销售收入较 2013 年、2014 年有较大的下滑。2015 年收入仅为 2013 年、2014 年的 57％和 52％。且利润额下滑幅度较大，2015 年该企业利润额为 71378 万元，仅为 2013 年、2014 年的 31％和 35％。企业利润下滑的较大原因在于行业整体成本的上升、原材料价格的上涨、销售价格的下降，大大挤压了企业的利润空间。企业在整体利润空间下降的同时，应严格控制好销售成本和费用，才可尽可能减少利润空间减小所带来的负面影响。

图 7.1 销售收入及利润变化趋势

7.1 财务管理

7.1.1 财务管理制度

1. 财务管理一般原则

① 财务管理应按照国家统一的会计制度进行核算，企业的会计核算方法一经确定不得随意变更，确实需要变更的，应将变更情况、原因以及对财务状况和经营成果的影响，在财务报告中说明。

② 应以实际发生的经济业务及能证明经济业务发生的凭证为依据，如实反映财务状况和经营成果。

③ 提供的会计信息应能满足各方面了解公司财务状况和经营成果的需要，满足公司内

部经营管理的需要。

④ 应在发生经济业务时及时进行会计处理，讲求时效。

⑤ 会计记录和会计报表应简明易懂地反映财务状况和经营成果。

⑥ 在全面反映财务状况和经营成功的同时，对影响决策的重要经济业务，应单独反映，重点列报。

⑦ 正确确定公司的收益、成本、费用，依法合理核算可能发生的损失和费用。

⑧ 各项资产应按其取得时所发生的实际成本记账。

2. 会计核算

① 财务部门及财会人员应按照国家有关财税、财务、会计制度进行会计核算。

② 收入、成本、费用的计算，经营成果的计算和处理，款项和有价证券的收付，债权、债务的发生和结算，财务的收发、增减和使用及其他需要办理会计手续、会计核算的，应办理会计手续，进行会计核算。

③ 会计资料应真实完整，符合国家法律及会计制度的有关规定。

④ 办理有关会计事项，应填制或取得原始凭证，并及时交财务部门，经财务人员审核后，编制记账凭证，计入有关账簿。

⑤ 按会计制度的规定，设计会计科目和会计账簿。

⑥ 按会计制度的记账规则，根据已编制的会计凭证登记账簿。

⑦ 财务部门应妥善保管会计资料。

3. 财务监督

① 财务部门及财务人员有权对公司的经营活动，实行财务监督。

② 财务人员对违反财务制度的经营业务，应不予办理。

③ 财务人员对不真实、不合理的原始凭证，应不予受理。对记载不明确、不完整的原始凭证，应退回，并要求其补充、更正。

④ 财务部门应定期和不定期地进行财务检查，要求做到账实相符，账证相符，账账相符。

⑤ 财务部门应如实接受税务部门、审计部门的检查。

7.1.2 货币资金管理规定

为规范货币资金管理，规范企业货币资金的收支行为，企业应制定货币资金管理规定，具体包括以下条款：

① 任何项目的货币资金收入，必须做收入凭证，所制收入凭证上必须有收缴人与收款人签章。

② 任何项目的货币资金支出，均必须取得有效的原始凭证，否则，不予支付。

③ 原则上所有款项的支出，均必须经主管会计审核签章后，出纳方可支付。

④ 出纳付款时，原则上应做到能用银行转账的款项，不得使用现金支出。

⑤ 任何款项的支出凭证上，必须有收款人的签章。

⑥ 出纳必须将当日的收支，逐笔登入现金日记账或银行存款日记账，做到账款相符。出纳必须及时将所有的有关收支凭证，交主管会计进行账务处理。

⑦ 银行存款预留印签必须分开保管，财务专用章由主管会计负责保管，不得随意使用。

⑧ 日库存现金原则上不得超过公司规定的限额。

⑨ 下班前应将留存现金存入银行，不允许现金在公司过夜。
⑩ 任何人不得以任何形式和借口挪用公款。

7.1.3 收入、费用、利润

1. 收入

收入包括主营业收入和其他业务收入。收入能导致所有者权益的增加；收入扣除相关成本费用后，则可能增加所有者权益，也可能减少所有者权益。收入只包括本企业经济利益的流入，而不包括为第三方或客户代收的款项，如增值税、代收利息等。

(1) 收入确认的条件　如同时符合以下 4 个条件，即确认为收入。

① 企业已将商品所有权上的主要风险和报酬转移给购货方。这里的风险主要指商品由于贬值、损坏、报废等造成的损失；这里的报酬是指商品中包含的未来经济利益，包括商品升值等给企业带来的经济利益。

② 企业既没有保留通常与所有权相联系的继续管理权，也没有对已出售的商品实施控制。

③ 与交易相关的经济利益能够流入企业。销售商品的货款能否有把握回收，是收入确认的基本前提，收入不能可靠计量，则无法确认收入，企业在销售商品时，销价通常已经确定，但销售过程中由于某些不确定因素，也有可能出现售价变动的情况，在新的售价未确定前，则不应确认收入。根据收入和费用配比原则，与同一项销售有关的收入或成本应在同一会计期间予以确认，因此，如果成本不能可靠计量，相关收入就不能确认。这时，若已收到货款，则收到的货款应确认为一项负债。

④ 相关的收入和成本能够可靠的计量。

(2) 销售收入的计量　应根据企业与购货方签订的合同或协议金额确定。无合同或协议的，应根据购销双方都能同意或接受的价格确定，但不包括企业为第三方或客户收取的款项。

2. 费用

(1) 费用的特点　费用是企业为销售商品、提供劳务等日常活动所发生的经济利益的流出。其特点是：费用最终会导致企业资源的减少；费用最终会减少企业的所有者权益。

(2) 费用的种类　在制造类企业中，费用按照经济用途的不同，首先分为应计入产品成本的费用和不应计入产品成本的费用两类。在此基础上，对应计入产品成本的费用，需进一步分为生产经营成本；对不应计入产品成本的费用，需进一步分为期间费用。

① 生产经营成本。生产经营成本是指为生产产品和提供劳务所发生的各项费用，包括直接材料费用、直接人工费用、其他各项制造费用。

直接材料费用，是指直接用于产品生产、构成产品实体的原料费及主要材料、外购半成品费，有助于产品形成的辅助材料及其他材料费。

直接人工费用，是指直接参加产品生产的生产工人工资及提取的福利费。

其他各项制造费用，是指企业各生产单位为组织和管理生产所发生的各项间接费用。

② 期间费用。期间费用是指企业当期发生的，必须从当期收入中得到补偿的费用。包括管理费用、财务费用、营业费用。

管理费用，是指企业行政管理部门为管理和组织生产经营活动所发生的费用。

财务费用，是指企业为筹集资金而发生的费用。

营业费用，是指企业在销售商品、产品或提供劳务过程中发生的各项费用。

汽车配件流通费用率是考核企业流通费用额相对数的重要指标。

流通费用率是表示平均每销售一百元商品所支出的费用，它是流通费用额和商品总销售额（或纯销售额）的比较。它比流通费用额更能说明企业的工作质量和评价企业的经济效益。其计算公式是：

$$商品流通费用率 = \frac{商品流通费总额}{商品总销售额（或纯销售额）} \times 100\%$$

例 7.1 某汽车配件公司，2015 年商品总销售额为 7817 万元。费用总额 380 万元，试求其费用水平？

解：$商品流通费用率 = \frac{商品流通费总额}{商品总销售额（或纯销售额）} \times 100\%$

$$商品流通费用率 = \frac{380}{7817} \times 100\% = 4.86\%$$

3. 利润

（1）利润的特点　利润是企业在一定会计期内实现的收入减去费用后的净额，包括营业利润、利润总额、净利润。其特点：利润代表企业能用货币表现的、最终的和综合的经营成果；利润的金额是通过收入减去费用之后的余额来确定；利润的许多特点都体现在收入和费用两个要素上。

（2）营业利润　营业利润是企业利润的主要来源，它主要包括主营业务利润和其他业务利润。计算公式如下：

营业利润 = 主营业务利润 + 其他业务利润 − 营业费用 − 管理费用 − 财务费用

主营业务利润 = 主营业务收入 − 主营业务成本 − 主营业务税金及附加

其他业务利润 = 其他业务收入 − 其他业务支出

（3）利润总额　企业的利润总额一般包括营业利润、投资净收益和营业外收支净额三部分。如果企业能够按规定获取补贴收入，则也应作为当期的利润总额的组成部分。计算公式如下：

利润总额 = 营业利润 + 投资收益 + 补贴收入 + 营业外收入 − 营业外支出

（4）净利润　净利润是指企业的税后利润。计算公式如下：

净利润 = 利润总额 − 所得税

销售毛利率是毛利占销售收入的百分比。其中毛利是销售收入与销售成本的差。其计算公式如下：

销售毛利率 = [(销售收入 − 销售成本) ÷ 销售收入] × 100%

销售毛利率，表示每一元销售收入扣除销售产品或商品成本后，有多少钱可以用于各项期间费用和形成盈利。毛利率是企业销售净利率的最初基础，没有足够大的毛利率便不能盈利。

7.2 财务会计报告

财务会计报告是指企业对外提供的反映企业某一特定日期财务状况和某一会计期间经营成果、现金流量的书面文件。它是企业根据日常的会计核算资料归集、加工和汇总后形成的，是企业会计核算的最终成果。企业管理人员应会阅读和分析财务会计报告。

1. 编制财务会计报告的目的

企业编制财务会计报告的主要目的，是为会计报表使用者进行决策提供会计信息。

企业编制的会计报表，应当着重为其提供有关企业某一特定日期的资产、负债与所有者权益情况，以及某一特定经营期间经营业绩与现金流量方面的信息，并为以后进行生产经营决策、改善生产经营提供参考资料。

2. 编制要求

为了充分发挥财务会计报告能够满足各方面的需要，达到编制财务会计报告的目的，企业在编制财务会计报告时应做到：数字准确、计算完整、编报及时、便于理解。

3. 会计报告的组成

完整的财务会计报告由下列三部分组成：会计报表、会计报表附注、财务状况说明书。

（1）会计报表　是根据会计账簿记录和有关资料，按照规定的格式，总括反映一定期间的经济活动和财务收支情况及其结果的报告文件。主要有：资产负债表、利润表、现金流量表、各种附表。

（2）会计报表附注　是为了便于会计报表使用者理解会计报表的内容而对会计报表的编制基础、编制依据、编制原则和方法及主要项目等所作的解释。如企业简介，重要会计政策和会计估计及其变更情况、变更原因及其对财务状况和经营成果的影响；重要资产的出售及其转让情况；企业合并、分立、重大的投资，融资活动等。

（3）财务状况说明书　是对企业财务状况的文字说明，包括对会计报表无法具体反映的重大事项的特别说明。根据《财务会计报告条例》的规定，财务情况、利润的实现与分配情况、资金的增减和周转情况、对财务状况、经营成果和现金流量有重大影响的其他事项等。

财务报表的主要使用人有七种，他们的分析目的不完全相同。

① 投资者（潜在投资者）：主要分析企业的资产和盈利能力。

② 债权人：为决定是否给企业贷款，主要分析偿债能力、盈利能力。

③ 经理人员：为改善财务决策而进行分析，涉及的内容最广泛。

④ 供应商：通过分析，看企业能否长期合作。

⑤ 政府：通过分析了解企业的纳税情况，遵守法规和市场秩序的情况、职工收入和就业情况。

⑥ 雇员和工会：通过分析判断企业盈利与雇员收入、保险、福利三者是否相适应。

⑦ 中介机构：评价过去的经营业绩，衡量现在的财务状况、预测未来的发展趋势。

4. 资产负债表的编制

资产负债表，也称财务状况表，是反映企业某一特定日期（如月末、季末、年末）财务状况的会计报表。它是根据"资产＝负债＋所有者权益"这会计等式，依照一定的分类标准和顺序，将企业在一定日期的全部资产、负债和所有者权益进行适当分类、汇总、排列后编制而成的。资产负债表可以反映企业资产、负债和所有者权益的面貌，通过编制资产负债表，可以反映企业在某一日期所拥有的经济资源及其分布情况，分析企业目前与未来的需要支付的债务数额；可以反映企业所有者权益的情况，了解企业现有的投资者在企业资产总额中所占的份额。总之，通过资产负债表，可以帮助报表使用者全面了解企业的财务状况，分析企业的债务偿还能力，从而为未来的经济决策提供参考。

资产负债表的格式如表 7.1 所示。

5. 利润表

利润表也称收益表或损益表，是反映企业在一定期间经营成果的报表。利润表除反映企业收入、成本费用和利润外，还要反映投资的净收益、营业外收支等情况。根据利润表，可

表 7.1 资产负债表

资产	行次	年初数	期末数	负债和所有者权益(或股东权益)	行次	年初数	期末数
流动资产：		略		流动负债：		略	
货币资金	1		656596	短期借款	68		40000
短期投资	2			应付票据	69		80000
应收票据	3		36800	应付账款	70		763040
应收股利	4			预收账款	71		
应收利息	5			应付工资	72		80000
应收账款	6		478560	应付福利费	73		64000
其他应收款	7			应付股利	74		25773
预付账款	8		84000	应交税金	75		84275
应收补贴款	9			其他应交款	80		85280
存货	10		2059760	其他应付款	81		40000
待摊费用	11			预提费用	82		
一年内到期的长期债权投资	21			预计负债	83		
其他流动资产	24			一年内到期的长期负债	86		
流动资产合计	31		3315716	其他流动负债	90		
长期投资：							
长期股权投资	32		200000	流动负债合计	100		1262368
长期债权投资	34			长期负债：			
长期投资合计	38		200000	长期借款	101		
固定资产：				应付债券	102		
固定资产原价	39		2420800	长期应付款	103		
减:累计折旧	40		636000	专项应付款	106		
固定资产净值	41		1784800	其他长期负债	108		
减:固定资产减值准备	42			长期负债合计	110		928000
固定资产净额	43		1784800	递延税款：			
工程物资	44		120000	递延税款贷项	111		
在建工程	45		462400	负债合计	114		2190368
固定资产清理	46						
固定资产合计	50		2367200	所有者权益(或股东权益)：			
无形资产及其他资产：				实收资本(或股本)	115		4000000
无形资产	51		503250	减:已归还投资	116		
长期待摊费用	52		160000	实收资本(或股本)净额	117		4000000
其他长期资产	53			资本公积	118		
无形资产及其他资产合计	60		663250	盈余公积	119		108548
				其中:法定公益金	120		36182
递延税款：				未分配利润	121		147250
递延税款借项	61			所有者权益(或股东权益)合计	122		4355798
资产总计	67		6546166	负债和所有者权益总计	135		6546166

以了解企业的经营成果；通过对利润表各基础数据的对比分析，有助于了解收入、费用和利润之间的消长趋势，发现经营中存在的问题，以便改善经营管理；通过利润表中不同时期数据的比较，有助于了解企业利润增长的趋势和评价、预测企业的获利能力。

利润表格式见表7.2。

表7.2 利润表格式

项　　目	行次	上年数	本年累计数
一、主营业务收入	1	略	10110000
减：主营业务成本	4		600000
主营业务税金及附加	5		11600
二、主营业务利润（亏损以"－"号填写）	10		398400
加：其他业务利润（亏损以"－"号填写）	11		
减：营业费用	14		16000
管理费用	15		126400
财务费用	16		33200
三、营业利润（亏损以"－"号填写）	18		222800
加：投资收益（亏损以"－"号填写）	19		25200
补贴收入	22		
营业外收入	23		40000
减：营业外支出	25		15760
四、利润总额（亏损以"－"号填写）	27		272240
减：所得税	28		81919.2
五、净利润（亏损以"－"号填写）	30		190320.8

（1）利润表的"本月数"栏和"本年累计数"栏

"本月数"栏反映各项目的本月实际发生数；在编报年度财务会计报告时，应将"本月数"栏改成"上年数"栏，填写上年同期累计实际发生数或上年全年累计实际发生数。如果上年度利润表与本年度利润表的项目名称和内容不一致，应对上年度利润表项目的名称和数字按本年度的规定进行调整，填入本表"上年数"栏。

"本年累计数"栏反映各项自年初起至报告期末止的累计实际发生数。

（2）利润表各项的内容及填写方法

①"主营业务收入"项目，反映企业经营主要业务所取得的收入总额。本项目应根据"主营业务收入"科目的发生额分析填列。

②"主营业务成本"项目，反映企业经营主要业务发生的实际成本。本项目应根据"主营业务成本"科目的发生额分析填列。

③"主营业务税金及附加"项目，反映企业经营主要业务应担负的营业税、消费税、城市维护建设税、资源税、土地增值税和教育费附加等。本项目应根据"主营业务税金及附加"科目的发生额分析填列。

④"其他业务利润"项目,反映企业除主营业务以外取得的收入,减去所发生的相关成本、费用,以及相关税金及附加等的支出后的净额。本项目应根据"其他业务收入"、"其他业务支出"的发生额分析填列。

⑤"营业费用"项目,反映企业在销售商品和商品流通企业在购入商品等过程中发生的费用。本项目应根据"营业费用"科目的发生额分析填列。

⑥"管理费用"项目,反映企业发生的管理费用。本项目应根据"管理费用"科目的发生额分析填列。

⑦"财务费用"项目,反映企业发生的财务费用。本项目应根据"财务费用"科目的发生额分析填列。

⑧"投资收益"项目,反映企业以各种方式对外投资所取得的收益。本项目应根据"投资收益"科目的发生额分析填列;如为投资损失,以"－"号填列。

⑨"补贴收入"项目,反映企业取得的各种补贴收入以及退回的增值税等。本项目应根据"补贴收入"科目的发生额分析填列。

⑩"营业外收入"项目和"营业外支出"项目,反映企业发生的与其生产经营无直接关系的各项收入和支出。这两个项目应分别根据"营业外收入"科目和"营业外支出"科目的发生额分析填列。

⑪"利润总额"项目,反映企业实现的利润总额。如为亏损总额,以"－"号填列。

⑫"所得税"项目,反映企业按规定从本期损益中减去的所得税。本项目应根据"所得税"科目的发生额分析填列。

⑬"净利润"项目,反映企业实现的净利润。如为净亏损,以"－"号填列。

7.3 经营分析

作为企业经营者,应知道如下几个问题:

企业的生产是增产增销还是减产减销?原因在哪里?

企业有多少资金?资金从哪里来?用在哪里?用的是否合理有效?

企业资金总感觉不够用,资金使用效果不好的原因在哪里?

产品成本是多少?成本升高了还是降低了?成本升降的原因是什么?

企业实现了多少利润?利润增加或减少的原因有哪些?

7.3.1 财务分析的意义和目的

① 财务分析是指以财务报表和其他资料为依据和起点,采用专门方法,分析和评价企业的过去和现在的经营成果、财务状况及其变动,目的是了解过去、评价现在、预测未来、帮助利益关系集团改善决策。

② 意义:编制财务报表的目的,就是向报表的使用者提供有关的财务信息,从而为他们的决策提供依据。但是财务报表是通过一系列的数据资料来全面地、概括地反映企业的财务状况、经营成果和现金流量情况。对报表的使用者来说,这些数据是原始的、初步的,还不能直接为决策服务。因此,报表的使用者应根据自己的需要,使用专门的方法,对财务报表提供的数据资料进一步加工、整理,从中取得必要的有用的信息,从而为决策提供正确的依据。

7.3.2 财务分析的方法、步骤、原则

1. 财务分析的方法

主要有比较分析法、因素分析法和指标分解法。

（1）比较分析法　对两个或几个有关的可比数据进行对比，揭示差异和矛盾。主要有：

① 历史比。即不同时期（2～10年）指标相比，看其成长性，也称趋势分析。

② 与同行业相比。即与行业平均数或竞争对手相比，也称横向比较。

③ 比较会计要素的总量。总量是报表项目的总金额。如总资产、净资产、净利润等。

④ 比较结构百分比。把损益表、资负表、现金流量表转换为结构百分比报表。通过结构比较，发现问题，进一步揭示分析的方向。

⑤ 比较财务比率。财务比率是各会计要素的关系，反映其内在联系。

（2）因素分析法　是依据分析指标和影响因素的关系，从数量上确定各因素对指标的影响程度。如：差额分析法。如固定资产净值增加的原因分析，分解为原值增加和折旧增加两部分。

（3）指标分解法　如资产负债率可分解为资产周转率和销售利润率的乘积。

2. 财务分析的步骤

① 明确分析目的、现在的股价。

② 收集相关信息。

③ 采用一定的方法对资料进行加工分析。

④ 解释分析结果、提供决策有用的信息。

3. 财务分析的原则

① 要从实际出发，坚持实事求是。

② 要全面看问题，坚持一分为二。

③ 要注重事物的联系，坚持相互联系地看问题。

④ 要发展的眼光看问题，注意过去、现在和将来的关系。

总之，定量分析与定性分析相结合。财务分析要透过数字看本质，没有数字就不能下结论。

7.3.3 财务分析与评价的基础

财务分析与评价的基础——会计报表。

财务会计报表是指企业对外提供的反映企业某一特定日期财务状况和某一会计期间经营成果、现金流量的书面文件。

7.3.4 财务分析与评价的指标体系

财务分析与评价的指标体系是指企业总结和评价财务状况及经营成果的相对指标。

中国《企业财务通则》中为企业规定的三种财务指标为：偿债能力指标，包括资产负债率、流动比率、速动比率；营运能力指标，包括应收账款周转率、存货周转率；盈利能力指标，包括资本金利润率、销售利税率（营业收入利税率）、成本费用利润率等。

1. 偿债能力分析

（1）短期偿债能力分析

① 流动比率，计算公式：流动资产/流动负债
② 速动比率，计算公式：（流动资产－存货）/流动负债
③ 现金比率，计算公式：（现金＋现金等价物）/流动负债
④ 现金流量比率，计算公式：经营活动现金流量/流动负债
⑤ 到期债务本息偿付比例，计算公式：经营活动现金净流量/（本期到期债务本金＋现金利息支出）

（2）长期偿债能力分析
① 资产负债率，计算公式：负债总额/资产总额
② 股东权益比例，计算公式：股东权益总额/资产总额
③ 权益乘数，计算公式：资产总额/股东权益总额
④ 负债股权比例，计算公式：负债总额/股东权益总额
⑤ 有形净值债务率，计算公式：负债总额/（股东权益－无形资产净额）
⑥ 偿债保障比率，计算公式：负债总额/经营活动现金净流量
⑦ 利息保障倍数，计算公式：（税前利润＋利息费用）/利息费用
⑧ 现金利息保障倍数，计算公式：（经营活动现金净流量＋现金利息支出＋付现所得税）/现金利息支出

2. 营运能力分析
① 存货周转率，计算公式：销售成本/平均存货
② 应收账款周转率，计算公式：赊销收入净额/平均应收账款余额
③ 流动资产周转率，计算公式：销售收入/平均流动资产余额
④ 固定资产周转率，计算公式：销售收入/平均固定资产净额
⑤ 总资产周转率，计算公式：销售收入/平均资产总额

3. 盈利能力分析
① 资产报酬率，计算公式：净利润/平均资产总额
② 净资产报酬率，计算公式：净利润/平均净资产
③ 股东权益报酬率，计算公式：净利润/平均股东权益总额
④ 毛利率，计算公式：销售毛利/销售收入净额
⑤ 销售净利率，计算公式：净利润/销售收入净额
⑥ 成本费用净利率，计算公式：净利率/成本费用总额
⑦ 每股利润，计算公式：（净利润－优先股股利）/流通在外股数
⑧ 每股现金流量，计算公式：（经营活动现金净流量－优先股股利）/流通在外股数
⑨ 每股股利，计算公式：（现金股利总额－优先股股利）/流通在外股数
⑩ 股利发放率，计算公式：每股股利/每股利润
⑪ 每股净资产，计算公式：股东权益总额/流通在外股数
⑫ 市盈率，计算公式：每股市价/流通在外股数

4. 发展能力状况分析
① 营业增长率，计算公式：本期营业增长额/上年同期营业收入总额
② 资本积累率，计算公式：本期所有者权益增长额/年初所有者权益
③ 总资产增长率，计算公式：本期总资产增长额/年初资产总额
④ 固定资产成新率，计算公式：平均固定资产净值/平均固定资产原值

> 知识拓展

常见的结算方式与手段

1. 同城结算与异地结算

国内结算交易双方所处的地理位置分为同城结算与异地结算两种。

① 同城结算，是指同一城镇内各单位之间发生经济往来而要求办理的转账结算。同城结算有支票结算、委托付款结算、托收无承付结算、同城托收承付结算。其中支票结算是最常用的同城结算。

② 异地结算，是指异地各单位之间发生经济往来而要求办理的转账结算。异地结算基本方式有异地托收承付结算、信用证结算、委托收款结算、汇兑结算、银行汇票结算、商业汇票结算、银行本票结算、异地限额结算等。其中，异地托收承付结算、银行汇票结算、商业汇票结算、银行本票结算和汇兑结算是最常用的异地结算手段。

2. 现金结算与转账结算

货币结算按其支付方式的不同，可分为现金结算和转账结算。

① 现金结算，是发生经济行为的关系人直接用现金结清应收应付款的行为。

② 转账结算，是发生经济行为的关系人使用银行规定的票据和结算凭证，通过银行划账方式，将款项从付款单位账户划到收款单位的账户，以结清债务债权的行为。转账结算是货币结算的主要方式。转账结算的主要信用工具有：支票、汇兑、委托受款、银行汇票、商业汇票、银行本票、信用卡共7种。支票结算是最常用的同城结算。

3. 支票结算流程

① 开立账户办理结算。

② 付款人根据商品交易、劳务供应或其他经济往来向收款人签发支票。

③ 收款人将商品运发给付款人，或向付款人提供劳务服务。有时，根据实际情况，收款人在未接到支票的情况下，先提供商品或劳务服务，后收取支票。

④ 收款人将支票送交开户银行入账。

⑤ 收款人开户银行向付款人开户银行提出清算。

⑥ 付款人开户银行根据有关规定计划转货款或劳务服务款。

⑦ 收款人开户银行给收款人收妥款项后，通知收款人入账。

⑧ 付款人与开户银行定期对账。

思考与练习

1. 试述财务管理一般原则。
2. 试述货币资金管理规定。
3. 如何确定企业收入？
4. 如何确定企业费用？
5. 试述财务会计报告的组成。
6. 试述资产负债表的作用。

7. 试述财务分析的意义和目的。
8. 试述财务分析的方法。
9. 试述偿债能力分析指标。
10. 试述运营能力分析指标。
11. 试述盈利能力分析指标。
12. 试述发展能力状况分析指标。

Chapter 03

第 3 篇 汽车配件商务活动

第 8 章 商品陈列与广告宣传

学习目标

掌握配件商品陈列的方法和宣传手段；掌握汽车配件广告宣传媒介的选择原则；掌握配件买卖合同签订的原则。

案例导入

汽车配件有限公司营销销活动方案

（1）活动目的

此次的促销活动主要目的为了宣传某汽车配件公司的企业优势和创新能力，让大家了解本公司，其次通过一个价格的优惠来提高销售量和开发新客户。

（2）活动对象

各大汽车配件采购商和汽车配件零售店。

（3）活动方式

"签订单，游港澳"大型现场抽奖活动，凡是在现场签单者均有机会获得港澳免费三日游。

（4）活动时间和地点

2013.1.1—2013.1.3，×××大酒店 3 楼。

（5）活动过程

以歌舞形式开场—主持人介绍—现场互动—配件展览—签单—抽奖活动—活动结束。

（6）前期准备（人员安排，物质准备）

人员安排：销售顾问 13 名，销售经理 2 名，活动负责人 2 名，后勤人员 6 名，售后人员 6 名。

物质准备：宣传手册，传单，活动礼品等。
(7) 注意事项
要维持好现场秩序；人员分工明确，要各尽其责；突发事件的控制有效，解决有方。

8.1 商品陈列与商品宣传

　　大多汽车用品店经营的种类都比较多，从几十种到几百种不等，以扩大服务面和提高成交率。所谓科学分类就是按照某种理性逻辑来分类的方法，左边是中档价位的汽车用品，右边是高档价位的汽车用品，最里边是提供售后服务的场所。科学的分类给顾客选购和店铺管理都带来了方便。

　　汽车用品店经营的是时尚商品，每刮过一阵流行风，汽车用品店的面貌就应焕然一新。如果商品没有太大的变化，则可以在陈列、摆设、装潢上做一些改变，同样可以使店铺换一副新面孔，从而吸引顾客前往。汽车用品店将同一类消费对象所需要的系列用品摆放在一起，或将经常搭配的款式放在一起，可以方便顾客的配套购买，这种组合商品销售的方法称为连带方便法。

　　有些汽车用品样式放在某一位置时间太长，由于光线和周围款式的影响等原因而无人问津，这时可以将它们调换位置，与其他款式的汽车用品重新组合，这样会产生一种新的艺术主题，增加了售出的机会。将里边货架上的汽车用品移到外面的货架上，则会更加令人注目。通过循环重复，再配以新款式上架，整个汽车用品店就会给人以常变常新的感觉。

　　首先，在商品组合上突出宣传效果。采用专题商品组合法，将本店经营的特色商品予以集中陈列，告诉客户本店的主要经营品种，吸引客户走进商店。采用特写商品组合法，运用概括、集中、典型的艺术手法突出宣传某一种商品品种。在造型、色彩上采用适当的夸张处理。比如在商店门口放置一个放大的轮胎模型等等，可增强宣传的效果，以吸引客户对商品的注意。当然，商品组合还有其他办法，关键是结合本店的经营范围与特色灵活地选用与处理。

　　其次，在色彩、灯光和图案文字的设计上突出宣传效果。特别是橱窗设计时，色彩、灯光和图案文字的新颖合理设计，可达到意想之外的效果。在色彩设计时，要以商品色彩为中心，注意商品、道具、背景三种色彩的对比和调和，给人以整体感。比如冷色与暖色相配，使商品更加鲜明耀目，雅致美观。红、橙、黄色为暖色，暖色给人以热烈、辉煌、兴奋的感觉。蓝、青、绿色为冷色，冷色给人以清爽、娴雅的感觉。在橱窗里设置小型霓虹灯，可使商品显得高档，以增加宣传的效果，还可以利用阴暗的阴影来强调商品的主体感。当然应尽可能将照明设备隐藏起来，充分考虑灯器通风散热条件，这样，既效果突出，又安全无隐患。图案、文字是为商品服务的，因此在图案与文字的设计上，既不能喧宾夺主，又要衬托出商品。在图案的处理上，尽量不用或少用写实的画面，否则显得杂乱。文字是画面的重要组成部分，文字的运用要简明扼要，浅显易懂，新颖风趣；字体要端正、美观、大方、规范化，力求文字形式与宣传内容相统一。陈列商品主要用黑体、宋体、仿宋体、楷体等几种常用的字体，以及变形字体如：长黑、扁黑、长宋、扁宋、美术体等。例如：用黑体字，可暗示其强劲有力；美术体字可自行创造，不受约束与图字相融为一体，富于画意。还可以通过文字形式，把商品的效能、特性和某些许诺（保修、保退）等售后服务措施介绍出来，以激发潜在的购买力，增强消费者的购买信心。

8.2 汽车配件广告宣传

1. 广告的分类形式

广告的分类是多种多样的，按广告的传播媒体分，广告可分为报纸广告、杂志广告、电视广告、邮寄广告、招贴广告、路牌广告和报纸夹页广告等。这几种形式实际上也暗示了广告宣传可以采用的方法。

2. 广告媒介的选择

为了不同的宣传目的，应采用不同的广告宣传方式，意味着应选用不同的广告媒介。各种广告媒介各有特点，应根据其特点来选择适当的广告媒介。对于汽车配件经销企业有两大类宣传目的：一是宣传企业形象的，比如雄厚的经济实力，良好的商业信誉，优质的售后服务等；二是宣传企业所经销商品的，比如经营品种，各品种价格等等。那么为达到这两类宣传目的，应如何选择广告媒介呢？

报纸、杂志（合称报刊）属文字传播媒介，是最具有渗透力和扩散力的传播媒介。它具有独特的优势当然也有不是之处。

报刊传播的优势：

① 广泛性。报刊传播的受众很广泛，遍及社会各个阶层。

② 自由度。读者在接受信息的时候自由度比较高，有充分的选择余地。既不需要专门的设备，也不受既定顺序和场地的限制，可以按照自己的需要和兴趣来选择阅读的内容、顺序、速度和方式。

③ 深度。报刊能够通过增加版面和发行密度，充分地处理信息资料，使报道的内容更为深入细致。

④ 保存性。报刊传播的资料便于保存和检索，具有较高的史料价值。

⑤ 低成本。相对电视来说，报刊的制作比较容易，成本较低，易于普及推广。

报刊传播的弱点：

① 传播信息不如电视那么迅速、及时。主要是因为报刊的传播要受出版周期和发行环节的制约。

② 受读者文化水平和理解能力的限制。报纸刊物不如电视那么形象、生动、直观和口语化，特别是在文化水平低的读者群中，传播的效果受到制约。

电视是用电子技术传送活动图像的通信方式。电视的主要优点有：

① 它用形象和声音表达思想，这比报纸只靠文字符号表达要直观得多，电视这种形象和声音相结合的表达手段，最符合人类感受客观事件的习惯，因而最容易为人们所理解和接受。

② 它可以对事物作直接目击报道。靠文字表达的报纸对事物的报道都是间接的。它们只能凭记者对客观事物的观察和感受，用文字或语言进行描述，转告给读者；读者只能从报纸上的文字领会并想象出客观事物的情景。然而电视则不同，它能让观众直接看到事物的情景。这种纪实性使电视报道特别逼真、可信，能使观众产生亲临其境的现场感和参与感，时间上的同时性、空间上的同位性、对事件的纪实性最强。

③ 传播迅速，服务范围广，观众多。

④ 适应面广，娱乐性强。由于直接用图像和声音来传播信息，因此观众完全不受文化

程度的限制，适应面最广泛；而且电视集各种艺术手段和传播媒介之长，是当今娱乐性最强的一种传播手段。

电视传播的弱点包括：

① 传播的效果稍纵即逝，难以把握；信息储存的成本较高。

② 电视节目受时间顺序的限制，加上受场地、设备条件的限制，使信息的传送和接收都不如报刊那样具有较大的灵活性、随意性。

③ 电视节目的制作、传送、接收和保存的成本较高。

报刊和电视广告由于播及面广而较适合于中、大型企业对经销企业的形象进行宣传。可用于扩大企业的影响，寻找合作伙伴及发布商品展览会信息。

招贴广告，也称海报，是一种提供简短、及时、确切信息的招贴。它常张贴于能引起客户注意的醒目之处，以告知客户某种商品的及时信息，营造宣传气氛。适用于某种或某系列商品信息的公布。这种广告宣传方式信息覆盖面相对窄小。

邮寄广告是文字媒介，它的特点是信息传播方向性强，宣传效果好，适用于本企业经营范围、品种价格的宣传。

报纸夹页或传单是一种印成单张向外散发的宣传品。上面说明本企业经营品种范围，价格水平，联系方法等，可作为促销广告使用。这种形式比较灵活，造价低廉，散发方便，但并不是太适合于汽车配件销售的广告宣传。

3. 进行广告宣传时应注意事项

广告宣传是有力的促销手段，但在进行广告宣传时应注意遵循以下原则：

（1）遵循真实性原则　真实性是广告的灵魂和生命。没有真实性就没有广告。所以我国的《广告法》将广告的真实性列为首要原则。不仅如此，世界各国的广告立法、广告行业自律，毫无例外地都将广告的真实性列为第一原则，作为重要条款予以拟定。

广告的真实性包括：①以客观存在的事实为依据。广告所介绍的信息，应做到科学、准确、具体。反对夸大事实，美化失度，含义不清以至引起误解。特别是有关商品的性能、质量等实质性内容的评价，更须实事求是。②注重信誉，兑现承诺。广告中的一切承诺都应落实兑现。如"三包"等。经验告诉我们，凡是注重信誉，视信誉为生命的企业，经济效益和社会效益都较好，凡是不讲信誉，不兑现承诺的企业，经济效益和社会效益都较差。

（2）遵循合法性的原则　合法性原则是法律规范的要求。广告宣传内容必须合法。广告的宣传内容必须符合《广告法》及相关法规。《广告法》规定了广告不得有下列情形：使用中华人民共和国国旗、国徽、国歌；使用国家机关和国家机关工作人员的名义；使用国家级、最高级、最佳等用语；妨碍社会安定和危害人身、财产安全，损害社会公共利益；妨碍社会公共秩序和违背社会良好风尚，含有淫秽、迷信、恐怖、暴力、丑恶的内容；含有民族、种族、宗教、性别歧视的内容；妨碍环境和自然资源保护；法律、行政法规规定禁止的其他情形。

（3）遵循科学性的原则　广告的科学性首先表现在对广告活动规律性的揭示方面。规律是客观存在并经常起作用的。广告活动同其他事物一样，本身有其规律性的运动。哲学的基本原理告诉我们，认识掌握了广告活动的规律并充分借助于广告规律的利用，广告活动才具有科学性。广告的科学性就是要力求广告反映客观实际，符合客观实际，达到对客观实际的抽象。这是最为本质的东西。

广告的科学性其次表现在广告活动是多科学学科的运用方面。广告的一系列活动离不开市场学、心理学、社会学、商品学、行为学、传播学、新闻学、美学、经济学、管理学、计算机科学等学科，也就是说，广告活动必须得到这些学科的支撑，广告是多学科运用的结晶。

(4) 遵循思想性的原则　广告活动是反映社会存在的一种形式，它同政治、哲学、法律、艺术、道德、宗教一起属于社会意识形态范畴，它所表现的思想情趣，必须为社会主义物质文明和精神文明服务。《广告法》第一章第三条对此作了规定："广告应当……，符合社会主义精神文明和物质文明的要求。"

广告通过传递信息，以简洁、鲜明、生动、具体的商品形象，反映企业的促销活动，并直接间接地对消费者的思想、情感、兴趣和行为起着潜移默化的作用。正如美国历史学家大卫·波特说的"现代广告的社会影响力可以与具有悠久传统的教会及学校相匹敌。广告主宰着宣传工具，它在公众标准形成中起着巨大的作用"。所以，要坚持广告的思想性原则，广告要有激发、教育人们的正直、向上的精神，促进人们树立正确的价值观、审美观，形成良好的社会风尚和健康、科学的消费方式。防止那些低级、颓废、没落的内容融于广告。我国《广告法》对此也作了这样的规定，称广告不得有"妨碍社会公共秩序和违背社会良好风尚；含有淫秽、迷信、恐怖、暴力、丑恶的内容"情形，旨在创造一种具有先进思想性的广告氛围。

(5) 遵循艺术性的原则　广告的艺术性就是指广告作品的艺术魅力与审美情趣，它集中表现为广告在立意、文字、图画、色彩、字体、修辞等方面都要运用艺术原理或讲究艺术效果，使广告宣传的内容以真实的、生动的、艺术的形象感染消费者，引发消费者的联想，刺激消费者的需求欲望，实现消费者的购买，达到消费者对商品和服务在理智上的认知和在情感上的接受。很难设想：没有艺术性的广告，会激发、引诱消费者的认知和接受，会实现一种渲染气氛和实现促销商品的效果。

8.3　经济合同

1. 书面经济合同

书面经济合同形式，是当事人双方采用文字形式表达协商一致意见的一种协议。书面经济合同形式，有利于加强经济合同当事人双方的责任心；便于业务主管部门和合同管理机关对经济合同的管理；双方在发生合同纠纷时，有证可举，容易分清责任。为此，我国合同法明确规定，除即时清结者外，应当采用书面形式。合同法规定应当采用书面形式的经济合同必须采用书面形式签订，否则，视为合同形式不合法。

2. 订立书面经济合同

(1) 常见合同　汽车配件销售员常遇的合同有买卖合同、运输合同、保险合同等。其中最主要的是汽车配件买卖合同。

(2) 签订买卖合同应遵循的原则　合同是当事人双方真实意思的体现，因此，签订合同必须贯彻"平等互利、协商一致、等价有偿、诚实信用"的原则。经济合同依法成立后，当事人之间法律地位是平等的，权利和义务也是对等的。任何一方不得以大压小、以强凌弱、以上压下，也不能以穷吃富。经济合同必须建立在真实、自愿、平等互利、等价有偿的基础上。国家法律不允许签订有损于对方合法权益的"不平等条约"或"霸王合同"。一切违背平等互利、协商一致、等价有偿原则的，都应确认为全部无效或部分无效的经济合同。

(3) 买卖合同的关键条款 合同是约束双方的权利与义务的法律文书，为避免在执行合同时出现争议，在买卖合同中必须写明一些关键性的条款。具体有以下几条：

① 汽车配件的品名、品牌、规格、型号。有时也称为"标的"，是合同当事人双方的权利义务共同指向的对象。

② 汽车配件的数量和质量。在确定数量时应考虑汽车配件常见的包装规范，一般以个、件、副、千克等计算；质量是合同的主要内容，一般是型号、等级等。

③ 汽车配件的价格、合同价款。价格是指汽车配件的单件（位）价格；合同价款是指合同涉及汽车配件的总金额。

④ 履行的期限、地点和方式。履行期限是指当事人各方依照合同规定全面完成自己合同的时间。履行地点，是指当事人依照合同规定完成自己的合同义务所处的场所。履行方式，是指当事人完成合同义务的方法。

⑤ 违约责任。违约责任是指买卖合同当事人因过错而不履行或不完全履行买卖合同时应承受的经济制裁，如偿付违约金、赔偿金等。

此外，根据法律规定，以及当事人一方要求必须规定的条款，也是买卖合同的主要条款。

(4) 合同的变更与解除 经济合同依法成立后，即具有法律约束力，任何一方不得擅自变更或解除。但是，在一定条件下，当事人在订立经济合同后，可通过协商或自然地变更或解除合同。这条件有以下3条：

① 当事人双方经协商同意，并且不因此损害国家利益和社会公共利益。

② 由于不可抗力致使经济合同的全部义务不能履行。

③ 由于另一方在合同约定的期限内没有履行合同。

3. 签订经济合同时应注意的事项

经济合同依法成立之后，即具有法律约束力。当事人必须对合同中的权利和义务负责；必须承担由此引起的一切法律后果。因此在签订经济合同时一定要慎重、认真，不可马虎、草率从事。应注意以下几个方面的问题：

(1) 尽可能了解对方。为了慎重签订经济合同，使合同稳妥可靠，应该尽可能了解对方，知己知彼。了解对方，虽然不是签订经济合同的法定程序，但是，根据实践经验来看是非常必要的。在签订合同以前，应该了解对方以下问题：第一，了解对方是否具有签订经济合同的主体资格（社会组织必须具备法人资格；个体工商户必须经过核准登记，领有营业执照）；第二，经济合同主体是否具有权利能力和行为能力，是否具备履行合同的条件；第三，法定代表人签订合同是否具有合法的身份证明；代理人签订合同是否具有委托证明；第四，代签合同单位是否具有委托单位的委托证明等。只有了解对方，才能心中有数，合同才能稳妥可靠。

(2) 遵守国家法律、法规的要求。

(3) 合同的主要条款必须齐备。经济合同必须具备明确、具体、齐备的条款；文字表达必须清楚、准确，切不可用含混不清、模棱两可和一语双关的词汇；语言简练、标点使用正确；产生笔误不得擅自涂改。

(4) 明确双方违约责任。经济合同的违约责任，是合同内容的核心，是合同法律约束力的具体表现。当事人双方必须根据法律规定或双方约定明确各自的违约责任。经济合同的违约责任规定得不明确或没有违约责任，合同就失去了约束力，不利于加强双方责任心，不利于严肃地、全面地履行合同；在发生合同纠纷时，缺少解决纠纷的依据。因此，当事人应该自觉地接受法律监督，明确规定各自的违约责任。

4. 经济合同履行中易出现的纷争及避免

在汽车配件买卖合同的履行中易出现由于商品质量、商品数量、商品交货及交款是否符合要求或及时等原因引起的纠纷。为避免这些纠纷的出现，最常采用的措施是在合同中明确规定双方应尽之责任或义务以及违约责任条款，这样一来可避免双方由于对合同理解不一致或合同未有规定而出现纷争，而且，万一出现纠纷，也有凭据寻求法律保护。

> **知识拓展**
>
> **商品陈列基本原则**
>
> 1. 陈列的安全性
>
> 排除非安全性商品（超过保质期的、鲜度低劣的、有伤疤的、味道恶化的），保证陈列的稳定性，保证商品不易掉落，应适当地使用盛装器皿、备品。进行彻底地卫生管理，给顾客一种清洁感。
>
> 2. 陈列的易观看性、易选择性
>
> 一般情况下，由人的眼睛向下20°是最易观看的。人类的平均视觉是由110°到120°，可视宽度范围为1.5～2m，在店铺内步行购物时的视角为60°，可视范围为1m。
>
> 3. 陈列的易取性、易放回性
>
> 顾客在购买商品的时候，一般是先将商品拿到手中从所有的角度进行确认，然后再决定是否购买。当然，有时顾客也会将拿到手中的商品放回去。如所陈列的商品不易取、不易放回的话，也许就会仅因为这一点便丧失了将商品销售出去的机会。
>
> 4. 令人感觉良好的陈列
>
> （1）清洁感 不要将商品直接陈列到地板上。无论什么情况都不可将商品直接放到地板上，注意去除货架上的锈、污迹。有计划地进行清扫。对通道、地板也要时常进行清扫。
>
> （2）鲜度感 保证商品质量良好，距超过保鲜期的日期较长，距生产日期较近。保证商品上下不带尘土、伤疤、锈。使商品的正面面对顾客。提高商品魅力的POP（指商业销售中的一种店头促销工具，其形式不拘，但以摆设在店头的展示物为主，如吊牌、海报、小贴纸、纸货架、展示架、纸堆头、大招牌、实物模型、旗帜等等，都是林立在POP的范围内。其主要商业用途是刺激引导消费和活跃卖场气氛。常用的POP为短期的促销使用，它的形式有户外招牌、展板、橱窗海报、店内台牌、价目表、吊旗，甚至是立体卡通模型等，夸张幽默，色彩强烈，能有效地吸引顾客的视点唤起购买欲，它作为一种低价高效的广告方式已被广泛使用。）也是一个重要的因素。
>
> （3）新鲜感 符合季节变化，不同的促销活动使卖场富于变化，不断创造出新颖的卖场布置。富有季节感的装饰。设置与商品相关的说明看板，相关商品集中陈列。通过照明、音乐渲染购物氛围。演绎使用商品的实际生活场景。演示实际使用方法促进销售。
>
> 5. 提供信息、具有说服力的卖场
>
> 通过视觉提供给顾客的视觉信息是非常需要的，顾客由陈列的商品上获得信息；陈列的高度、位置、排列、广告牌、POP等。

6. 陈列成本问题

为了提高收益性，要考虑：将高品质、高价格、收益性较高的商品与畅销品搭配销售。关联商品的陈列：适时性、降低容器、备品成本。同时要提高效率，防止商品的损耗。

7. 定型陈列向上立体陈列的要点

① 所陈列的商品要与货架前方的"面"保持一致。
② 商品的"正面"要全部面向通路一侧。
③ 避免顾客看到货架隔板及货架后面的挡板。
④ 陈列的高度，通常使所陈列的商品与上段货架隔板保持可进入一个手指的距离。
⑤ 陈列商品间的距离一般为 2~3mm。
⑥ 在进行陈列的时候，要核查所陈列的商品是否正确，并安放宣传板、POP。

思考与练习

1. 汽车配件陈列时应注意什么？
2. 如何选择广告媒介？
3. 试述进行广告宣传时应注意的事项。
4. 试述订立经济合同应遵循的原则。
5. 试述汽车配件买卖合同的关键条款。
6. 试述订立经济合同时应注意的事项。

第 9 章　配件管理与商务的电子化

学习目标

了解计算机技术在汽车配件营销领域的应用；掌握汽车配件电子商务的基本内容。

案例导入

"快准车服"汽配商城就是充分顺应了当下时代趋势，用"互联网＋汽配"的模式，打造了一站式的汽配采购平台。商派作为其技术合作方，为采购平台的建立打下了坚实的基础，愿一同见证快准车服的高速成长。"快准车服"汽配商城的出现，可谓就是源于行业的诉求，为了最大程度满足用户的需求，它主要面对汽车维修企业级用户，组建了全国600家以上的服务商团队，打造了一个面向汽车维修企业级客户的B2B一站式汽配采购平台。"快准车服"利用原有的营销渠道，通过采用商派ONex产品，在平台上达到信息的快速共享，使其原有的1000家代理商能够及时把握需求信息，实现资源的均衡配比，并完成"最后一公里"的服务。利用这种线下多触点的服务模式，本地服务商全天候快速精准配送，为客户提供优质的汽车配件货源，专业的服务体验。同时因为平台支持手机、电脑双通道快捷下单，操作简易，采购效率高，大大缩减了沟通的成本。

9.1　概述

随着电子科学技术的发展，各种基于电子与网络平台的管理和商务交流活动日趋频繁，谁先掌握信息，谁就能在市场上抢先占据有利地位，信息已经成为各行各业进行企业管理、生产、销售以及商务策划和运作等的基础。那么信息是什么？什么又是汽车配件管理与商务信息？作为汽车配件销售人员，应该了解和掌握哪方面的信息？

信息（Information），人们自古以来对其就有一定的认识，它其实就是关于客观事实的可通信的知识。随着计算机技术的发展和应用，信息传输和交流变得如此快捷、方便，因而对各行各业产生广泛、深入、持久的作用和影响。

在汽车配件销售这个传统的行业中，存在着大量在配件、管理系统与人员之间的需要交换的内容，这就是汽车配件管理和商务信息。在这些信息中，包括配件的基本信息（配件名称、配件编号、适用车型等）和管理、商务信息（库存、价格、市场需求等）以及客户信息（客户名称、经营范围、经营规模等）等。因此，信息是汽车配件管理和商务活动的基础。现代汽车种类繁多，结构日趋复杂，汽车配件营销人员需要掌握大量的与配件相关的信息。

举个例子：某一客户需要订购"奔驰5320的右前大灯"，配件销售人员应该通过车辆识别信息（VIN，年款、生产厂家、品型以及车型等）确定该配件的生产厂家、零件编号、进货价格、销售价格以及更换零件所需的工时等信息，有时还需要通过配件手册等资料进一步核实订购配件的信息的准确性。

面对一宗配件订单，配件销售人员就要掌握这么多的信息，如果还是利用原始的书面资料，可想而知，其工作效率肯定非常低。为了提高配件销售人员的工作效率，保证订购配件信息的精确性，采用电子化或网络化的汽车配件目录应该说是最好的解决办法。另外，不同生产厂家、车型和年款的汽车配件的互换性非常复杂，只有通过计算机的数据库技术才能够对配件的互换性匹配进行快速、准确的查找与比对。信息技术除了应用在配件经销外，还广泛应用于配件采购、配件库房管理、客户关系管理等配件营销的诸多环节。因此，通过计算机对配件经营与销售进行管理已经是配件行业发展的大势所趋。计算机是汽车配件管理和商务电子化的一种手段和工具，由于近年来计算机的互联网技术应用的不断深入，汽车配件行业逐步开始应用一项新电子技术——电子商务（Electronic Commerce），这项技术给配件营销这个"传统行业"提供了新的发展机遇。

9.2 计算机技术在汽车配件营销领域的应用

计算机技术在汽车配件管理和商务管理上的应用，可以说是近十几年的事，应用时间短，但是发展相当迅速，从最初的配件信息查询、管理发展到现在的配件订购、销售的网络化。目前几乎所有与配件相关的事务基本都可以通过计算机来实现，计算机在配件营销管理中的应用主要有以下几个方面。

- 配件信息查询；
- 配件订货与采购；
- 配件库房管理；
- 配件销售；
- 客户关系与售后服务管理。

其中，目前应用最广泛最成熟的是配件信息查询和配件库房管理。

1. 汽车配件信息查询

汽车配件信息查询，就是指根据配件的某些信息，掌握配件的准确资料的过程。如客户订购时提供配件编号或配件所在车辆的 VIN，配件销售人员即可通过这些信息确定配件的其他相关信息，如配件名称、适用车型、维修更换工时等。

汽车配件信息包括两部分内容，即基本信息和附加信息。基本信息一般包括：配件名称、编号、价格、工时、图形、适用车型（年、厂、型）等。附加信息主要包括进货价格、进货渠道、销售价格、制造厂家等。

配件的基本信息的准确描述是对汽车配件销售工作的最基本要求。配件的基本信息的细微差别可能导致所销售（订购）配件完全不能使用，即使能够安装，也有可能对车辆造成损伤，如配件编号不同的配件差异非常大，则可能是不同车型使用的不同零件，如表 9.1 所示。但是，基本信息差别较大的配件也可能存在互换性，这就要求配件营销人员能够充分利用各种形式的配件手册及电子化配件信息系统进行深入的研究，了解配件的用途、特点、材质甚至生产厂家的情况。此外，配件营销人员应利用各种机会主动与一线的维修人员接触，从车辆维修的角度掌握配件方面的知识。

表 9.1 配件信息差异比较

配件编号	配件名称	所属分总成	所属总成	厂家	车型
357407271Q	半轴总成	动力传动系统	前驱动桥	德国大众	帕萨特（Passat）
357407271Q	驱动桥总成	动力传动系统	前驱动桥	德国大众	高尔夫（Golf）

车型和车辆结构的复杂性导致汽车配件信息的描述越来越专业，必须通过相应的配件目录（手册），以检索的方式进行查询，最终确定配件的准确信息，订购配件。

由于车型繁多、车辆结构复杂，配件信息量急剧膨胀，到 20 世纪末，传统的印刷形式（包括胶片类等形式）的配件目录已经基本被计算机和网络形式的配件目录取代，如图 9.1 所示。

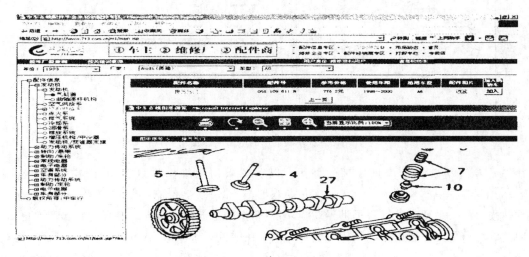

图 9.1　典型的电子化配件目录

按照配件信息的载体来分，配件目录可以分为"电子化"和"印刷"形式两大类，表 9.2 对两种配件目录的优缺点进行了比较。

表 9.2　传统印刷形式的配件目录与电子化的配件目录对比表

	印刷（胶片）形式的配件目录	电子化的配件目录
存储媒体	纸或微缩胶片	网络、光盘（CD、DVD）、软盘、硬盘
数据容量	有限、载体需要大量存放的空间	非常大
检索能力	一般，依靠目录	简便快速，能够进行分类或模糊查询
文字图形打印	不能	能，便于存档或发送传真
管理功能	需要手工计算	可以直接计算总价、保存或生成订单
数据更新	不方便，需要更换目录	方便、通过互联网可以同步更新
使用寿命	容易损坏，较短	很长
使用付费方式	购买	购买或租用

电子化的配件目录不但信息容量巨大，而且可以方便地进行检索和打印，甚至可以直接保存数据并生成订单，这些不可取代的优势导致了配件目录的电子化得到快速普及和应用。电子化配件目录按照涵盖车型范围可以分为单一车型（制造厂）和综合车型两大类。

国内外的各大汽车制造厂家一般都会向其售后服务站定期发布其生产车型的"配件目录"。目前，技术力量较强的汽车制造厂家一般都提供电子版的配件目录（图 9.2），但也还有部分汽车制造厂家提供传统的配件目录。相同的是，配件目录必须保持更新，以保证技术资料、价格和零件编号等信息的准确性。

综合车型的配件目录是面向综合性维修厂（非特约维修站）或配件商的，其制作发行单

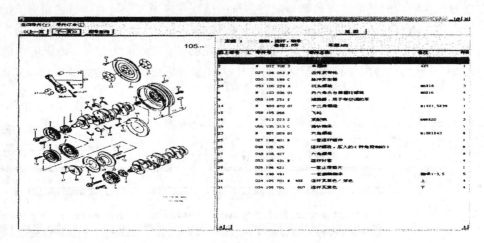

图 9.2 汽车制造厂的电子配件目录

位往往是专门从事汽车信息处理的公司。以美国米切尔维修信息公司（Mitchell Repair InformationCompany）为例，其 On-Demands Estimator（估价能手）和 Parts Point（碰撞零件估损）等一系列产品涵盖了世界 5000 多种车型的全部配件资料，并保持每年四次更新。国内的综合车型配件数据库产品相对较少，中车在线汽车服务网（www.713.com.cn）的配件信息平台是以米切尔（Mitchell）数据库为核心的网络化配件查询系统，绝大部分配件数据已经汉化，如图 9.3 所示。

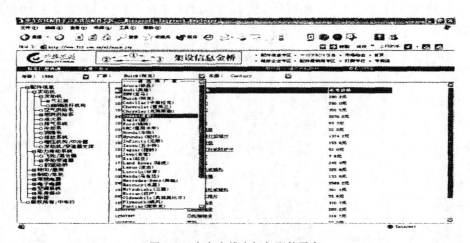

图 9.3 中车在线米切尔配件平台

2. 典型的电子化配件信息查询系统的使用方法

每个公司开发的电子化配件信息查询系统的使用方法不尽相同，但其核心思想是一致的——帮助用户快速准确地查找汽车配件信息，为其查看配件信息、订购配件以及销售配件提供必要的帮助。

任何电子化的配件查询系统都会在开发系统前对汽车配件进行分类。由于配件分类没有国际标准，不同厂家、不同公司的分类方式可能不完全相同，一般情况下，只要先阅读其提供的使用说明即可逐渐熟悉。作为一名合格的配件营销人员，首先必须掌握车辆基本结构，熟悉所使用的配件查询系统的配件分类方法，才能够迅速判断零件的归属，即：属于哪个总成、哪个分总成？进入了正确的零件类别后，即可根据分解图等信息找到相关配件了。

下面简单介绍目前配件信息查询系统常用的配件查询方法。

（1）利用零件分类查询　例如，想查找配件"变速器倒挡油封"的有关信息。在利用配件查询系统进行查找之前首先要确定其所在车型，如要查找的配件所属车型为1996年生产的Buick（别克）Century（世纪）。

① 判断零件从属关系　"变速器倒挡油封"应该属于"动力传动系统"中的"手动变速器"部分，打开"手动变速器"总成目录就可以快速地查找到该零件，如图9.4所示。

图9.4　通过零件从属关系查询

② 获取零件详细信息　包括零件编号、价格、换件工时、互换性、颜色、零件图形等等，如图9.5、图9.6所示。

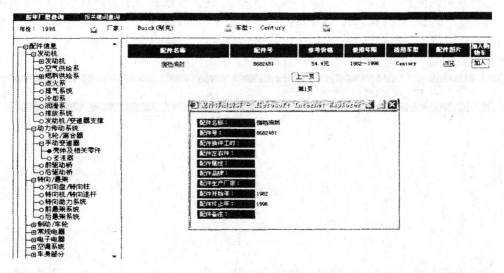

图9.5　查看配件的详细信息

（2）利用零件信息查询　通过配件的某一特定信息进行查询也是一种快速检索配件信息的常用方法。这里所谓的特定信息是指能够表示零件特性的各种信息，如：零件编号、零件

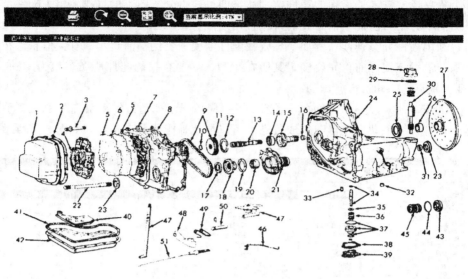

图 9.6 查看配件的图形信息

名称等。

① 通过配件编号查询 配件编号，又称为配件号，对于特定的汽车制造厂的具体车型而言，由于其编号规则统一，配件编号与配件是唯一对应的，也就是说，配件编号可以作为配件的唯一标识，就像配件的"身份证号"一样。但是，对于世界成千上万种车型，一个配件编号就很难保证与某零件唯一对应了。例如：8669902 是 Buick（别克）Century（世纪）的"变速器电磁阀"零件编号，在 Buick 系列车型中，这个编号只代表"电磁阀"这个零件，但是 8669902 也可能是奔驰公司的 S500 前保险杠的配件编号。因此，在经营多品牌配件的情况下，配件编号的使用一般都应配合相应的车型、零件名称等信息。

一般来讲，配件信息系统都会提供按照配件编号进行查询的功能。只要设定适当的条件，输入需要查询的配件编号，计算机就会在数据库中进行检索，找到相匹配的配件。这种查询方式结果准确，效率较高，适合于已经掌握配件编号的情况，如图 9.7 所示。

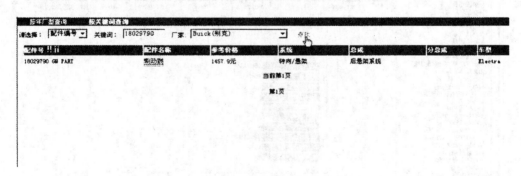

图 9.7 通过配件编号查询

② 利用零件名称查询 配件名称与配件编号不同，虽然直观上有一定的描述作用，但是像人名一样，往往容易出现重名的现象，即：配件名称不能唯一标识一个配件。另外，即使配件名称描述得很规范，也无法说明配件的各种属性，如颜色、适用车型等，如图 9.8 所示。因此，利用配件名称查询配件时必须与其他信息（车型、所属系统）配合使用，尽量缩

小重复范围,保证查询结果的准确性和有效性。

配件名称不仅指配件的中文名称,有些软件也提供"汉语拼音字头"作为配件名称的简写。如:用"mfq"代替输入"密封圈"。另外,订购进口配件时还要知道配件的外文(英文、德文等)名称。

图 9.8 通过配件名称查询

③ 组合查询 直接使用零件名称或零件编号查询配件信息时,检索结果可能包括一组的零件。如输入"大灯"作为查询条件,不同车型、不同年款、不同规格的大灯都会出现,使我们无从选择。但如果我们再限定一个"年款"、"车型"或"规格"等条件,就会直接排除那些不相关的零件,缩小备选范围。组合查询就是将两种或多种条件作为查询条件的配件查询方法。

常用的配件组合查询条件有很多,如:"车型+零件名称"、"配件编号+零件名称"等。组合查询的方法也很多,可以根据不同软件的功能灵活选择和使用。

④ 模糊查询 当零件的属性不是很清楚的时候,或用户不能提供更准确信息时,就要通过模糊查询的方式获取配件信息。例如:我们只知道所需配件编号的后4位,并知道车型和所属系统等信息,这样,在输入查询条件时,在配件编号栏中输入"XXXX"(配件编号后4位),并利用其他条件组合查询,就可以找到相关零件的信息,如图9.9所示。同样,模糊查询还可以用于零件名称"模糊"的情况。

图 9.9 通过"配件编号"片断做模糊查询

3. 汽车配件库房管理

汽车配件库房管理的具体任务包括两方面内容，配件的保管养护和配件的库存管理。其中配件的库存管理是库房管理人员的首要工作，它直接关系到汽车配件经营企业的生存和发展，配件库存过大，必然导致企业资金的占用，需要承担巨大的风险，而配件库存过小，常常会导致无法及时向客户提供相应的配件，经常需要进行临时组织订货，导致配件运营成本增大。

如何科学地调控库房配件的库存量则是摆在库房管理人员面前的一大难题，这就要求库房管理人员能够实时了解库房配件的动态库存量的变化情况，准确掌握配件的销售量，充分掌握配件市场动态。如何才能做到实时、动态掌握配件库存量的变化？

早期的配件库房管理通过书面化的账卡管理方式，需要库房管理人员每天、每周或每月将配件的出入库情况进行登记，这种方式对库房管理人员的要求相当高，不仅工作量大、容易发生错误，而且无法进行及时查询、统计和分析工作，根本无法实时掌握配件库存量的动态变化。只有使用计算机的配件库房管理系统（图 9.10），才不但可以很好掌握配件的库存量，而且能够随时根据需要对配件库存量、销售量进行统计，为准确掌握当前的配件市场供求情况提供可靠数据，从而为企业经营和生产需求之间找到平衡点。

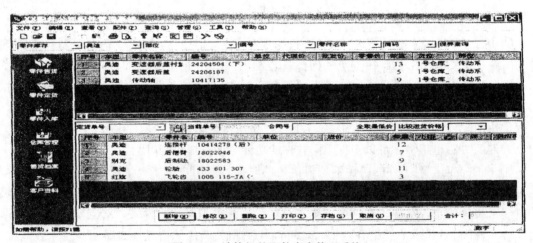

图 9.10　计算机的配件库房管理系统

汽车配件库房管理系统中，其核心工具是存储在计算机中的数据库管理软件系统。这类软件的基本架构是"数据库"＋"软件"，即通过前端的应用程序软件操作后台数据库。

从计算机和数据库技术发展角度看，汽车配件管理软件经历了几代变革。从最早的 DOS 环境下 Dbase、Foxbase、Foxpro 等数据库，发展到现在 Windows（95、98、2000、XP）环境下的 SQL 数据库，功能日趋完善，并出现了网络化（局域网、广域网）的综合管理信息系统（MIS）。配件管理系统的总体发展趋势是：

第一，功能更强；

第二，操作更方便、界面更美观；

第三，数据安全性更好；

第四，提供网络化功能，并提供广域网（基于 Internet）的管理模式。仅就库房管理工作而言，配件管理系统主要功能有：配件基础数据管理；配件的入库管理；配件的出库管理；工具和设备管理；配件的盘点功能；配件的采购决策控制；查询与统计分析。

9.3 汽车配件电子商务

1. 电子商务基本概念

电子商务通常是指是在全球各地广泛的商业贸易活动中，在因特网开放的网络环境下，基于浏览器/服务器应用方式，买卖双方不谋面地进行各种商贸活动，实现消费者的网上购物、商户之间的网上交易和在线电子支付以及各种商务活动、交易活动、金融活动和相关的综合服务活动的一种新型的商业运营模式。电子商务涵盖的范围很广，一般可分为企业对企业（Business-to-Business），或企业对消费者（Business-to-Consumer）两种。另外还有消费者对消费者（Consumer-to-Consumer）这种大步增长的模式。随着国内 Internet 使用人口之增加，利用 Intenet 进行网络购物并以银行卡付款的消费方式已渐流行，市场份额也在快速增长，电子商务网站也层出不穷。电子商务最常见之安全机制有 SSL 及 SET 两种。

2. 电子商务的优点

电子商务是因特网爆炸式发展的直接产物，是网络技术应用的全新发展方向。因特网本身所具有的开放性、全球性、低成本、高效率的特点，也成为电子商务的内在特征，并使得电子商务大大超越了作为一种新的贸易形式所具有的价值，它不仅会改变企业本身的生产、经营、管理活动，而且将影响到整个社会的经济运行与结构。以互联网为依托的"电子"技术平台为传统商务活动提供了一个无比宽阔的发展空间，其突出的优越性是传统媒介手段根本无法比拟的。

（1）电子商务将传统的商务流程电子化、数字化，一方面以电子流代替了实物流，可以大量减少人力、物力，降低了成本；另一方面突破了时间和空间的限制，使得交易活动可以在任何时间、任何地点进行，从而大大提高了效率。互联网使得传统的空间概念发生变化，出现了有别于实际地理空间的虚拟空间或者虚拟社会，处于世界任何角落的个人、公司或机构，可以通过互联网紧密地联系在一起，建立虚拟社区、虚拟公司、虚拟政府、虚拟商场、虚拟大学或者虚拟研究所等，以达到信息共享、资源共享、智力共享等。

（2）电子商务所具有的开放性和全球性的特点，为企业创造了更多的贸易机会。互联网跨越国界，穿越时空，无论你身处何地，无论白天与黑夜，只要你利用浏览器轻点鼠标，你就可以随心所欲地登录任何国家、地域的网站，与你想交流的人面对面的直接沟通。

（3）电子商务使企业可以以相近的成本进入全球电子化市场，使得中小企业有可能拥有和大企业一样的信息资源，提高了中小企业的竞争能力。

（4）电子商务重新定义了传统的流通模式，减少了中间环节，使得生产者和消费者的直接交易成为可能，从而在一定程度上改变了整个社会经济运行的方式。

（5）电子商务一方面破除了时空的壁垒，另一方面又提供了丰富的信息资源，为各种社会经济要素的重新组合提供了更多的可能，这将影响到社会的经济布局和结构。21 世纪是信息社会，信息就是财富，而信息传递速度的快慢对于商家而言可说是生死攸关。互联网以其传递信息速度的快捷而倍受商家青睐，可以说，北半球刚刚发生的事情，南半球的人们便可在十几分钟、几分钟甚至更短时间内通过上网获知。互联网真正使整个地球变成了一个地球村。

（6）互动性。通过互联网，商家之间可以直接交流、谈判、签合同，消费者也可以把自己的反馈建议反映到企业或商家的网站，而企业或者商家则要根据消费者的反馈及时调查产品种类及服务品质，做到良性互动。

综合以上优势，电子商务作为一种新的商业模式于20世纪最后的十年出现在人们面前，和传统的交易方式相比，电子商务有很多优越之处，如它可以突破地域和时间限制，使处于不同地区的人们自由地传递信息，互通有无，开展贸易，它的快捷、迅速、自由和交换的低成本为人们所乐道，真是何乐而不为呢？

3. 电子商务的分类

根据电子商务发生的对象可以将电子商务分为四种类型：BtoB、BtoC、CtoA和BtoA。

（1）商业机构之间的电子商务（BtoB） 商业机构对商业机构的电子商务指的是企业与企业之间进行的电子商务活动。这一类电子商务已经存在多年。特别是企业通过私营或增值计算机网络采用EDI（电子数据交换）方式所进行的商务活动。

（2）商业机构对消费者的电子商务（BtoC） 商业机构对消费者的电子商务，指的是企业与消费者之间进行的电子商务活动。这类电子商务主要是借助于国际互联网所开展的在线式销售活动。最近几年随着国际互联网络的发展，这类电子商务的发展异军突起。目前，在国际互联网上已出现许多大型超级市场，所出售的产品一应俱全，从食品、饮料到电脑、汽车等，几乎包括了所有的消费品。

（3）消费者对行政机构的电子商务（CtoA，也称为CtoG） 消费者对行政机构的电子商务，指的是政府对个人的电子商务活动。这类的电子商务活动目前还没有真正形成。政府随着商业机构对消费者、商业机构对行政机构的电子商务的发展，将会对社会的个人实施更为全面的电子方式服务。政府各部门向社会纳税人提供的各种服务，例如社会福利金的支付等，将来都会在网上进行。

（4）商业机构对行政机构的电子商务（BtoA，也称为BtoG） 商业机构对行政机构的电子商务指的是企业与政府机构之间进行的电子商务活动。例如，政府将采购的细节在国际互联网络上公布，通过网上竞价方式进行招标，企业也要通过电子的方式进行投标。除此之外，政府还可以通过这类电子商务实施对企业的行政事务管理，如政府用电子商务方式发放进出口许可证、开展统计工作，企业可以通过网上办理交税和退税等。

对于汽车配件行业，BtoB和BtoC作为最常见的两种电子商务形式，应用于配件生产商（或经销商）与经销商，以及经销商与客户之间的营销活动。

4. 汽车配件电子商务应用

电子商务的应用非常广泛，如网上银行、网上炒股、网上购物、网上订票、网上租赁、工资发放、费用缴纳等。

汽车配件行业的电子商务，最关键的就是各种信息（供求、价格等）的共享、实现在线采购和所谓的"零库存"概念。

传统的配件行业信息交换是通过专业的报纸、杂志期刊、电话等方式实现的，由于这类媒体的地域、渠道和时间限制，使得信息总是封闭在一个相对较小的范围内，包括配件基本信息和供求信息，等等。这样就会出现用户急于订购配件但无采购渠道，而某些经销商又苦于配件长期积压的情况。另外，由于供求信息的相对封闭，使得配件营销环节增加，导致最终销售价格较高，如图9.11所示。

当各种配件信息通过网络全面公开后，"客户找商家"将变得更加简单，同时也可能出现"商家找客户"的情况了。

成熟完善的电子商务网站，可以直接进行网上交易，即：在网上选择所需要的配件，生成订单,发送给网站的商务处理中心或者供应商,并通过网络或银行汇款进行支付,供货方就通过物流系统将所订购的配件发送给客户(图9.12)。

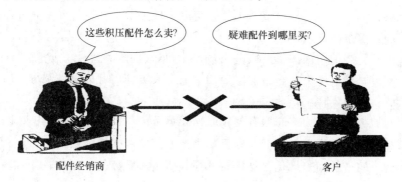

图 9.11　无电子商务下的配件销售障碍

图 9.12　汽车配件营销电子商务简易模型

网上配件交易,很重要的一点是买卖双方要有准确的零件编号和生产厂家的说明,因为只有通过配件原厂编号,才能保证所订购零件的正确性。因为一种零件,有原厂件、配套件或副厂件,质量价格差异很大,因此网站必须对配件的生产厂家和品质加以说明,使客户能够在网络上采购到货真价实的商品,这就要求电子商务的运营商有较高的诚信度。

作为配件经营者,如果希望利用互联网拓展销售业务,甚至建立自己的网络商店或电子商务平台,应该如何操作呢?

首先需要明确定位。我开办网上商店的目的是什么?与现有的业务体系有什么关系?投资和回报计划如何?

中国电子商务的发展经历了大而全的综合性电子商务平台、垂直行业门户,目前已进入第三代电子商务阶段。作为第三代电子商务核心组成部分,以单品聚合为特征的单品电子商务模式更加贴合传统企业今天的单品发展需求,帮助企业将传统的营销模式和电子商务相结合,寻求新的突破。这种模式基于为细分行业内领导企业建设专业的品类网交易平台,通过平台的聚合与影响快速掌握优势资源,从而让企业获得按行业特性找到下游采购商的精准通道,更好地解决传统企业的招商、分销和零售等问题。

对于汽配产业来说,搭建细分化和精准化的品类交易平台,通过单品的聚合来体现出单品网上供应的优势,可以解决各行业内资源总量丰富、分布零散、供求信息不能有效传达的普遍难题。而汽配企业通过主导某一个细分品类的汽配电子商务平台，一方面利用单品电子商务平台实现数据库管理和应用，获得网上存量交易价值。另一方面，通过单品电商平台实现产业升级，获得网上增量交易价值。另外，可以开展采购、分销批发和企业客户定制等多种交易模式，获得更多生意通道。

从产业链来看，当前中国汽车后服务市场基本可分七个大类，包括养护、维修、改装、二手车、汽车配件、相关电商及金融保险等。这七个大类其实可以再做细分，譬如养护就包括洗车、美容、机油及零件更换等服务。

七大类汽车服务可以分为汽车服务、车联网相关及工具社区等三种类型，当前而言，汽车服务类的众多商家正在由重向轻变化，开始由产业链低层向中间层过渡，做"服务汽车服务商"的服务商。这一类商家无论是做平台的还是做垂直服务的，在信息化方面都在向"大数据"过渡。

因为商家们发现汽车后市场服务中的竞争不在于维修人员的多少，更需要的是对原厂配件、品牌配件、工时、维修信息等数据的适配，举个例子，比如机油滤清器（简称机滤）需要与上门的客户车型匹配，可原厂机滤很贵，一般的O2O公司都使用曼牌的，那曼牌的哪款机滤适合这个客户的车型呢？这就需要用数据库来做匹配支持。在数据获取上，有数据积累的商家可以通过更多的渠道获得信息，没有积累的则会与专业的数据库企业进行合作。整个产业链对大数据服务都有重度需求。

大数据能带给行业更多的在于商家对于客户以及业务的管理，这些数据具体到汽车后市场，则是对汽车后市场服务商家在沟通用户以及商业营销的综合性管理。尤其是车型、配件、品牌、保养等数据的灵活调取与应用方面，可以让商家近距离接触车主。甚至不用询问就能了解车主用车信息，可以进一步为车主提供一站式汽车服务方案。

那么，汽车后市场需要哪些数据呢？一个合格的数据服务提供商，应该做到以下几点：

全品牌全车型全配件的数据信息。要有基于VIN的全车型全配件的通配架构，配件数据库包括：VIN码识别库、车型配置库、保养规则库、配件原厂件号品牌件号通配数据库等。

与国外同步的数据库关联结构。即时同步国外零部件供应商的信息，能够保证最新车型的零部件填充数据库。

互联网化的API数据服务。保证每一个与其合作的商家，都能通过API接口对接到并调取所需的数据库信息。

> **知识拓展**
>
> ### 汽车配件企业如何做好电子商务
>
> 电子商务已经成为了经济危机时相对成本较低的宣传渠道，而且毋庸置疑的是，电子商务将来一定是企业做推广做市场的主流方式。但是随着B2B网站的不断增多，大的小的，良莠不齐，综合的行业的，分门别类，企业应该去选择适合自己公司的B2B网站。怎么选择适合自己的B2B网站呢？
>
> 第一要谈到的就是推广渠道。评论一个B2B平台适合不适合自己推广的产品渠道很重要。首先要了解平台是通过什么方式帮助会员产品的，例如目前中国电子商务平台的典型代表——阿里巴巴、慧聪网主要的推广方式是网络，文笔天天网主要推广方式是采购刊物与展会。企业先要看自己的产品适合什么样的推广方式。

第二他们是如何吸引买家来到平台的，评论一个平台效果好不好，真正的买家数量是一个很重要的指标，那么如何吸引买家来到平台就非常重要，换句话说就是平台积累的买家数量，现在大多平台宣传的方式基本差不多，打媒体广告，互联网广告等，另外平台买家的数量是长期积累的来的，每家平台都会建立买家数据库，这点上可以从经营的时间上得到一个初步评估判断，例如1999年成立的阿里巴巴、1975年成立的文笔天天网，1995年成立的慧聪网，平台的存在是有理由的，长期经营的平台一定有存在的法宝，所以经营的越早，越久远，积累的口碑，买家群都是可以保障的。

第三平台的买家大概是来自什么国家地区。企业要先清楚自己的产品是希望内贸为主，还是外贸出口为主，再根据自己的需求选择平台，很多平台是主要做内贸的，如慧聪网，很多平台主要做的是外贸推广，如文笔天天网。

第四要谈到的就是价格，说到这里就要谈谈环球资源，动辄几十万的推广费用让中小企业退步，用高昂的费用去尝试一个平台的效果如何，跟现在的经济大环境不太符合。

第五要谈到的就是专业性。各个平台都有自己的强势产品，根据自己的产品，选择优势的平台很重要，合适的产品投入到正确的平台，才能起到事半功倍的效果。

总之，企业选择B2B平台做产品推广时，要通过：推广渠道，买家数，优势国家，价格，优势产品等多方面去考量，最后选择一个适合自己的平台，切忌眉毛胡子一把抓，跟风做推广。

思考与练习

1. 试述计算机在汽车配件营销管理中的应用。
2. 什么是电子商务？
3. 试述电子商务的优点。
4. 试述电子商务的分类。
5. 试述开展汽车配件电子商务应注意的事项。

附 录
国家职业标准：汽车配件销售员
中华人民共和国劳动和社会保障部颁发

1 职业背景

1.1 职业概况

1.1.1 职业名称

汽车配件销售员。

1.1.2 职业定义

从事汽车配件销售、采购与保管工作的人员。

汽车配件系指满足汽车（含摩托车、农用运输车，下文同）保修需要的零部件、相关产品及保修机具。

1.1.3 职业等级

初级、中级、高级。

1.2 职业条件

1.2.1 职业环境

室内外。

1.2.2 能力倾向

身体健康，思维敏捷，口齿清晰；具有一定的观察、理解、表达、判断、应变及人际交往能力。

1.2.3 文化程度

1.2.3.1 初级销售员

具有初中文化程度。

1.2.3.2 中级销售员

具有初中文化程度。

1.2.3.3 高级销售员

具有高中文化程度（含同等学历）。

1.3 培训要求

1.3.1 培训期限

采取脱产培训和半脱产培训方式，初、中、高各级别培训时间均为160～180标准学时。

1.3.2 培训教师

应具备一定的汽车配件知识和市场营销知识，具备讲师（或同等职称）以上资格，持有教师资格证；担任初、中级销售员技能培训的教师也可以是持有高级销售员资格证书后，在本职业连续工作2年以上者。

1.3.3 培训条件

培训机构应是劳动行政部门认可的具有培训条件的单位。

1.4 鉴定要求

1.4.1 适用对象

汽车配件销售从业人员。

1.4.2 申报条件

1.4.2.1 初级销售员

（一）在本职业见习满两年，考核合格；

（二）经本职业初级销售员职业资格培训，取得结业证书。

具备上述条件之一者，可申报本职业初级销售员职业资格鉴定。

1.4.2.2 中级销售员

（一）在本职业连续工作满5年；

（二）取得本职业初级资格证书后，在本职业连续工作满2年；

（三）取得本职业初级资格证书后，在本职业连续工作满1年，经本职业中级销售员职业资格培训，取得结业证书；

（四）中等职业学校本专业毕业；

（五）中等职业学校相关专业（汽车驾驶、汽车维修、市场营销）毕业，在本职业连续工作满一年或经本职业中级销售员职业资格培训取得结业证书。

具备上述条件之一者，可申报本职业中级销售员职业资格鉴定。

1.4.2.3 高级销售员

（一）在本职业连续工作满10年；

（二）取得本职业中级资格证书后，在本职业连续工作满5年；

（三）取得本职业中级资格证书后，在本职业连续工作满3年，经本职业高级销售员职业资格培训取得结业证书；

（四）大学相近专业（机械类、电气信息类、交通运输类、工商管理类）本专科毕业，在本职业工作满1年或经本职业高级销售员职业资格培训取得结业证书。

具备上述条件之一者，可申报本职业高级销售员职业资格鉴定。

1.4.3 考评员配备

闭卷笔试按15～20名考生配1名考评员监考，技能考核按5～8名考生配1名考评员考评。

1.4.4 鉴定方式

知识要求考试采取闭卷笔试方式，技能要求考核采取实际操作、现场问答、模拟演示方式。知识要求考试成绩按标准答案评定得分；技能要求考核按4～5名考评员成立考评小组，考评员按考核规定各自分别打分，取平均分为考核得分。

考试、考核均采用百分制、两项均达到60分为合格。

1.4.5 鉴定时间

知识要求笔试时间为120分钟。技能要求考核时间为50分钟（含15分钟准备时间），每超过5分钟扣减2分。

1.4.6 鉴定场所设备

不小于标准教室（考室）面积的考试（核）场地，必要的汽车配件实物、工具和量具。

2 基本要求

2.1 职业道德

（一）遵守国家法律法规，不违法经营；

（二）遵守公平竞争、公平买卖的市场规则，不搞不正当竞争；

（三）讲求商业信誉，抵制假冒伪劣产品；

（四）接待客户真诚守信；

（五）维护企业与客户正当利益，不损人利己，不损公肥私；

（六）热情服务、耐心周到、平等待人、文明经商；

（七）有强烈的市场开拓精神，能吃苦耐劳；

（八）严于律己，工作认真负责，不懒散、不懈怠。

2.2 基础知识

2.2.1 法定计量单位及量器具使用

（一）常用法定单位及其换算

（1）长度、面积、体积（容积）、角度；（2）重量、质量；（3）电阻、电压、电流、电容、电感；（4）力、力矩、压力；（5）速度、转速；（6）时间、温度；（7）功率；（8）频率；（9）硬度；（10）汽车耗油量。

（二）计量单位的公英制转换

（1）长度；（2）重量；（3）容积；（4）功率。

（三）重要量器具使用知识

（1）游标卡尺、百分表、千分尺、厚薄规；（2）电流表、电压表、万用表；（3）扭力扳手。

2.2.2 法律常识

（一）法律与行政法规

（1）概念；（2）区别。

（二）相关法律基础知识

（1）《劳动法》；（2）《社会保险法》；（3）《消费者权益保护法》；（4）《反不正当竞争法》；（5）《经济合同法》；（6）《票据法》；（7）《商标法》；（8）《产品质量法》。

2.2.3 市场营销基础知识

（一）市场与市场营销

（1）市场和市场营销概念；（2）营销观念；（3）市场营销组合概念；（4）市场细分与目标市场营销。

（二）购买心理

（1）购买心理种类：求实心理、求名心理、求利心理；（2）购买类型：习惯型、经济型、理智型、不定型。

（三）市场信息与市场调查

（1）市场信息种类：供应信息、价格信息、竞争信息、需求信息、使用信息；（2）信息获取方式：直接方式、间接方式；（3）市场调查方式与步骤。

（四）中间商知识

（1）厂家分销渠道类型；（2）中间商功能。

（五）人员推销

（1）概念与特点；（2）基本推销方法。

2.2.4 机械常识

（一）基本概念

（1）简单运动；（2）弹性变形、塑性变形；（3）强度、刚度；（4）机械效率；（5）疲劳寿命；（6）可靠性。

（二）机械传动类型

（1）齿轮传动；（2）蜗杆传动；（3）定轴轮系传动；（4）万向传动；（5）带传动；（6）链传动；（7）流体传动；（8）摩擦传动。

（三）机件连接方式

（1）螺纹连接；（2）键连接；（3）销连接；（4）焊接；（5）铆接。

（四）机械识图及公差配合常识

（1）三视图及其关系，剖视图、局部图的概念、作用；（2）不同材料制图表示方法；（3）零件图、装配图的概念、作用与联系；（4）公差与配合的概念与联系。

（五）金属材料加工工艺常识

（1）冷加工；（2）热加工；（3）表面处理。

2.2.5 汽车构造与汽车配件知识

（一）汽车构造及产品编号

（1）汽车总体构造：发动机、底盘、车身、汽车电器；

（2）国产汽车分类规则及产品编号规则：分类与编号规则、新旧规则对照；

（3）汽车发动机构造及产品编号：发动机工作原理、发动机各系统组成、国产内燃机分类及编号规则。

（二）汽车配件知识

（1）汽车配件类型：消耗件、易损件、标准件、车身覆盖件、保安件；（2）汽车配件常用材料常识：金属材料、非金属材料；（3）汽车配件"俗称"与规范名称的对照。

2.3 其他知识

（一）社交礼仪知识

（1）社交的基本原则：互惠原则、平等原则、信用原则、相容原则、发展原则。

（2）基本社交礼仪：仪表、举止、谈吐、倾听礼仪；介绍、称呼、握手、告别礼仪；通信、电话、赴宴礼仪；名片、留址礼仪。

（3）常用社交语言。

（二）广告与公共关系知识

（1）广告、广告媒体的概念、特点；（2）公共关系的概念、要素及观念。

（三）企业基本知识

（1）本企业概况：经营规模、组织结构、在同行业中的地位；（2）本企业经营范围与经营政策：销售的商品种类和经营范围；销售目标及重要客户范围；服务项目、交货方式、付款条件及理赔政策；主要销售策略。

（四）财务结算与票据使用知识

（1）财务结算：同城结算与异地结算，现金结算与支票结算；（2）有关票据管理规定：发票、运输货票、税票等。

（五）工商与税收管理常识

（1）工商管理：营业执照、特种经营许可证、企业年检；（2）税收管理：税务登记、纳税申报、适用税种与税率、税收年检。

（六）其他知识

（1）一般防火知识和普通消防器材使用知识；（2）商品的防盗、防腐知识；（3）经营有毒、有危害健康商品时，应熟悉保护自己和他人健康的必要卫生知识。

3 技能要求

本标准对初、中、高各级别技能要求及相关知识要求依次递进，高级别包括了低级别的要求。

3.1 初级销售员

职业功能	工作内容	技能要求	相关知识
一、销售	（一）接待与拜访客户	1. 能够做到形象得体、举止适度、尊重客户； 2. 能够说普通话； 3. 能够做到尊重少数民族风俗习惯； 4. 能够合理运用社交礼仪及社交语； 5. 能够通过老客户及相关群体发现潜在客户； 6. 能够约定客户会面与适时拜访。	(1)当地风土人情及民族风俗习惯； (2)相关群体概念； (3)客户知识：类型、范围及分布； (4)客户作息时间； (5)客户联系方法：电信、电话、访问； (6)推销的基本形式：店堂推销、户外推销、会议推销、电话推销。
	（二）商品介绍与咨询	1. 能够完整介绍本企业营业范围； 2. 能够看懂产品介绍、使用说明等中文汽车配件技术资料； 3. 能够客观介绍汽车配件用途、质量、性能与售后服务政策； 4. 能够查阅汽车配件目录； 5. 能够提供车身附件及发动机附件通用互换咨询。	(1)本企业所销汽车配件的用途、分类、尺寸、规格、外形及产品编号规则； (2)所销汽车配件供货厂家及本企业售后服务政策； (3)发动机基本性能、主要技术参数； (4)所销汽车配件性能、质量评价方法； (5)车身附件及发动机附件的组成。
	（三）谈判与成交	1. 能够揣摩客户心理； 2. 能够把握洽谈时机； 3. 能够营造和谐谈判气氛； 4. 能够正确对待客户意见分歧； 5. 能够抓住成交机会。	(1)谈判基本方法与技巧； (2)本企业付款条件与交货方式。
	（四）商品交付	1. 能够正确计算货款； 2. 能够正确填写发票、提货单等票据； 3. 能够准确识别现金及支票真伪； 4. 能够办理商品提货、出库手续； 5. 能够正确进行商品包装； 6. 能够为客户代办托运手续。	(1)计算器与珠算使用知识； (2)验钞工具使用方法，货币真伪鉴别方法； (3)支票鉴别方法； (4)商品包装标识与包装定额。
二、售后服务	（一）保持客户关系	1. 能够利用卡片形式建立客户档案，跟踪客户； 2. 能够保持与客户的联系，维护客户关系。	(1)客户分类：按市场地区、购买规模、性质分类； (2)传真机等通信工具使用方法。
	（二）质量保修	1. 能够指导客户正确使用易损件、消耗件； 2. 能够受理客户质量赔偿要求，请求处理； 3. 能够办理向供货厂家的质量索赔； 4. 能够收集产品使用质量信息。	(1)易损件、消耗件使用与安装方法； (2)供货厂家质量保修规定与理赔程序； (3)使用质量信息。
三、市场调研	（一）市场调查与预测	1. 能够使用简单调查方法收集市场信息； 2. 能够对市场信息分类与汇总； 3. 能够撰写简单调查总结； 4. 能够根据单车用量（或消耗量）估算当地汽车配件需求量（或需求额）。	(1)简单市场调查方法：询问法、观察法、实验法； (2)信息收集渠道； (3)调查表格； (4)历史销售数据； (5)本地汽车保有量； (6)汽车配件单车用量； (7)汽车年均配件消耗额。

续表

职业功能	工作内容	技能要求	相关知识
三、市场调研	（二）竞争分析	1. 能够确认竞争者； 2. 能够对照竞争者的做法，分析本企业的长处与不足。	(1)竞争者营业范围、营业规模； (2)竞争者的主要客户范围。
四、采购	（一）选择与鉴别货源	1. 能够查阅供货厂家范围； 2. 能够比较评估主要供货厂家产品特点及销售政策； 3. 能够用直观方法鉴别汽车配件质量。	(1)汽车配件生产企业目录； (2)汽车配件生产厂家产品结构、质量、性能、付款方式、交货地点、服务规定及市场范围； (3)主要汽车配件生产厂家生产工艺、产品包装特点。
	（二）进货	1. 能够填写进货单据、文件，办理进货手续； 2. 能够根据销售频率预计进货时间。	(1)采购单据、文件、手续知识； (2)订货点、订货量概念。
	（三）运输与验收	1. 能够与生产企业确立商品交付地点与交付方式； 2. 能够确立供货厂家、运输商及企业的运输责任； 3. 能够及时提货； 4. 能够及时、准确清点采购商品数量及相关文件资料。	(1)企业与供货厂家间的交通运输状况； (2)运输商货物保管制度； (3)商品验收方法； (4)《汽车零部件商品验收规范》。
五、保管	（一）商品保管	1. 能够合理存放商品； 2. 能够及时做好商品出入库登记； 3. 能够定期盘存，做到账实相符； 4. 能够做好商品防火、防盗、防潮、防蚀（锈）、防腐等工作。	(1)商品出入库管理制度； (2)内部调拨管理制度； (3)商品货位编号规则、分区分类储存方法； (4)商品盘存方法； (5)《消防法》基本知识。
	（二）商品养护	1. 能够保持仓库环境（通风、通光等）； 2. 能够适时进行所销汽车配件养护作业。	(1)仓库环境要求； (2)所销汽车配件储藏养护技术规范。
六、商务活动	（一）商品陈列与广告宣传	1. 能够正确分类与陈列商品； 2. 能够做到营业场地整齐、干净、不乱拿乱放； 3. 能够正确填写货卡与价目单。	(1)商品陈列知识； (2)常用汽车配件的分类方法：按用途分类、按车型分类； (3)商业宣传概念与手段。
	（二）订立合同	1. 能够议定口头合同； 2. 能够把握关键条款。	购销合同条款知识：价格、支付方式、权利与义务。
	（三）财务核算	1. 能够进行销售统计计算； 2. 能够划清正常损耗与差错的界限。	(1)销售额及销售费用的统计方法； (2)正常损耗与差错的概念。
	（四）其他	1. 能够撰写商业应用文； 2. 能够回收货款。	商业应用文：申请书、启事、礼仪文书、条据。

3.2 中级销售员

职业功能	工作内容	技能要求	相关知识
一、销售	(一)接待与拜访客户	1. 能够发现客户关键人员; 2. 能够根据车辆管理资料发现潜在客户。	(1)购买行为:购买中心、购买程序与阶段、购买决策类型及影响因素; (2)公安车辆管理制度及客户车管制度。
	(二)商品介绍与咨询	1. 能够对比介绍商品结构、质量、性能、价格; 2. 能够对比介绍所销同类汽车配件供货厂家的售后服务政策; 3. 能够强化客户的购买欲望; 4. 能够就所销的主要汽车配件通用互换原则提供咨询; 5. 能够看懂机械零件图; 6. 能够识别主要易损件的英文名称。	(1)汽车各大系统的组成及工作原理:发动机、传动系、行驶系、制动系、车身、电器系统; (2)柴油发动机与汽油发动机的主要区别:点火方式区别、混合气形成方式区别; (3)汽车配件材料的分类与特性; (4)汽车零部件通用互换原则; (5)机械零件公差知识:尺寸公差、形位公差、表面粗糙度; (6)易损件的英文名称。
	(三)谈判与成交	1. 能够做好谈判准备工作; 2. 能够克服谈判障碍,引导谈判走势。	(1)谈判的准备、组织、程序; (2)谈判应遵循的原则; (3)常用谈判技巧。
	(四)商品交付	1. 能够完整介绍商品使用注意事项及质量保修规定; 2. 能够鉴别承兑期票的真伪。	(1)商品使用保养与维护知识; (2)期票承兑方式及管理制度。
二、售后服务	(一)保持客户关系	1. 能够跟踪客户,及时调整与实施销售与服务计划; 2. 能够主动向客户了解产品使用信息。	(1)客户车辆使用特点; (2)汽车配件消耗规律。
	(二)质量保修	1. 能够鉴定产品质量故障责任,决定是否赔偿; 2. 能够根据质量保修信息,了解供货厂家质量变化。	(1)产品质量责任鉴定方法; (2)使用质量信息分类与加工方法。
三、市场调研	(一)市场调查与预测	1. 能够建立稳定的信息收集渠道; 2. 能够运用专家调查法完成市场调查; 3. 能够明确影响需求变化的基本因素; 4. 能够运用定性预测方法,预测当地汽车配件需求量; 5. 能够撰写市场调查与简单预测报告。	(1)专家调查方法; (2)预测变量相关因素; (3)定性预测方法; (4)调查报告、预测报告格式。
	(二)竞争分析	1. 能够分析竞争者的目标、营销能力与营销策略; 2. 能够选择竞争策略; 3. 能够运用价格竞争与非价格竞争手段。	(1)中间商经营方式及特点:批零兼营、买断经营、代理经营、独家经营、排他经营(专营); (2)竞争策略与应用:价格竞争、服务竞争。
四、采购	(一)选择与鉴别货源	1. 能够根据供货厂家产品特点及销售政策选择供货厂家; 2. 能够根据销售形势及用户使用信息选择供货厂家; 3. 能够使用简单技术手段鉴别假冒伪劣产品; 4. 能够查询进口汽车配件供货渠道。	(1)汽车配件质量检测方法; (2)假冒伪劣配件的一般特征; (3)进口汽车配件销售渠道及管理法规。

续表

职业功能	工作内容	技能要求	相关知识
四、采购	（二）进货	1. 能够根据进货原则，编制进货计划； 2. 能够应用汽车配件分类代码简化进货手续。	(1)进货原则、进货计划； (2)汽车配件分类代码规则。
	（三）运箱与验收	1. 能够根据运输包装规范检查商品包装； 2. 能够处理货损货差责任事故。	(1)商品包装规范与运输包装规范； (2)运输商理赔制度； (3)运箱相关法规：《货物运输规则》、《货物分类规则》。
五、保管	（一）商品保管	1. 能够及时改善仓库环境条件； 2. 能够使用条形码技术进行库存管理； 3. 能够科学分类存储商品； 4. 能够及时发现安全事故隐患。	(1)条形码技术及其应用； (2)汽车配件分类管理技术。
	（二）商品养护	1. 能够分类养护汽车配件； 2. 能够养护进口汽车配件； 3. 能够养护现代汽车电子配件。	(1)汽车配件分类养护规范； (2)进口配件养护规范； (3)现代汽车电子技术及配件养护规范。
六、商务活动	（一）商品陈列与广告宣传	1. 能够利用商品陈列进行商品宣传； 2. 能够进行广告宣传。	(1)广告手段与广告用语； (2)《广告法》基本知识。
	（二）订立合同	1. 能够签订小金额合同； 2. 能够正确估计合同履行中可能出现的争议，不留后患。	合同类别：购销合同、运输合同、保险合同。
	（三）财务核算	1. 能够合理确定所销汽车配件的损耗率； 2. 能够核算费用率； 3. 能够核算毛利率； 4. 能够进行利润计算。	(1)利润与销售额、销售费用的概念与关系； (2)成本分析方法； (3)成本中心定价法； (4)《物价法》基本知识。
	（四）其他	1. 能够撰写一般商业应用文； 2. 能够清欠货款。	(1)商业事务类应用文； (2)商业业务类应用文。

3.3 高级销售员

职业功能	工作内容	技能要求	相关知识
一、销售	（一）接待与拜访客户	1. 能够通过多种信息途径发现潜在客户； 2. 能够设计推销方案； 3. 能够制定推销计划。	(1)推销模式及其适用条件：埃达模式、迪伯达模式、埃德伯模式、费比模式； (2)推销计划。
	（二）商品介绍与咨询	1. 能够借助字典看懂进口配件产品介绍、使用说明等英文技术资料； 2. 能够正确诱导客户需求； 3. 能够向客户提供所销各类汽车配件通用互换咨询； 4. 能够看懂机械装配图。	(1)汽车专业英语基础； (2)零部件配合知识：过渡配合、间隙配合、过盈配合、基孔制、基轴制； (3)汽车配件通用互换性。
	（三）谈判与成交	1. 能够制订谈判方案； 2. 能够灵活运用谈判技巧。	(1)谈判方案； (2)谈判技巧与艺术。
二、售后服务	（一）保持客户关系	1. 能够利用计算机辅助管理本企业所销汽车配件及客户档案； 2. 能够组织客户培训工作。	(1)计算机硬件与软件概念； (2)计算机管理信息系统软件使用方法。
	（二）质量保修	能够正确处理质量保修意见分歧。	产品使用特点、故障原因、失效表现形式。

续表

职业功能	工作内容	技能要求	相关知识
三、市场调研	（一）市场调查与预测	1. 能够制定市场调查计划； 2. 能够拟定调查问题，设计调查表格； 3. 能够进行个案深度调查； 4. 能够综合分析与筛选调查信息； 5. 能够分析预测变量影响因素的重要程度； 6. 能够运用常用定量预测及组合预测方法； 7. 能够撰写预测报告。	（1）调查计划； （2）个案调查方法； （3）信息加工与利用方法； （4）汽车新结构、新技术、新材料的发展动向； （5）常用定量预测方法； （6）预测结果组合处理方法。
	（二）竞争分析	1. 能够确认潜在竞争者； 2. 能够分析本企业营销策略优缺点； 3. 能够针对本企业的竞争劣势，提出改进意见。	（1）市场占有率、相对市场占有率、销售增长率； （2）经营策略：以经营规模取胜、以灵活而贴近用户取胜、以商业信誉取胜、以专营及特色经营取胜、以品种齐全取胜； （3）提价与降价策略。
四、采购	（一）选择与鉴别货源	1. 能够争取和利用供货厂家的优惠条件； 2. 能够使用技术手段鉴别货源真伪，检验配件质量。	（1）优惠条件种类及幅度； （2）相关检测设备及使用方法； （3）配件性能质量标准。
	（二）进货	1. 能够根据流动资金规模确定进货量； 2. 能够运用成本分析方法，优化进货点与进货量。	（1）商品周转周期； （2）机会成本、资金占用成本概念。
	（三）运输与验收	1. 能够选择运输方式与运输商； 2. 能够根据运输风险特点，正确决策运输保险投保。	（1）不同运输方式基本特点； （2）运输成本知识； （3）运输风险种类与特点。
五、保管	（一）商品保管	1. 能够节约商品库存与保管成本； 2. 能够订立商品保管制度。	（1）库存保管成本； （2）《汽车零部件储存与保管标准》。
	（二）商品养护	能够制定商品养护作业制度。	汽车配件养护作业制度。
六、商务活动	（一）商品陈列与广告宣传	1. 能够合理规划、布置与设计营业场地； 2. 能够组织商品展示活动。	（1）企业形象知识； （2）商品展示方法。
	（二）订立合同	1. 能够签订各种合同； 2. 能够正确处理合同履行争议及纠纷。	合同争议及纠纷处理方式。
	（三）财务核算	1. 能够进行利润分析与损益评价； 2. 能够进行资金流转分析。	（1）利润分析方法； （2）资金流转概念与分析方法； （3）需求中心与竞争中心定价法。
	（四）其他	1. 能够撰写各种商业应用文； 2. 能够运用计算机处理商务文书； 3. 能够利用计算机网络收发邮件、查阅信息及进行商务谈判。	（1）商业行政公文类、商业信息类应用文； （2）计算机文字处理软件使用方法； （3）计算机网络使用方法。

4 鉴定配分

4.1 知识要求考试

	项目	初级	中级	高级		项目	初级	中级	高级
基本要求	职业道德与基础知识	40	10	10	基本要求	职业道德与基础知识	40	10	10
相关知识	销售	15	25	25		采购	10	15	15
	售后服务	5	10	10		保管	10	10	5
	市场调研	10	15	20		商务活动	10	15	15

4.2 技能要求考核

项目	初级	中级	高级	项目	初级	中级	高级
销售	40	35	25	采购	10	15	15
售后服务	10	10	15	保管	15	10	5
市场调研	10	15	25	商务活动	15	15	15

参 考 文 献

[1] 王怡民. 汽车营销技术. 北京：人民交通出版社，2002.
[2] 陈文华，叶志斌. 汽车营销案例教程. 北京：人民交通出版社，2004.
[3] 周伟. 售后服务实用手册. 深圳：海天出版社，2004.
[4] 苏卫国. 市场调查与预测. 武汉：华中科技大学出版社，2004.
[5] 刘同福. 汽车销售员实战手册. 广州：南方日报出版社，2004.
[6] 孙路弘. 汽车销售的第一本书. 北京：中国财经出版社，2004.
[7] 孙凤英. 汽车营销学. 北京：机械工业出版社，2004.
[8] [美] 菲利普·科特勒，加里·阿姆斯特朗. 市场营销. 俞利军译. 第3版. 北京：华夏出版社，2004.
[9] 甘碧群. 市场营销学. 武汉：武汉大学出版社，2005.
[10] 张毅. 汽车配件市场营销. 北京：机械工业出版社，2004.
[11] 陈永，陈友新. 定价艺术. 武汉：武汉大学出版社，1999.
[12] 韩亮，吴龙泗，杜建. 现代汽车工业贸易实务. 北京：人民交通出版社，1997.
[13] 王重鸣. 心理学研究方向. 北京：人民教育出版社，2000.
[14] 腾立新. 汽车配件管理与技术. 天津：天津科技出版社，1986.
[15] 韩广，王缅. 从0到100打造汽车销售高手. 北京：机械工业出版社，2003.
[16] 栾志强，张红. 汽车营销实务. 北京：清华大学出版社，2005.
[17] 刘同福. 汽车营销策划实战手册. 广州：南方日报出版社，2004.
[18] 栾琪文. 现代汽车维修企业管理实务. 北京：机械工业出版社，2008.
[19] 章健. 管理学. 北京：经济科学出版社，2004.
[20] 王海鉴，马希才，宋丽敏. 汽车营销. 北京：化学工业出版社，2013.